JN300095

経営革新から地域経済活性化へ

東アジアと地域経済 2012

上總康行・中沢孝夫 編

京都大学学術出版会

はじめに

　1991年のバブル崩壊，その後の「失われた10年」，2008年のリーマンブラザーズの破綻，ギリシャに端を発するヨーロッパ債務危機，さらには東日本大震災，未曾有の津波被害，「想定を超えた」とされる原発事故，タイ大洪水などの自然災害のみならず，人災でもある経営破綻なども続いている。

　このような状況下では，日本経済の先行きは全く不透明である。2012年度の174兆円超の国債発行計画を加えて2012年度末には1,000兆円を超えるとされる国債発行残高が重荷となってのしかかり，将来に対する不安材料が増すばかりである。当然，地方経済もはかばかしくない。福井県も例外ではない。

　かつては福井県の代表的な地場産業であった繊維産業も眼鏡産業も年々衰退の一途を辿っており，全盛時の面影はほとんどみられない。この10年間で毎年約100社の企業が倒産や廃業をしており，いまなお歯止めがかからない。直近では，2012年6月27日，アパレル向け生地などのメーカーであった福井編織株式会社（設立1948年）が福井地方裁判所へ民事再生法の適用を申請した（負債総額11億3,000万円）。

　とはいえ，福井県企業や福井県で生活している人々にとって，このまま手をこまねいて見ている訳にはいかない。研究者もまた傍観者では居られない。残念ながら，われわれ研究者にできることはそう多くはない。それでも，多数の文献で紹介されている成功事例の検討のみならず，足下の地場産業で成功している企業を詳細に調査して，その成功要因を析出し一般化した上で，他の企業への展開可能性を検討することなどはわれわれの守備範囲のように思われる。

　私たちは，かかる成功要因の析出と一般化を研究課題として設定し，福井県立大学の教員を中心にして福井地域企業研究会を立ち上げ，先行研究の検討を済ませた後で，アンケート調査による全体把握，成功企業や成長企業の聞取調

査による個別調査を行った。聞取調査は福井県に本社を置く企業を中心に行ったが，海外子会社も含めて多数にのぼっている。収集したデータを詳細に分析・検討し，何回か研究会や作業部会を開催して議論した結果をまとめたものが本書である。

　第Ⅰ部では，福井県経済の全体状況を把握するとともに，新潟県および北海道において地域経済を担う「元気企業」の分析を行った。

　第Ⅱ部では，福井県の成長企業を分析した。アンケート調査の結果をまず提示して，福井県の全体状況を把握した。さらに福井県における成長企業の経営実践をとりまとめた。

　率直な感想を述べておけば，積極的に行動する成長企業は，独自の経営戦略を展開しており，業績も好調な元気企業であった。下請けからの脱却，賃加工からの脱却，卸売りから製造小売業への転換，中国への進出など，「静」ではなく「動」の企業に一日の長があった。まずは「行動を起こしましょう」というのが本研究から得られた結論である。そして，それが福井県企業に向けたわれわれからのメッセージである。本書を一読していただき，一歩でも二歩でも，思い切って踏み出していただきたい。福井県企業と福井県経済の発展に向けて，われわれとしては，福井県企業の経営者の英断を期待したい。

　さらに，福井県以外でも，東京，大阪，愛知などを除けば，福井県とほぼ同様の経済状況にあるところが多いと思われる。地域経済の活性化に向けて本書が少しでもお役に立てば，われわれとしてはこの上ない喜びである。

　本研究では，アンケート調査さらには多数の聞取調査を行ったが，その際に，多くの企業，経営者および関係者のご理解とご協力を頂戴した。厚く御礼を申し上げる次第である。紙面の都合で本書では，すべての企業調査を取り上げることができなかった。大変残念ではあるが，ご理解いただきたいと思う。

　最後に，本研究は，福井県立大学から交付を受けた平成21年度～23年度の学長裁量枠研究費（特定研究推進枠）による研究，研究課題「福井県産業構造の転換とそれを実現する経営改革に関する研究」に関わる研究成果の一部である。この研究成果を福井県立大学「地域経済叢書シリーズ」2012年版，第3号

として発刊していただいた。前祖田修学長ならびに現下谷政弘学長に対して御礼を申し上げる次第である。

2012 年 7 月 20 日
　　　越前福井にて
　　　　　　　　　福井県立大学名誉教授　　上　總　康　行
　　　　　　　　　福井県立大学地域経済研究所所長　　中　沢　孝　夫

目　次

はじめに　　［上總康行・中沢孝夫］　　i

序　章　地域経済活性化に向けた中小企業の成長戦略
　　　　………………………………………………［上總康行］………1
　　1　バブル経済崩壊後の「失われた20年」　1
　　2　福井県経済の状況　3
　　3　福井県企業の競争優位な得意技　8
　　4　本書のねらいと構成　11

第Ⅰ部　福井県の地域経済の現状分析

第1章　地場産業再生のダイナミズム…………［中沢孝夫］……15
　　1　はじめに・地場産業ブランド化の現場から　15
　　2　第1回研究会の聞取（ヤマト工芸）　20
　　3　第2回研究会の聞取（下村漆器・漆琳堂）　23
　　4　第3回研究会の聞取（福井めがね工業・冨士経編）　28
　　5　第4回研究会の聞取（三工光学・越前漆器）　33
　　6　第5回研究会の聞取（山口工芸）　42
　　7　終わりに・地場産業の後継者　46

第2章　産業集積地域の活性化と産業振興の試み
　　　　　──新潟県燕商工会議所の事例をもとに──
　　　　…………………………………………………［大串葉子］……51
　　1　はじめに　51
　　2　中小製造業のネットワークについて　54

3　燕商工会議所の挑戦　　57
　　4　むすびにかえて　　65

第3章　北の大地の元気企業
　　　　── 北海道企業の成長戦略 ──　……［佐藤孝一］……　67
　　1　北海道の経営環境　　67
　　2　企業家像　　69
　　3　元気企業　　71
　　4　おわりに　　90

第4章　大学発ベンチャーと地域経済活性化
　　　　………………………………………………………［桐畑哲也］……　93
　　1　はじめに　　93
　　2　大学発ベンチャー育成の意義　　95
　　3　大学発ベンチャー育成による地域経済活性化　　101
　　4　我が国の大学発ベンチャー育成による地域経済活性化諸施策　　108
　　5　おわりに
　　　　── 大学発ベンチャー育成による地域経済活性化の方向性 ──　113

第Ⅱ部　福井県企業の経営革新

第5章　福井県企業の経営革新の全体像
　　　　── アンケート調査結果 ──
　　　　…………………………［境　宏恵・加賀美太記・足立　洋］……　121
　　1　経営革新と事業成果 ── 分析の視角 ──　121
　　2　調査概要および回答企業概要　　122
　　3　経営革新に関わる取り組みと企業の成長の関係　　125
　　4　経営革新のもたらすもの　　137

第6章　セーレンのフルバリューチェーン戦略
……………………………………………………………［篠原巨司馬］……141

1　はじめに（問題意識と研究目的）　141
2　バリューチェーンと管理会計研究　142
3　繊維産業におけるセーレンの変遷　146
4　セーレンのフルバリューチェーン戦略と戦略展開　150
5　考察　160
6　まとめと課題　162

第7章　脱賃加工戦略と中国進出
―― カーテン製造業㈱カズマの成長戦略 ――
……………………………………………………………［上總康行］……167

1　カズマの概要と沿革　167
2　カズマの一貫生産販売体制の確立と競争優位性　170
3　カズマ成長のための中国進出戦略　175
4　カズマ進化経営の導入　182
5　グローバル経営と進化経営の課題　192

第8章　地方アパレル卸売業から
レディースカジュアルウェア専門店へ転進
―― 株式会社アイジーエーの事例 ――
……………………………………………………………［境　宏恵］……195

1　はじめに　195
2　日本のアパレル産業　196
3　アイジーエーの経営革新 ―― 業種転換 ――　202
4　アクシーズファムブランドの展開　209
5　おわりに　216

第9章　眼鏡枠メッキ事業から工業部品サプライヤーへ
―― アイテックの事例 ――　…………［足立　洋］……219

1　はじめに　219
2　先行研究の整理と研究課題・研究方法　220

3 福井眼鏡枠産業の衰退とアイテックの新規事業進出　225
4 アイテックの NEMA 活動　228
5 直接原価計算により不確実性への対応力を高める
　予算管理システム　235
6 結論と今後の課題　238

第10章　地方小規模企業による
　　　　　新製品開発・市場開拓の取り組み
　　　　　── 福井の繊維企業の事例より ──
　　　　　………………………………………………［木野龍太郎］……245

1 はじめに　245
2 福井の繊維産業を巡る現状　247
3 事例1：株式会社織工房風美舎　252
4 事例2：サカセ・アドテック株式会社　255
5 事例3：坪由織物株式会社　260
6 事例4：有限会社三澤機業場　264
7 事例5：株式会社山崎ビロード　266
8 まとめと考察　270

第11章　中小企業の成長戦略とマーケティングの役割
　　　　　── 第一ビニール株式会社の家庭園芸用品市場戦略
　　　　　を事例として ──　………………………［加賀美太記］……277

1 はじめに　277
2 中小企業のマーケティングに関わる先行研究　279
3 事例研究：第一ビニール株式会社　280
4 地域中小企業の成長戦略とマーケティングの役割　293

第12章　日本伝統製造業の21世紀飛躍戦略
　　　　　………………………………………………［辻　　幸恵］……297

1 若者が抱いている伝統産業や伝統工芸品のイメージ　297
2 福井県の伝統工芸品　300
3 伝統産業からの新しい試み　310

終　章　地域経済活性化への提言 …………………［上總康行］……319

執筆者紹介　325

序　章
地域経済活性化に向けた中小企業の成長戦略

上總康行

1　バブル経済崩壊後の「失われた20年」

　日本経済は1960年代には驚異的な高度成長を達成した後，1980年代には危うくも甘美的な経済成長にしばし身を任せていたが，1991年，ついにバブル経済が崩壊し，戦後長く続いた高度成長が終焉した。元号が昭和から平成へと移り，20世紀から21世紀へと時代は大きく動いたが，日本経済は一向に立ち直る気配を見せない。バブル崩壊以降の期間は，当初は1990年代の「失われた10年」と呼ばれたが，最近では「失われた20年」（金ほか，2010）とも呼ばれるようになった。

　さらに2008年9月15日，アメリカの投資銀行であるリーマン・ブラザーズ（Lehman Brothers）が負債総額64兆円で経営破綻し，直後に株価大暴落を引き起こしたこと，いわゆるリーマンショックを直接的契機として，世界的な金融危機にまで拡大し，世界経済は同時不況に陥った。アメリカを始め世界各国の消費が冷え込み，世界経済が低迷すると共に，金融不安を嫌った資金が日本の円買いに殺到し，一時は，1ドル70円台に突入する超円高を経験した。超円高は輸出産業に大打撃を与え，日本経済の低迷に拍車を掛けた。リーマン

ショックの影響を大きく受けたヨーロッパ諸国では，ドイツとハンガリーを除き，公的債務残高が加速的に増加した。特にギリシャ，イタリア，アイルランド，ポルトガルなどの諸国は，いずれも公的債務残高の上限値（GDP60％）をはるかに超えていて深刻な債務危機に陥っている。ちなみにギリシャは165.3％（2011年），イタリア120.1％（2011年），アイルランド108.2％（2011年），ポルトガル107.8％（2010年）であった（JETRO, 2012: 17-18）。

　そればかりではない。2011年3月11日，マグニチュード9.0の巨大地震が東北地方太平洋沖で発生し，それに伴う巨大津波が東北地方太平洋沿岸部に襲来して，多くの尊い人命と財産が奪われた。さらに地震と津波の影響を受けて，東京電力福島第一原子力発電所で炉心溶融という未曾有の大事故が発生し，東北地方のみならず日本列島を恐怖に陥れた。

　自然災害は日系企業が多数進出しているタイでも起こった。2011年7月からおよそ3か月にわたってタイの中心部を流れるチャオプラヤー川流域を中心に甚大な洪水被害が発生した。日系企業の多くがこの地域の工業団地に進出していたが，ひたひたと日を追って押し寄せる大洪水によって工場の一階や二階までも水没した企業が少なくない。多くの日系子会社は生産停止や減産に追い込まれた。工場出荷，売上高，利益などの会計的数値の悪化に止まらず，工場立地，ロジスティクス，さらにはサプライチェーンの再検討・再構築を迫るほどの甚大な被害を受けた。

　かくして「失われた20年」の下で日本経済は低迷を続けてきた。ただごく最近になって，超円高基調のもとではあるが，東日本大震災の復興需要もあって「持ち直しつつある」という有力な見解もみられるようになった。図序-1は，日本政策金融公庫が2012年3月に実施した全国中小企業動向調査の結果を示したものである。

　この図には，1991年のバブル経済崩壊，二度の景気後退，2008年のリーマンショックの影響が見事に反映されている。中小企業の現況に対して日本政策金融公庫は，「今期（2012年3月期）の業況判断DIは，前期（2011年10-12月期）に比べてマイナス幅が7.7ポイント縮小し，▲3.3となった。マイナス幅の縮

業況判断DIの推移（季節調整値）　［2012年1-3月期までは実績・4-6月期以降は見通し］

	2011/1-3	2011/4-6	2011/7-9	2011/10-12	2012/1-3（前回見通し）	2012/4-6（前回見通し）	2012/7-9
業況判断DI（季節調整値）	▲4.8	▲24.8	▲14.7	▲11.0	▲3.3　（▲9.6）	▲1.0　（▲1.9）	1.0
製造業	2.4	▲21.2	▲10.0	▲10.5	▲4.0　（▲11.6）	▲2.4　（▲1.5）	▲0.6
非製造業	▲12.1	▲27.6	▲17.6	▲11.3	▲3.6　（▲9.3）	0.4　（▲3.2）	1.6

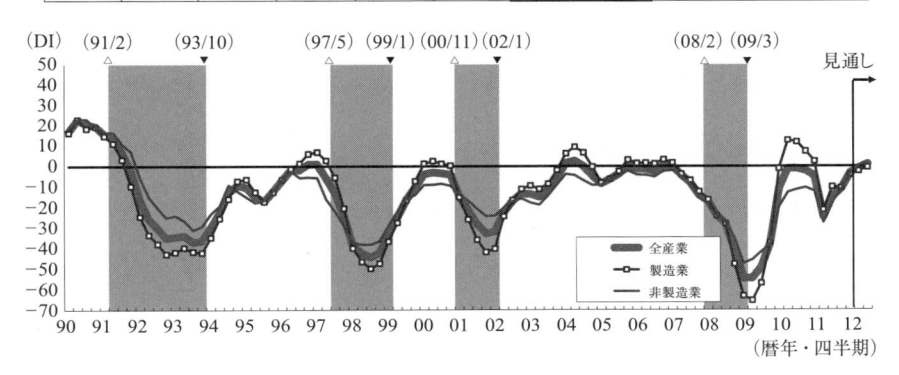

図序-1　中小企業の業況判断 DI －推移

(注) DI は前年同期比で「好転」企業割合―「悪化」企業割合（季節調整値）。
(出所) 日本政策金融公庫（2012: 17）。

小は3期連続である」「来期（2012年4-6月期）も，マイナス幅が縮小し▲1.0に，さらに来々期（2012年7-9月期）には1.0となる見通しである」（日本政策金融公庫，2012: 17）とコメントし，全体としては，「中小企業の景況は，持ち直してきている」（日本政策金融公庫，2012: 157，下線は原文のまま）と評価している。そして，2012年7月13日，日本銀行は，「わが国の景気は，復興関連需要などから国内需要が堅調に推移するもとで，緩やかに持ち直しつつある」（日本銀行，2012: 19）という見解を発表した。

2　福井県経済の状況

日本経済が長く低迷を続ける中で，地域経済，とりわけ福井県経済だけが独

立独歩を許されるというほど甘くはない。他の地域経済と同様に，国内市場の成長鈍化，東南アジア諸国の台頭，グローバル競争の激化，さらには経済の東京一極集中や地域間格差の拡大（橘木ほか，2012）などに起因して，福井県経済もまた長期的停滞の状況にある。そこで，福井県の現況を簡単に確認しておこう。

福井県は，2011年10月1日現在，総面積4,189.88km^2，推計人口80万3,216人，世帯数27万7,218世帯であり，これらの数値だけで見れば，全国レベルでは下から数えた方が早い小さな県である。しかし，統計的に見れば，福井県の全国上位の項目はかなり存在する。表序-1は，福井県の全国順位トップ2を示したものである。

この表によって全国順位トップを列挙すれば，共働き世帯割合，人口1万人当たり全事業所数，社長輩出数（出身地別人口10万人当たり），公立中学校学力テストの平均正答率，女性の有業率，高等学校新規卒業者の就職率，救急告示病院・一般診療所数（人口10万人当たり），窃盗犯検挙率，民間生命保険保険金額（保有契約1件当たり），勤労者世帯実収入，生命保険現在高（二人以上の世帯，1世帯当たり）である。

これらの統計データに基づいて，福井県は「社会生活統計指標」やその他の統計データから福井県の順位が高い指標を整理して，①健康長寿な県，②子供を産み，育てやすい県，③良く働き，しっかり蓄える県民性，④文武両道の教育環境をもつ県として高く評価している（福井県，2012b）。

もちろんこの福井県の見解に対しては賛否両論があるだろう。大いに議論があって構わない。しかしながら，本書における，われわれの関心は，そうした統計数値を裏づけている，あるいは深く関係する福井県経済の実態がいかなるものであるかを探ることである。表序-2は，福井県の事業所数，従業者数，製造品出荷額の推移を示したものである。

この表によれば，1989年から2010年の22年間を通じて，合計で見て事業所数が56％に，従業者数が74％に，製造品出荷額等が92％にとそれぞれ減少している。規模別に見れば，4～9人規模の事業所では，事業所数，従業者数，

表序-1　福井県の全国順位トップ2

	項　目	順位	福井県	全国	単位
人口・世帯	一般世帯の平均人員	2	2.86	2.42	人
	3世代世帯割合	2	17.6	7.1	%
	共働き世帯割合	1	36.44	24.45	%
経済基盤	人口1万人当たり全事業所数	1	595.1	473.9	事業所
	社長輩出数（出身地別人口10万人当たり）	1	1,754	886	人
行政基盤	人口1人当たり社会教育費［県・市町村財政合計］	2	18.5	9.5	千円
教　育	中学校（公立）学力テストの平均正答率（全教科平均）	1	68.9	62.1	%
労　働	女性の有業率	1	53.4	48.8	%
	高等学校新規卒業者の就職率	1	100.0	97.2	%
文化・スポーツ	青少年学級・講座数（人口100万人当たり）	2	4,294.4	751.1	学級・講座
	ボランティア活動の年間行動者率（15歳以上）	2	34.1	26.0	%
居　住	一戸建住宅比率	2	80.3	55.3	%
	持ち家住宅の延べ面積（1住宅当たり）	2	172.6	122.6	㎡
	居住室数（1住宅当たり）［持ち家］	2	7.12	5.80	室
	保有自動車数（千世帯当たり）	2	2,340	1,517	台
健康医療	救急告示病院・一般診療所数（人口10万人当たり）	1	7.8	3.4	施設
安　全	消防水利数	2	2,977.7	1,867.9	所
	窃盗犯検挙率	1	54.2	27.3	%
	民間生命保険保険金額（保有契約1件当たり）	1	828.2	341.7	万円
家　計	実収入［勤労者世帯］（1世帯当たり1か月間）	1	634.6	520.7	千円
	生命保険現在高［二人以上の世帯］（1世帯当たり）	1	4,490	3,552	千円

（出所）福井県（2012c）「福井県の全国順位トップ3」より2位まで抜粋。

製造品出荷額等が44％ないし43％にまで半分を割り込んでいる。これとは対照的に100人以上規模の事業所では、事業所数と従業者数で80％〜90％程度の減少に留まっており、製造品出荷額等では100％を上回っている。とりわけ100〜299人規模の事業所の健闘が顕著である。総じて言えば、福井県では、零細小企業の衰退と中堅企業・大企業の活躍が特徴的である。それは福井県における経済二極化現象とも言えるだろう。

　福井県経済の長期的衰退は、全産業に等しく現れるものではない。衰退する業種と成長する業種との複雑な組み合わせの中で福井県全体の経済が長期的に

表序-2 福井県の事業所数，従業者数，製造品出荷額の推移

(単位：所数，人，百万円)

項　　目	1989 年			2010 年			1989 年→2010 年の増減率（％）		
規　　模	事業所数	従業者数	製造品出荷額等	事業所数	従業者数	製造品出荷額等	事業所数	従業者数	製造品出荷額等
合　　計	4,774	100,021	1,819,247	2,466	69,545	1,807,006	56	74	92
4～9 人	2,837	16,594	150,345	1,127	6,704	70,196	44	44	43
10～19 人	935	12,921	156,696	631	8,484	104,854	76	74	63
20～29 人	406	9,949	138,521	294	7,152	108,651	74	74	72
30～99 人	454	24,576	432,733	291	15,706	388,410	68	67	80
100～299 人	111	18,381	368,644	99	16,027	512,321	94	91	119
300 人以上	31	17,600	572,308	24	15,472	622,574	80	89	110

(出所) 福井県（2012a: 30-31）より筆者が作成。

衰退しているのである。表序-3 は，福井県の製造品出荷額等の推移を示したものである。

　表序-3 には，福井県の産業中分類ごとの製造品出荷額等の推移が示されている。1993 年，1995 年，2002 年，2007 年における日本標準産業分類の改訂が行われ，その都度，産業中分類の分割・統合が行われた。平成 19 年改訂で，精密機械は業務用機械器具とその他製造業に分割され，福井の有力産業のひとつである眼鏡産業は産業中分類 32「その他」に分類され，産業細分類 3297「眼鏡（枠を含む）」として取り扱われている。産業細分類 3297 の明細は表序-4 のとおりである。

　これらの表序-3 と表序-4 の検討から，ごく控えめに評価しても，次のことが指摘できるだろう。

(1) 　福井の主要産業である繊維産業の衰退が顕著である。表中，「繊維」は，1989 年の 3,743 億円から 2010 年の 2,306 億円，つまり平成元年の 61.6％水準へ落ち込んでいる。とはいえ，今なお福井産業の一角を担う重要な産業であることは疑いない。

(2) 　表序-4 の 2010 年「その他」は 742 億円であるが，表序-4 より，このうち「眼鏡」は 456 億円である。眼鏡産業もまた産業全体としては，衰退し

序章　地域経済活性化に向けた中小企業の成長戦略　　7

表序-3　福井県の製造品出荷額等の推移

(単位：百万円)

項　目 産業中分類	1989年 製造品出荷額等	比率(%)	1998年 製造品出荷額等	比率(%)	2008年(分類改訂) 製造品出荷額等	比率(%)	2010年 製造品出荷額等	比率(%)
合　計	1,819,247	100.0	1,943,164	100.0	2,095,120	100.0	1,807,006	100.0
9　食料品	62,948	3.5	72,957	3.8	57,335	2.7	57,605	3.2
10　飲料・飼料	29,255	1.6	29,820	1.5	5,602	0.3	5,673	0.3
11　繊維	374,311	20.6	271,811	14.0	277,486	13.2	230,643	12.8
衣服	37,932	2.1	97,252	5.0	－	－	－	－
12　木材	46,695	2.6	47,131	2.4	27,258	1.3	20,067	1.1
13　家具	27,253	1.5	27,060	1.4	13,709	0.7	10,012	0.6
14　パルプ・紙	50,494	2.8	66,193	3.4	55,653	2.7	49,568	2.7
15　出版・印刷	28,664	1.6	37,123	1.9	31,584	1.5	29,405	1.6
16　化学	147,130	8.1	187,636	9.7	283,454	13.5	277,141	15.3
17　石油・石炭	3,271	0.2	4,682	0.2	3,603	0.2	4,656	0.3
18　プラスチック	80,826	4.4	101,693	5.2	147,961	7.1	137,304	7.6
19　ゴム	1,754	0.1	1,978	0.1	1,020	0.0	843	0.0
20　皮革	2,409	0.1	472	0.0	566	0.0	413	0.0
21　窯業・土石	71,879	4.0	86,460	4.4	80,778	3.9	51,977	2.9
22　鉄鋼	14,533	0.8	10,402	0.5	28,517	1.4	25,931	1.4
23　非鉄金属	87,198	4.8	98,053	5.0	163,815	7.8	135,717	7.5
24　金属	82,844	4.6	80,823	4.2	94,984	4.5	73,917	4.1
25　はん用機械	108,977	6.0	143,308	7.4	18,594	0.9	14,205	0.8
26　生産用機械	－	－	－	－	115,810	5.5	83,710	4.6
27　業務用機械	－	－	－	－	16,662	0.8	11,313	0.6
28　電子・デバイス	－	－	－	－	331,039	15.8	283,364	15.7
29　電気機械	422,247	23.2	386,637	19.9	129,789	6.2	132,994	7.4
30　情報通信機械	－	－	－	－	10,166	0.5	8,921	0.5
31　輸送機械	18,177	1.0	56,488	2.9	104,708	5.0	87,394	4.8
精密機械	96,112	5.3	112,344	5.8	－	－	－	－
32　その他	24,338	1.3	22,844	1.2	95,026	4.5	74,234	4.1

(出所) 福井県 (2012a: 27-29) より筆者が作成。

つつある。
(3)　これらとは対照的に，成長した製造業種は，化学，プラスチック，非鉄金属，機械 (はん用機械, 生産用機械, 業務用機械)，電子・デバイス，電気機械，輸送用機械である。特に，化学は，1,471億円から2,771億円へと2倍近く

表序-4　眼鏡関連産業の事業所数と製造品出荷額（2010年）

品目番号	品目名	産出事業所数	製造品出荷額（万円）
329711	眼鏡	17	157,898
329712	眼鏡枠	71	2,797,968
329713	眼鏡レンズ（コンタクトレンズを含む）	16	1,260,492
329714	眼鏡の部分品	64	504,669
	合　計	168	4,564,727

〈出所〉福井県（2012a: 136）。

増加している。また新分類の「電子・デバイス」は2010年に2,833億円に達している。
(4)　これらの点を総合すれば，2010年現在では，福井県の主要産業は，やはり実績ある繊維産業，順調に発展してきた化学産業，多様な製品を扱う機械産業，新しい電子・デバイス産業の4つである。

かくして，福井経済は四大産業を中心として形成される福井県企業群によって支えられているのである。

3　福井県企業の競争優位な得意技

すでに指摘したように，日本銀行は，「わが国の景気は，復興関連需要などから国内需要が堅調に推移するもとで，緩やかに持ち直しつつある」（日本銀行，2012: 19）という見解を発表した。福井では，公益財団法人ふくい産業支援センターが定期的に，「福井県内の景気動向レポート」を発表している。表序-5は，最新の福井県内の景気動向を示したものである。

最新情報によれば，「快晴」はなく，一般機械，眼鏡，木材・家具，情報産業にいくつか「晴れ」マークが付いているが，残りは「薄くもり」と「くもり」マークに埋めつくされている。ふくい産業支援センターは「改善の動きは足踏み状態が続く。来期は悪化の予想」（公益財団法人ふくい産業支援センター，2012: 1）と評価している。

序章　地域経済活性化に向けた中小企業の成長戦略　　9

表序-5　福井県内の景気動向（2012年4-6月期）

		25.1～100 快晴	0.1～25.0 晴れ	0～25.0 薄くもり	-25.1～-50.0 くもり	-50.1～-100 雨

【業種別】

業種／期		2011年4-6月	2011年7-9月	2011年10-12月	2012年1-3月	2012年4-6月	来期予想
全業種	［回答企業　644社］	くもり	くもり	くもり	くもり	くもり	↗
製造業	［回答企業　368社］	くもり	くもり	くもり	くもり	雨	→
繊維工業	［回答企業　101社］	くもり	くもり	雨	雨	雨	→
一般機械	［回答企業　35社］	薄くもり	快晴	晴れ	薄くもり	くもり	→
電気機械	［回答企業　27社］	雨	雨	雨	雨	雨	→
金属	［回答企業　34社］	薄くもり	くもり	くもり	雨	雨	→
眼鏡	［回答企業　43社］	くもり	くもり	くもり	雨	雨	→
化学・プラスチック	［回答企業　42社］	雨	くもり	くもり	くもり	くもり	↗やや
食品	［回答企業　31社］	雨	雨	雨	雨	雨	→
窯業・土石	［回答企業　27社］	くもり	くもり	くもり	くもり	くもり	→
木材・家具	［回答企業　28社］	雨	薄くもり	くもり	くもり	くもり	→
非製造業	［回答企業　276社］	雨	雨	雨	くもり	くもり	↗↘
卸・小売	［回答企業　95社］	雨	雨	雨	雨	雨	→
建設	［回答企業　73社］	くもり	くもり	くもり	くもり	くもり	→
サービス	［回答企業　73社］	くもり	くもり	くもり	くもり	くもり	→
情報産業	［回答企業　35社］	薄くもり	晴れ	晴れ	晴れ	晴れ	→

（出所）公益財団法人ふくい産業支援センター（2012: 3）。

　ところで，表序-1には，福井県の全国順位トップ2が多数掲げられていた。かかるトップ2のうち，われわれが関心を持っているのは「経済基盤」に関する事項である。それは全国順位トップの「人口1万人当たり全事業所数」と「社長輩出数（出身地別人口10万人当たり）」であった。福井県出身の社長に率いられた多数の福井県企業（事業所）は，さまざまな工業製品を生産しており，日本トップさらには世界トップの製品を生産している企業も少なくない。表序-6は福井県産業労働部が作成した出荷額全国1位の福井県の工業製品（2010年）の一覧表である。

　この表は，福井県産業労働部から発行されたパンフレットの『実は福井の技』（2007年3月初版，2008年10月再版）に掲載された表の一部であるが，福井県のホームページからダウンロードしたものである。福井県は，この表に関して，「全国シェアNo.1の多い繊維，眼鏡分野」とコメントしている。この『実は福井の技』（再版）には，新たに掲載を希望する企業も含めて134社172製品・技

表序-6　出荷額全国1位の福井県の工業製品（2010年）

		品　名	出荷額 （百万円）	全国 順位	全国に占める割合
織物 （絹・人絹）		羽二重類（交織を含む・広幅のもの）	930	1位	39.1%
		ビスコース人絹織物	855	1位	55.1%
		アセテート長繊維織物	134	1位	20.0%
		ポリエステル長繊維織物	10,698	1位	30.4%
ニット		ニット製スポーツ用上衣	9,457	1位	37.8%
		ニット製スポーツ用ズボン・スカート	5,238	1位	36.3%
染色・整理		ニット・レース染色・整理	7,696	1位	71.1%
レース・繊維雑品		編レース生地	3,505	1位	28.8%
		細幅織物	10,449	1位	30.2%
紙		手すき和紙	588	1位	27.5%
その他		その他の界面活性剤	10,484	1位	19.2%
プラスチック製品		その他のプラスチック異形押出製品	19,183	1位	16.0%
眼鏡		眼鏡	1,579	1位	62.0%
		眼鏡枠	27,980	1位	93.2%
		眼鏡の部分品	5,047	1位	95.0%
漆器		漆器製台所・食卓用品	4,178	1位	42.7%

（出所）福井県（2012d）の「経済基盤」より引用。

術に関する情報が掲載されている。

　これらの『実は福井の技』は，福井企業が厳しいグローバル市場において競争に勝ち抜くための競争優位な得意技である。そのような技術や製品を福井県企業が軒並みに開発することができれば，福井県経済は飛躍的な発展を遂げることだろう。われわれはこうした福井県の成長企業に着目し，その成長要因を探求し，その一般化をめざすことにした。

4　本書のねらいと構成

　われわれは，福井県以外の地域経済を担う企業の分析も視野に入れた上で，主に福井県企業を分析対象とし，そこで成功している企業を詳細に調査して，その成功要因を析出し一般化した上で，他の企業への展開可能性を検討することを研究課題とした。この研究課題を探求するため，福井県立大学の教員を中心にして福井地域企業研究会を立ち上げ，先行研究の検討を済ませた後で，アンケート調査による全体把握，成功企業や成長企業の聞取調査による個別調査を行った。訪問した企業は福井県に本社を置く企業を中心に行ったが，海外子会社も含めて多数にのぼっている。収集したデータを詳細に分析・検討し，何回か研究会や作業部会を開催して議論した結果をまとめたものが本書である。

　読者の便宜を考えて，本書の構成を簡単に紹介しておこう。本書は二部構成，序章，終章を含めて全 14 章編成である。序章では，本書の研究目的を提示し，終章では，本研究からえられたわれわれの提言を提示した。研究の前半部分を担当する第 I 部では，福井県経済の全体状況を把握するとともに，新潟県及び北海道において地域経済を担う「元気企業」の分析を行った。研究の後半部分，核心部分を担う第 II 部では，福井県の成長企業を分析した。アンケート調査の結果をまず提示して，福井県の全体状況を把握した。さらに福井県における成長企業の経営実践をとりまとめた。

　以下の各章では，地域経済とりわけ福井県企業の経営実践，経営改革が詳細に分析されている。そこでは，執筆者の記述が最優先されており，編者（上總と中沢）は，単純な標記や言い回しに若干の調整を加えたにすぎない。したがって，本書全体の記述に関しては編者の責に帰するものの，各章の記述については各執筆者に責務がある。

引用文献

JETRO（2012）「欧州債務危機をめぐる動き」『ユーロトレンド』欧州ロシア CIS 課在欧州

事務所，2012 年 7 月 7 日：1-112。
金榮愨・深尾京司・牧野達治（2010）「『失われた 20 年』の構造的原因」独立行政法人経済産業研究所 *RIETI Policy Discussion Paper Series* 10-P-004: 1-49。
公益財団法人ふくい産業支援センター（2012）『福井県内の景気動向レポート　平成 24 年 4-6 月期実績・平成 24 年 7-9 月期見通し』2012 年 7 月 3 日：1-25〔インターネットのみ提供，http://www.fisc.jp/economy_detail.php?eid＝00036〕。日本政策金融公庫（2012）『全国中小企業動向調査結果』2012 年 4 月 23 日版。
福井県（2012a）『福井県の工業　平成 22 年工業統計調査結果報告書』。
─── （2012b）「福井県ってこんな県」『平成 24 年度版一目で分かる福井のすがた』http://www.pref.fukui.lg.jp/doc/toukei/hitome/hitome24_d/fil/005.pdf（2012 年 7 月 16 日参照）。
─── （2012c）「福井県の全国順位トップ 3」『平成 24 年度版一目で分かる福井のすがた』http://www.pref.fukui.jp/doc/toukei/hitome/hitome24_d/fil/006.xls（2012 年 7 月 16 日参照）。
─── （2012d）「H24 都道府県編（A-D）」『平成 24 年度版一目で分かる福井のすがた』http://www.pref.fukui.lg.jp/doc/toukei/hitome/hitome24_d/fil/007.xls（2012 年 7 月 16 日参照）。

第Ⅰ部

福井県の地域経済の現状分析

第1章
地場産業再生のダイナミズム

中沢孝夫

1 はじめに・地場産業ブランド化の現場から

　地場産業の聞取調査をしていると，いつも産業・企業のもつ「歴史経路依存」（Path Dependence）という言葉を思い出す。気候，風土，宗教，人口，嗜好，資源，政治制度……といった広い意味での「環境」あるいは「条件」に産業・企業が「依存」している姿が見えてくるからである。
　「依存」といっても，それは自主性を喪っている，という意味ではない。所与の「環境」や「条件」に依拠したり，あるいは積極的な利用しながら，産業・企業が活動を行っている，という意味である。
　繰り返し語られるように，増永五左衛門が1905年に眼鏡枠の製造に乗り出したのは，冬が長く土地の生産性が低く，それゆえ貧しかった越前に，家の中でできる「仕事」をもたらすためであった。漆器も，そして和紙の生産なども同様に「家内工業」の典型である。これらは越前の気候・風土を背景としている。
　鯖江市にある漆器メーカーの漆琳堂の玄関に，漆の木から漆を取り出すための奇妙なかたちをした古い「鎌」が置かれているが，おそらくそれは同じ地場

産業の武生の打刃物の一種である。

　こうした事柄を指摘しても，「いまさら何を言っているのか」という叱責をうけかねないのだが，実は近年の地場産業の新陳代謝を見ていると，「起業家精神」の形成といった根源的なことまで，そのような歴史的な経路に依存する部分がとても大きいことに驚くのである。それは長い時間をかけて，地域社会でいったんでき上がったものの持つ影響力の大きさ，と言いかえてもよい。

　鯖江市を中心とする眼鏡産業を例に上げるなら，デザインからスタートして，金型，切削，プレス，ろう付け，研磨，メッキ（表面加工）…といった工程を外注する条件が地域に整っているので，小資本でも「起業」がしやすく，かつ企業活動の根拠地としても便利である。

　例えば1958年に夫婦が地方周りの問屋として創業された金子眼鏡をみると，二代目の現社長（金子真也）が1981年に東京の大学を卒業して帰京し，1980年代後半からOEMではなく自らのブランドを立ち上げたが，それは「ものづくり」の工程が地域にフルセットでそろっているからこそ可能となった。

　金子眼鏡の場合は，かつては地元の同業者組合への加入資格さえなかった，いわば弱小・零細だったが，新しいアイデアとして職人名を冠した眼鏡をつくり，ニューヨークでの出店を皮切りに，東京・丸の内など，国の内外に40をこえる直営店を展開し，日本を代表するブランドへと成長している。

　あるいは「ジャポニズム」に代表されるブランドを発信しているボストンクラブも同様である。現社長（小松原一身）は，18歳のときに地元の商社に入社し，6年間勤務したあと，自らのイメージによる眼鏡づくりをこころざし，徒手空拳とも言える営みの中から，ファッション雑誌などと手を組みながら，内外の展示会などに参入し，自ら新しい国際性を獲得しつつある企業もある。

　金子眼鏡とボストンクラブはいわばチャレンジャーであり，新興勢力だが，1923年に創業した老舗であり，昭和天皇が視察に訪れたこともある三工光学の場合なども，形状記憶合金やゴムメタルあるいはカーボンファイバーといった素材によるフレームづくりをして，DUNというブランドを立ち上げ，フランスやイタリアの展示会に出展し，海外への販路を拡大しつつある。

あるいは，純チタンをメガネの素材としていち早く開発した福井めがね工業は，マグネシウム合金を使った製品や，ドライカーボンなど先端素材の開発に力を入れつつ，社内にデザイン，試作，販売の体制をつくり，ブランド化への道を歩んでいる。

また越前の眼鏡産業のルーツであり，最も伝統のある増永眼鏡でも，1970年代からオリジナルブランドの生産をスタートさせ，1984年にはスイスに現地法人を設立。その後，カナダ，ドイツ，フランス，マレーシアなどに進出した。増永の場合は，商品ブランドよりもカンパニーブランドを育てるという方向をとったが，それは越前で最古の歴史を持つという伝統がゆえである。もちろん増永は商品ブランドも川崎和男のデザインなどにより力を入れている。

増永の工場は福井市の他，マレーシアにあるが，生産された品物の60％から70％は海外で販売されているという。製品は中国国内での商品展開を含め，中国製品と競合しないハイエンドなものに移行しているという。増永悟社長（1946年生まれ）の説明によると，まだドイツがメガネ産業の先端を歩いていた1970年代には，日本国内のマーケットの拡大は望めない，といった認識があったので，国際化ということを考えていたという。

漆器や繊維も眼鏡産業と同様である。産業として過去の積み重ねを持った「地域性」を生かし，新しいアイデアを付け加えながら，「衰退」から脱出している企業がいくつもある。

例えばヤマト工芸（高野利明社長）は，漆器の木地職人の二代目としてスタートしたが，青年会議所などの活動を通して会社経営について学びながら，ダストボックスや各種の棚などオリジナルな商品を開発し，セレクトショップや通販などで売上を伸ばしている。伝統的な漆器も手放さないでいるが，北海道など遠方から若者の入社希望があり，30人を超える従業員が働いている。

あるいは100年の歴史を持つ下村漆器店（下村昭夫社長）は，天然漆を使った本格的な最高級漆器もつくるが，主力は福井大学と共同開発した超耐久性コーティング技術による飛行機の機内食や病院の給食などに使う食器の製造・販売である。この技術によって電子レンジやオーブンに対応できるプラスチック食

器がつくられ，温かい機内食や温かい病院食が提供できるようになったが，当然，ファミレスなどにもその利用は広がっている。

このような新しい素材の開発は，バブルが崩壊し，官・官接待などもなくなり，ホテル・料亭・小料理屋など業務用の漆器の需要が急速になくなったことがきっかけだったとのことである。人は困難なことに出会うと行動するのだ。

1803 年に創業した漆琳堂の場合は，同様に業務用の需要が減退したときに，新しい販路として問屋を通さず，直接東京のデパートの展示会に持ちこんだところ，価格も相対的に割安感を生み好評だったという。

企業の価値の一つに「継続」があげられるのは当然だが，企業の活力とは何か，ということを考えると，それは P. F ドラッカーに言われるまでもなく「顧客を創造」しているかどうかということに行き着く。チャレンジャーはもとよりのこと 100 年，200 年という伝統も，その間に顧客との関係を維持し，いつも状況への対応を怠らないことによってつくることができる。漆琳堂や増永はそのような伝統の中で革新を続けていると言ってよい。

あるいは後述する越前漆器㈱のように素材の開発をはじめとして，さまざまなブランド化を試みている会社もある。また Hacoa をブランド化させた木工の山口工芸の大きな飛躍も全く新しい商品領域への進出による。

繊維産業も同様である。例えば㈱冨士経編は，通気性や吸汗性に優れた綿糸入りの経編生地を開発し，メディカル衣料（看護衣）やニットガウン，ユニフォームなどの領域で，「ミルモンド」というブランドづくりにより，業界でナンバーワンの地位を獲得している。

ところでこの小論文は，主に鯖江市の地場産業としての，眼鏡と漆器そして繊維に関わる企業からの聞取調査の結果をまとめたものである。もともと鯖江市を中心とする眼鏡産業と漆器に関する研究や，福井県下全域の繊維産業などを対象とした地場産業と地域経済に関する先行研究は無数にある。

それは産業としての集積のスタートから，発展過程，そして転換（あるいは衰退）といったことの調査である。もちろん福井県立大学においても先達たちによる詳細な調査研究（例えば，南保・榊原，2008；南保，2008，2010）が既に行

われており，マクロ的なデータや文献研究を含めた地域産業論として，新たに筆者（中沢）が付け加えるべきことはあまりない。ただ，産業というものは，個々の企業の日々の営み（経営）の集積である，という当たり前のことに立ち返ったとき，具体的な経営上の取り組みのプロセスを聞き取るという作業には，その産業や地域経済の全体状況はどうあれ，常に意味があると筆者は思っている。

　もちろん，学問研究と言うものは，そこで扱われているデータは，だれでもが追跡調査を可能とする，つまり反証の可能性（あるいは余地）が担保されていなくてはならないことは言うまでもない。また聞取調査などの場合も，可能な限り母体や抽出方法が客観的であることが求められる。また先入観，偏見，あるいはバイアスといったことからどれだけ逃れているかも大事なことであろう。

　ただし「仮説」は必要である。「どのような切り口から対象に接近するか」という問題意識なしに，研究や調査はできない。筆者は，すでに多数の先行研究が存在する「鯖江市の地場産業」を調査するにあたって考えたのは，抽象性ではなく，具体性であった。むろん研究というのは，事実関係からどのように「概念化」するか，が問われている。概念化なくして「他者との対話」は成り立たない。でなければ単なるモノローグで終わってしまうだろう。

　そのような危険があることは承知の上でこの論文をまとめたのは，工業統計などによるデータからは漏れてしまう「現場のダイナミズム」というものを知りたかったからである。例えば，全体の数字では鯖江の眼鏡や漆器というは「衰退」しているように見える。眼鏡産業で言えば1,000億円を超えていた売上が700億円へと減少している。その数字だけを見れば「衰退」していると言うべきだろう。

　しかしその一方で，「小さな企業の集積による地場産業という森」の中を分け入ってみると，この論文で紹介するような企業が登場することによって，朽ちつつあるかのような巨木の中から，新しい芽がいくつも吹き出している，と思える現象があり，そこには明らかに再生のダイナミズムの事例とも言えるものが見えるのである。

筆者は2010年の春から1年間，鯖江市役所の協力を得て，「鯖江ブランド研究会」を立ち上げ，その主宰者として「地域産業の再生を担いつつある」と言われている，鯖江市内を拠点として企業活動を営む8つの会社から聞取調査を行った。その結果，浮かび上がってきたのは，「OEMから自社ブランドへの転換」(眼鏡産業)あるいは，技術開発による新たな領域への脱皮(漆器産業)など，さまざまな事例であった。それは企業のイノベーションであり新陳代謝であり，あるいは企業の構造改革であり地場産業再生のダイナミズムでもある。

　なお研究会を進めるにあたって留意したのは，第三者や多数の専門家の助言であった。助言者はブランド論やマーケティングの専門家である。

　以下で，研究会に参加した各企業の経営者の報告と，コメンテーターとして研究会に参加してもらった研究者の「指摘」「助言」を紹介する。しかしいわゆるテープを起こして会話の全文を紹介するのは，煩雑で読みにくく，かえって本旨から外れる場合が多いので，主要と思われる部分のみを紹介することとする。

　なお研究会で報告してもらった会社のうち，金子眼鏡とボストンクラブの発言はこの論文では割愛した。というのは，両社に関しては，筆者がすでに先行して出版した著書(中沢，2012a)と，雑誌記事(中沢，2012b)で，克明に記録しているからである。同一の事柄をあちこちの媒体に載せるというのは，あまりよいことではないからだ。

(なお下記に掲載する研究会の記録は中沢と，鯖江市の市役所の担当職員，そして中沢の助手・桑原麻里の三人の手によってまとめられたものである。すでに一部は鯖江市役所のホームページにも掲載されているが，この論文の紹介部分の責任はすべて中沢にあるのは言うまでもない。)

2　第1回研究会の聞取（ヤマト工芸）

高野利明（株・ヤマト工芸社長）　自分の思っていたことを実現していけばブラ

ンドになるという考え方がありますが，自分も若い時から，お客様に喜んでもらえるものづくりをしたかった。

　父親が漆器の木地職人でした。家庭で使う雑貨を手がけていたこともあった。父親から文句を言う人苦情を言ってくる人が大事な人であり，買ってもらえる人と教えてもらった。

　昭和22年に生まれて中学を卒業して直ぐに仕事に就いた。独立した昭和40年代は，プラスチックが台頭してきた時代で，木製の生地は厳しくなりつつあった。しかしいくつもサンプル作りをしたが，そのサンプルの中で，一つの商品が1万個売れた事もあった。

　漆器の木地の会社を作ったが，漆器の木地づくりでは会社組織を作るのは難しい。しかし，青年会議所に入ったことで，会社経営について学ぶことができた。

　デザイナーの川崎和男氏の勧めで作った商品は，ファッション的なもので売れなかったが，デザインの勉強になった。いろいろな場面で製造者が売りに出る厳しさを味わった。

　日本のデパートにヤマト工芸の漆器製品が並ぶようになったことで満足していたが，なにか自分の考えとは違うとの思いから，いろいろな活動をした。ギフトショーに出展し，技術が必要なのか商品が必要なのかを模索した。5年ほどでオリジナル商品が売れることが分かった。

　漆器の落ち込みが厳しすぎてもう会社が倒産するという時期に5Sなどを指導していただいた。やってみて気づいたのが，自分ではいつか売れると思って売れない在庫を多く抱えているということ。

　客のニーズは，安くて丈夫で早く納品される商品。うるし製品で良いと思ったものが5年で中国へ，またグランドゴルフのヘッドも3年で中国へ発注がいってしまった。まねされるのは早いですね。

　最近は，特に品質管理の大切さを認識している。良い製品を作って高く売ると儲かると言われたが簡単なことではない。今，ようやくスタートラインに立てたかなと思う。北海道などからも働きたいと希望する人がやってきて会社に若い人が増えてきた。

ニトリ等の動きを見ながら取り組んでいかなければならないことが沢山ある。雑貨の商品づくりが漆器づくりにも生かされている。

現在の商品は300種類1000点ほど，オリジナル雑貨は120種類300点ほどあり，その中でダストボックス，棚が売れ筋商品である。また漆器商品は業者を通して温泉旅館の加賀屋などに商品が出ている。

石井淳蔵（流通科学大学学長）ヤマト工芸さんがめざしていることは？
高野）3年後にはインターネット販売が主流になると言われている。そのためには商品のボリュームが必要。今の倍の商品をつくって，「良い商品」と「即納」を心がけたい。
石井淳蔵）モロゾフという菓子の会社がある。デパートの一角に商品売り場を設けたところ，数ある商品群の中からひとつの商品だけを商品ケースに展示した。

最初は，多くのものからではなく，モロゾフといえばこれ，といった商品づくりが大切。例えばヤマト工芸といえばダストボックス，ダストボックスといえばヤマト工芸の製品といわれるようにしたほうが良い。

例えば海外製品が台頭していきているが，韓国の人から言われたのが，日本製品は「品格のある製品」ということで，細かいところまで気を使った製品づくりを日本製品はしているということであった。売れる，売れないに関わらず，"ここまでするんだ"というのが日本のものづくりの特徴。韓国製品の技術が追いついても，その点には勝てない。これが品格である。
中沢）それはよく分かりますね。工作機械メーカーの松浦機械の社長から「荷姿の良い製品」という言葉も聞いたことがある。出荷時の形にまでこだわっている。外国人は機械の設置のとき製品に靴を履いたまま上に載るが，日本人は自分で作った物の上を靴を履いたままは上がれない。そういう所まで気を配る。確かに品格だと思う。ヤマト工芸さんには，お客さんが遠くからわざわざ商品を買いにくる，ボストンクラブさんには県外から働きたい人が集まってくる。良い企業には，遠くから人が集まるものだ。いろんな血が入る，これが大事。

他所の世界を知った人間がいないと地域は変らない。遠くの人が, 違った意見, 異なった見解, 違った価値観, 違った文化を持って来られ, 初めて地域が変わることができる。結果, 人口増にもつながる。これからの行政は, 頑張っている元気な企業を後押しすることが必要。そして周りは, 何故ここは頑張れるのかを丁寧に学ぶことが大事である。

3　第2回研究会の聞取（下村漆器・漆琳堂）

下村昭夫（株・下村漆器店社長） 弊社は「一味違う器をあなたに」をテーマとして, 従業員13名創業1900年, 約100年の歴史と伝統を持つ会社です。会社全体の事業は, まず本格的最高級漆器の製造事業, それから業務用漆器製造事業, 機能性コーティング事業がある。業務用は本格的な漆器の技術を使った天然漆を利用し, コストダウンさせ料亭や旅館等に納品, 汎用プラスチックはABS樹脂を使いウレタン塗装をしてファミリーレストラン等に納品している。ここ10年は, 汎用プラスチックからスーパーエンプラを使い無機有機の複合材というコーティングを使用して, 病院・福祉施設等に企画販売をするようになった。機能性コーティングというのは, 病院等に納品している食器をナノレベルのガラスの膜でコーティングする技術。原子力関連の腐食防止コーティング, 水素透過防止コーティング, そしてSIC（カーボンファイバー）への高緻密化コーティングを展開している。2000年からは新技術の研究開発を行い, 世界初IH対応プラスチック食器が誕生した。JALから熱膨張を起こしても平面を維持するトレーや150度に耐えられる食器の開発の依頼を受けたことをきっかけに, その後, 福井大学と共同研究し, 新技術による給食システム「ニュークックサーブ方式」を開発した。これらの技術を用い, 電子レンジを使用し1分で調理できる茶碗蒸し器や±0企画の深澤直人氏とコラボし漆塗りでありながら機能性のある椀の開発をすすめている。

中沢）プラスティック製食器の製造は誰にでもできる技術であるのと思われてきましたが，そのような新しい技術を導入して，差別化が図れる，違うものを作ろうと考えたのはいつか？

下村）20年前。バブルが弾け，官官接待がなくなり，漆器の需要が減ったことがきっかけでしたね。

中沢）JALグループからの機内食関連の依頼の経緯は？

下村）JALは最初は大手メーカーに依頼したが，うまくいかなかったそうです。うちに打診が来たとき「やります！」と言った。金型を作るにも1000万ほどかかるので，社長は渋ったが，最終的には「勝手にしろ」と了解を得た。期限が2か月しかなかったが，なんとか要求された製品がつくれた。

中沢）その技術を基に食器展開されたが，材質や最終的なデザインはどうやって考えたのでしょう？

下村）材料メーカーに片っ端から電話して使えそうな材料を何種類も送ってもらい試した。デザインは，当時病院食器の白が主流だったが，漆器風の高級感のあるものを作りたかったので，試作を重ねた。できあがったものを都内の病院に持ち込むと白より漆器風のものが温かみがあるということで評判が良かった。現在福井県立病院をはじめ全国で20数か所で採用してもらっている。今後も新たに開院する病院から受注を見込んでいる。またJALグループからも開発費がかかっただろうからという事で，かなり注文を頂いている。

中沢）機内食で使う機能を持った食器をつくると，あらゆるところで応用が利くということか？

下村）病院食の場合，かなりの調理時間短縮，人件費も浮く。食器の値段は原価の積み重ねではなく，こういった人件費削減，おいしいものが提供できる，食中毒が防げるなどの機能を持たせると価格が変わってくる。この点面白いと思った。これらの開発に特許を3つ使っている。しかし肝心な技術的な部分は特許に含めないで，社内で守っている。

中沢）当然そうすべき。ブラックボックスにしておいた方が長持ちする。
では内田さん，お願いします。

内田徹（株・漆琳堂専務）漆琳堂は，昭和63年に設立をして，漆塗りに徹する商品開発と製造と販売までをやっている。創業になると1803年，今から200年前なので，産地でも古い方。父親が現社長をしているので，このまま頑張れば……私が6代目になる予定。主な業務内容は，漆器を消費地問屋へ卸す仕事。OEMの生産，産地内の塗り加工もしている。

　父の代で会社を設立し木製品全般を扱うようになり，蒔絵をつけ各地のホテル・旅館へ問屋を介して卸した。しかし現状では業務用漆器が低迷している。問屋さんを通じてのやり方では先細ると思い，4年前の2006年から小売店に商品を持ち込み，展示会を試みた。直接お客さんと話せる面白さに気づき，その後展示会の数を増やした。作り手が小売店へ行くということ自体が産地では珍しく，まして漆琳堂という名前で販売することは非常に珍しかった。昨年（2009年）は東京新宿の百貨店の展示会で1個8000～1万のお椀が1週間で100個売れた。両端布着せ中塗り上塗りの商品が8000円では安いと東京の消費者に受け止められた。これは価格破壊かもしれないが，そうしないと漆の商品は売れていかないのではないか。商品が売れなければ漆の新しい作り手，若手の職人が跡継ぎをしない。私はこの仕事に従事して10年になるが，まだまだ若手である。次の若手がいない現状がある。最終的には今までのお客さんを大事にしながら直販できる体制を整えたい。これがブランド化というのかと思う。

中沢）直販の割合は？
内田）直販はまだ1割にも満たない。思い入れは直販が強く，やっていて楽しいと感じている。反応も早い。
中沢）2006年に初めて展示会に出展というのは遅いのでは？
内田）産地問屋さんは実行しているかもしれないが，実施に塗っている職人が直接出展ということは今までないのではないか。自分自身，塗りの技術が向上し，自社商品を持てるようになったその時期がタイミング的によかった。出展が遅いとは思っていない。これが自社のペースだ。

中沢）展示会はその後とんとん拍子？

内田）とんとん拍子ではないが，一つの展示会をすると別の展示会の企画者から声がかかった。成功する大きな区切りで最終的には路面店を持ちたいという大きな夢を持っている。デパートでの販売は売上からかなりの手数料をデパート，百貨店問屋，消費地の問屋に支払わないといけない。作り手と消費者の間で単価のズレが生じ，高額商品になってしまう。友人にそれが嫌でデパートから路面店に出展した人がいる。

中沢）路面店は誰でも知ってるところに作らないとだめ。最近伸びている和菓子店で日本橋長兵衛というお店がある。もともと八王子にお店を作った。店名に日本橋とあるので，日本橋にお店があるのかと聞くと，これからつくると答える。5，6店支店を展開しているうちに日本橋に小さい出物があり，そこに路面店をつくり本店にし，堂々と日本橋の和菓子店と名乗った。これはブランド化のうまいやり方。先ほどの手数料のことだが，デパートに置いてる品物は誰でも信用する。デパートが品物を保障している。プラス立地のよい場所に立つデパートに展示する場合は，短期的な家賃という側面もある。だから価格の30％〜40％と手数料を高くしないと合わない。

塚田信治（西武百貨店福井店長）百貨店の手数料を高いとおっしゃることもよく分かる。例えば私は紳士服が長いが，入社したてのころは4万8千円のスーツがすごくよく売れた。百貨店の手数料をオンしても良く売れた。でもカテゴリーキラーと呼ばれる洋服の青山やはるやまといった販売店が「百貨店は儲けすぎている」ということで，自分のところが商品を全部買い取って安く売るようになった。

　適正なマージンを乗せるのが商売だ。百貨店のマージンが高いと思われるかもしれないが，宣伝費や説明の従業員を付けたり，商品の付加価値をつけている。経費に見合う適正なマージンは必要だと思う。

中沢）ところで，デパートという業態が昔ほど流行らなくなってきたが，僕はデパートが持っているブランド性は揺らいでいないと見ている。塚田さんの考えるブランド化とは？

塚田）私自身，漆器やインテリアの担当経験はほとんどないが，お客様目線として私なりに越前漆器に対して思うことは，①値打ちが分かりづらい。割ってみないとプラスチックかどうかの判断がつきにくい。②買うときに何を基準に選んだら良いのか分からない。西武でもたくさん漆器を扱ってるが，リピーターの場合，何を目印にして買って良いのか分からない。③なんでも作れるので飯椀，汁椀，お皿，ビールコップなど，自分勝手にここまでできますと提案してくる。今の生活者はテーブルウェア全部を漆器で揃えない。それぞれに合った器を選ぶのに何で全部漆器のものを提案するのか，時代遅れだ。以前有田焼きの窯元に「有田では昔から火鉢を作っていた。しかしずっと火鉢に拘ったところは今，全部廃業している」と教えてもらった。お客様の変化，ニーズに対応するというのが一番大事なことだ。業務用は別として越前漆器の方向性を決めていかないと。テーブルウエアの方向，伝統工芸品の方向などきちんと決めていかないと。越前漆器をトヨタだと思って欲しい。トヨタの中にクラウン，プリウス，ヴィッツいろいろある。ブランドが必要。例えばクラウンだとトヨタが品質をギャランティしている。しかしうちで売っている漆器は輪島か山中か越前か何も書いてない。次に買おうと思っても目印がない。そこでブランドが必要だということだ。

　先ほども言ったが，漆器だけで商売しようと思ったら大間違い。ガラスや焼き物とコラボすべき。今流行のセレクトショップもその発想。一つのブランドでなく，ほかのブランドがあって良い。例えばこれに合う器や雑貨があったり，それらをオーナーの趣味で一つのテイストで揃えるということ。そういったことがファッションやインテリアの世界でもはや一般的である。これからはエンドユーザーに下村漆器で買ったのか，±0なのか，漆琳堂なのか分かるように印を付けたい。今後そうやって行かない限り，有田の火鉢のように「この火鉢は長持ちして良い物だ」と言っても「誰も使ってる人はいませんよ」ということになる。だからブランドを考えた方が良い。

4 第3回研究会の聞取（福井めがね工業・冨士経編）

田畑周徳（福井めがね工業株式会社社長）弊社は昭和44年創業で，今年8月で42年目。金型以外は一貫生産している。社員は本社130名で，部品加工・メッキ・アフター修理の工場のグループを合計すると約180名の規模。創業者の野路は創業以来素材や機能の開発にこだわり，眼鏡業界主流のライセンスブランドよりも自社ブランドの開発に注力してきた。産地では純チタンの開発に一番早く成功した企業である。しかし今やチタンはメジャーになり中国，韓国でも当たり前に作れる素材になったため，弊社ではマグネシウム合金，チタン合金など，特殊なチタンを使っての生産に取り組んでいる。まだ製品化はしていないが，ドライカーボンやメジャーになっていない先端素材を常に開発し，いち早く市場に出す努力をしている。18金の貴金属を使ったフレームも生産しており，10年間順調に拡大してきたが，現在は景気の悪化で売上がやや減少している現状だ。

社内には製造スタッフはもちろん，デザイナーを始め，試作をするサンプラー，営業スタッフを抱え国内外に販売をしている。

売り上げに対する比率はOEM・ODMが約60％，自社ブランドが約40％。今後はもっと自社ブランドの売上を伸ばしていきたい。

現在の自社ブランドは，小売店のバイヤー向けのプレゼンなので，ユーザーにアピールできる商品作りを手掛けたい。今日はその点のアドバイスをいただきたい。

特に最近の眼鏡業界は市場規模が年々縮小気味で，2009年度は小売市場規模が4000億を切ったと聞いている。最近の傾向として，眼鏡が視力を補正するものから雑貨になってきてしまっており，今後雑貨との差別化が我々鯖江のメーカーの課題。その点もアドバイスをお願いしたい。

安価な中国製品との差別化のために，福井めがね工業の強みである18金素材で海外に向け，ブランド展開をしていきたい。金のフレームはアジア，特に

中国での需要が高まってきている。そのプロジェクト立ち上げのためのネーミング，デザイン，広告宣伝はどうしたら良いのか，成功させるためのアドバイスをお願いしたい。また市の助成金があるということで期待している。

野尻利雄（冨士経編㈱社長） 弊社は昭和34年（1954）資本金500万円，社員17人で，女性の下着からスタートした。昭和52年，経編生地が工業用洗濯に良いということで，綿糸入りの経編生地を開発。当時綿糸入りの技術は不可能と言われていたため，C反が続出した。そこで，知恵を絞り，試行錯誤を繰り返し改良に成功。その生地を用い，看護着を作ったら非常に評判がよかった。現在看護着はニットと織物の割合が50：50。ニットの50の内，弊社は90％のシェアを占めている。

　その後「ミルモンド」という，ブランドをつくった。裁断は自社。あとは県外7社ほどで縫製。どうすれば売れるかを考え，商社を通じて販売することに。現在年間40万点ぐらい作っている。取引に当り，直接自分の目で現場を見て，会社の状況（整理整頓・社員の態度など）を把握して取引をするようにしている。気をつけているのはクレーム。クレームはより良い人間関係をつくるチャンス。逃げてはだめ。受けて立ち，お客様と満足がいく人間関係を作らないとだめですね。

　弊社の平均年齢は37歳。女性にも活躍してもらっている。女性が作った見本で500枚，1000枚注文が取れることも。そうすると本人の達成感につながる。若い人に着て貰える製品を作りたいと考えているので，今年からホームウェアの販売を予定している。弊社の基本理念は①リスクのある投資はしない。②規模を大きくしない。③自己資本で投資する。これを守り続けているので，創業以来ずっと黒字を継続している。

中沢） 国連の貧困ラインの人は1000円の眼鏡も買えない。中国の車は50万円，インドは20万でガタガタだが現地の人はそれで充分満足している。商品というのは地域別の格差があるので，どこにターゲットを当てていくのかが重要。

僕の持論では「逆境の克服はできる。失敗を学ぶこともできる。しかし順境にスポイルされないことの方が難しい。」そのためには，「打って出ろ」と僕は言っている。眼鏡業界でいうと，今は大変かもしれないが，100年の歴史のうち80年は幸せだったはずだ。やっとここ20年，OEMでなく自らの力で生きていかないといけないと転換し始めている。これが外から見た私の見解。栗木先生，感想は？

栗木契（神戸大学准教授）打って出る，あるいは新展開を求めるときには，可能性は広く考えて，しかし実行することはポイントを絞るのが大切。私の立場は，前段の可能性を広げるために，ちょっと奇抜なことを言うのも役割ということを踏まえて話す。日本は物があふれているが，グローバルに見ると服や眼鏡を買えなくて困っている人が沢山いる。その人たちのため，本当に安いものが日本で作れないのかを考えてみるべき。日本は人件費は高いが，余っているものもある。例えば，金あまりで金利（資金）は安い。機械化，工業化をうまくやって安くつくることができるはず。こういうことを考えてみてもよい。ブランドということを考えると，自分たちの素材や加工技術に付加価値をつけていく方向。そのためには付加価値が評価されることが必要だが，こが最終ユーザーに届かないと力にならない。これからは，素材ブランディングが大切かと思う。例えば18金のフレームの福井めがね工業㈱独自の技術に名前を付け，目印としてフレームに小さいマークを入れる。これだけで，小売店はお客にそのフレームの値打ちが説明しやすくなる。「この加工技術は世界でも福井めがねだけ。このフレームにはその高度な技術が使われている。ほらこのマークが入っているでしょう。」長く使えば良さが実感できるのかもしれないが，店頭ではお客さんは，マークでもないと素材や加工技術の違いを判別できない。これは「インテル・インサイド」などで有名だが，アパレルメーカーでもやっている手法だ。またそのときに，販売員が説明するためのマニュアルを作るなど，面倒見の良さも大事。最終ユーザーに届くことをめざして，多面的に攻める必要がある。

マーケティングの論理からいくと，価格が高い物は，バリュー・フォア・マ

ネー（値段に見合う価値があること）を説明しないといけない。どこにどう値打ちがあるかが分からなければ，お客さんは高いお金は出さない。この説明，推奨の鍵を握るのが小売店。直販に乗り出す大手メーカーが増えてきている理由の一つはこれだ。だから間に流通業者を挟む場合は，彼らへのサポートが大事になってくる。ただ単にサポートするのではなく，そのことが自社の素材ブランドに返ってくるように仕掛ける。

　有名ブランドといっても，マークのデザイン良さだけで高く売れているわけではない。独自のマークを打ち出しながら，いろいろな高度なサービスをしたり，成功物語があったりで，これがついてくると，マークが目印になっていって，付加価値になる。実際に素材ブランドの場合難しいのは，自分たちが作るわけではない最終製品に，いかに名前を入れてもらうか。その契約をうまく交渉する必要がある。2社とも技術的に誇れるものがあるので，可能性は凄くあると思う。

中沢）田端さんの会社で，今何に力を入れているかを教えてほしい。

田畑）チタンを一番最初に開発したという自負があるので，素材に関してはいろいろなところにアンテナを張って情報を入れるようにしている。新しい素材を手に入れて使えるかどうか試し，他社より先に商品化できるよう取り組んでいる。また長く愛用できる，ファッション性だけではないものづくりがしたい。具体的にはまだ掴めていないが，アウトドアのある企業さんとの話でヒントになったのが，永久保証。それを裏付けるのが品質である。世界に打って出たいという気持ちもあるが，当社の18金のフレームがなかなかヨーロッパに受け入れられない。デザイナーはやはり市場によって変えたほうが良いのか？

栗木）ラグジュアリーな商品を世界に売って行きたいとのことだが，アジアはこれから延びるので，骨格が違う欧米を対象にせず，アジア人にとってのブランドになるといった割り切りも必要かも。デザインに関して言うと，日本国内でも欧米向けのデザインができる人も居るので，コラボレーションの可能性を探ってみてはどうか。神戸のジュエリーなどでも，海外からの受注がメインになっている個人デザイナーもおられると聞く。

さっき中沢先生がおっしゃった現場の人のやる気を引き出すということにつながるが，有名なデザイナーと組むと，職人にとっては思いもしなかった奇抜なことを突きつけてくるので，そこを逃げずに一緒にやる。そして国際的な展示会のような注目されるようなところに出す。高い目標を定めて，すべてをデザイナーの手柄にせず，チームで挑戦する。職人があって始めて成せるということを理解しているデザイナーと組むのが良い。

中沢) 野尻さん　今年の目標は？

野尻) 小ロットで対応でき，ゆったりと着心地の良いホームウェアを通販で販売することだ。コンビニにちょっと行けたり，突然のお客様に応対できたりといったもの。

栗木) 通販の難しさを覚悟して取り組むことが必要。カタログは改訂が非常に大変。一度出すと修正がきかないので，数字（価格）の表記は万が一にも間違ってはならない。今はネットが強くなってきているが，この場合はサイトに呼び込むのが至難の業。ビジネスを漫然と広げずに，ポイントを絞って一つ一つ学習していくことも大切では。消費者を引き付けるフランフランや無印良品といったところと組んで，デザインはそちらに任せ，良い素材を提供するところから入っていくのも一案。今ホームウェアが流行っていて，注目度は高い。乗ってくる企業と取引をして，ホームウェアと業務用の特性の違いを勉強してから，通販に打って出ても良いかと思う。

野尻) 商社を通すつもり。今まで商社もテキスタイルを売っていたが，皆アパレルに移行している。どこかで利益をとられてしまうので，一貫してやらないと儲からない。

栗木) 最終目標とプロセスは分けて考えても良いのでは。業務用と個人用では相当に違う。ホテルなどでは，従業員が扱いやすくクレームがなければOK。しかし個人の場合は，それだけではお金を出してもらえない。そのためのデザイン，店頭で手にとって選んでもらえるバリエーションの組み立て，季節ごとの演出など，勉強しないでやるのは危険。

5　第4回研究会の聞取（三工光学・越前漆器）

中沢）今日ゲストとしてお招きしている山田先生は，「ブランド現象というのは，贅沢の大衆化である」「ブランドは貴族の時代の終焉である，そこから始まっている」「ブランドの時代はデモクラシーと手を携えてやってくる」といった言葉など，ブランドを考える上で欠かせない概念を示しておられる方です。

　この会の趣旨を最初にご説明します。この地域には良いものが沢山あるが，世の中に伝えていく「発信力」がない。現在，活性化する地域というのはブランド力がないと駄目だといわれている。例えば東京都の高額所得者が増える地域の特徴は，公立の学校でも私立に負けないほどキチッとしている学校が集積している。そうするとますます所得階層の高い人間が集まり，ますます消費能力が高まるという好循環を生む。地方都市では，中小企業が栄えているところは雇用があるから人口が増える。すると税収効果があるので行政もやりやすい。まず人口が基本だ。

　鯖江は福井県内で例外的に人口が増えている地域。ただ，鯖江はこれまで自分の良さを積極的にPRする必要がなかった。例えば眼鏡でいえば過去はOEM生産で充分儲かっていたので，自らを変える必要がなかった。だけどOEM生産は中国あるいは韓国でも既にできる。そうすると自らがオリジナルなものを作ってブランド化していかざるを得ないという状況がここ10年間で急速に訪れている。眼鏡に限らず漆器や越前の和紙，様々なものが地域性を活かすことによって地域外に打って出ないと，より良く生きていけないという状況に置かれている。そのことが，この研究会の第1回から第3回の聞取で明らかになってきた。

　それでは，まず会社の成り立ち・ターゲット・戦略・考えていることなどをお話いただきたい。

三輪英樹（株・三工光学社長） 私の会社は1923年大正12年に祖父が開業した，

87年の歴史を持つ眼鏡フレームのメーカーです。昭和23年昭和天皇に当社・工場にご視察にお越しいただいたという光栄を持っている。眼鏡づくりで最も栄えるきっかけになったのが，日本光学，今で言うニコンと祖父が契約して，協力メーカーという形で一緒に生産をするようになったこと。ニコンからはデザインなどいろいろな指導を受け，当社は他社に先駆けてデザイン企画室を会社内に立ち上げた。

　1993年にSlenDというオリジナルブランドを立ち上げた。これは形状記憶合金のフレームで，どんなに曲げても戻るという材料。材料で区分けをしてブランドを立ち上げた。2000年にゴムメタルを使ったフレーム「DUN」を立ち上げた。3年，4年していくうちに，「非常に掛けやすい」と，リピーターが増えていった。昨年はカーボンファイバーを活かしたフレームを出し，ゴムメタルと掛け合せて非常に掛け心地の良い眼鏡になった。DUNというブランドはだいぶ育ったという実感がある。ただ中沢先生がおっしゃった「発信力」がない。開発力は身に付けたが発信，宣伝が下手だ。今後その宣伝力を勉強してPRしていきたい。

　またこのブランドを中国・香港・シンガポール・台湾に代理店を設けて広げようとしているが，今の中国は有名ブランドにだけ目を向けていて，DUNにはまだ関心を示さないのが現状である。ヨーロッパでも，9月にフランスのシルモ，3月にイタリアのミド展示会に出展して営業活動をしているが，今，日本で売っているフレームをフランスで売るのは難しい。ヨーロッパ向けのデザインを考えないといけない。ヨーロッパにもっと入り込みたいというのが今の正直な気持ちだ。このように弊社は材料をメインにしたブランドづくりを行い，掛けやすさを売りにした眼鏡を展開している会社である。

中沢）山田先生，鯖江に関する感想から。

山田登世子（愛知淑徳大学教授）今日眼鏡と漆器を見学し，素晴らしい技術力はひしひしと伝わってきたが，市場に名前が通って初めてブランドと呼べます。市場という言葉は非常に曖昧で，何がマーケットなのかというと，一人ひとり

の消費者のことです。それを大変実感したのがうるしの里会館です。消費者と商品の縁が切れている。なんと勿体無いことだろうと思った。

　一番理想的なのが製造者・創始者から一人ひとりのクライアントまで全部繋がっていること。ルイ・ヴィトンがそうだが，買った商品に作った職人のナンバーが入っている。故障したらその職人が直してくれる。それだけ直結していれば物凄い力です。三工光学は間が切れている。消費者の顔を見ようとしていないようです。一般消費者に届くものが一番です。例えばユニクロなんか一般消費者を知っているあの強さはすごい。もちろん宣伝力も物凄いと思うが。やはりユニクロの社長の消費者を見ようという絶対的な意思を感じる。ルイ・ヴィトンの職人はお客を見ると，その人のバックが自分の作ったものかどうか瞬間的に見えるそうだ。そこまでパイプが繋がっているということは並大抵のことではない。私が今日一番申し上げたかったことだが，製造と消費者を仲立ちするブランド名が未だ認知されていない。それは「DUN」が良いのか「鯖江」が良いのか，これから議論を呼ぶところかもしれない。とにかく固有名詞の力がいる。そしてその名前には物語性が必要です。

中沢）今はバイヤーというが，昔は問屋。OEM 生産をしているとどうしてもバイヤーに頼る。要するに過去の経過を引きずる。自分で直接店舗展開するノウハウがない。自分で店を持つにはエイといったん飛び越えるものが必要だ。
山田）これだけの技術力と開発力を持っていながら私が今日まで DUN を知らなかったのは，絶対障害物があるはず。バイヤーがいるので知る必要がなかったということか。今，知らないといけないところまできている。三輪社長は 3 代目でいらっしゃると伺った。3 代目って素晴らしい転機です。エルメスは 3 代目で馬車屋からハンドバック屋に転身した。3 代目ということは運命の何かを持っていらっしゃるはずです。
中沢）山田先生の本を読み，三輪社長の報告を聞いていて思ったことだが，フランスやヨーロッパの場合は貴族あるいは皇族の名前を御用達で使える。日本は宮内庁御用達とは書けるが，昭和天皇御用達とは書けない。ビジネスに使っ

てはいけない。美智子様や雅子様のお好きなお店はそのことを一言も宣伝に使えない。だけどこういうことを少しずつ物語化していった方が良い。天皇が来たときに小さなエピソードを作るとか。僕に言わせればルイ・ヴィトンの物語は，嘘ではないが，8割くらいが限りなく誇張している。だから嘘ではない誇張を書くことが大事だ。ただし美しい物語に仕上げなければいけない。

次に森下社長ご報告を。

森下直樹（越前漆器株式会社社長） 創業は1948年。父が戦争から帰ってきて始めた会社だ。1960年に越前漆器株式会社を設立し，今年がちょうど50年の節目だ。創業から30年は延び続けたが，その後20年は厳しい状況が続いている。

　弊社の中心は越前の伝統分野の木製に漆を塗った商品。椀とか器類，お盆，お膳，重箱，文箱などが中心である。だいたいの企画は社内で自分たちの経験と情報，アイデアで行ってきた。1960年代にプラスチックの業務用食器が台頭してきて，木製のものと並行して手がけた時代があった。

　その後ウレタン塗装を吹き付けるという技法も出てきて，一世を風靡した。代表的な商品である松花堂弁当箱は，毎日100個，200個と出荷するような状況の時があった。今もまだウレタン塗装の木製品は弊社を支える柱の一つとして続いている。その後木粉と樹脂を混ぜ合わせた原料を金型で成型して漆を塗る，木製とプラスチックの中間的な商品がヒットし，それも現在の柱の一つである。

　この40-50年の間に越前塗りは木製に漆だけではなく，色々なものが出てきたので，百貨店などでどのような品質の商品なのか分かりにくいということは確かにある。50年間の取り組みの中でポイントになっているのが，82年に6社共同でグループカタログというのを作り，現在第11集になっている取り組みだ。これはある意味大成功だった。6社それぞれが自分の会社のテイストがあるので，非常にバラエティに富んだものになった。

　1990年の平成天皇の即位の礼には，360組の膳や椀の製作をさせていただ

いた。

　2007年，福井の逸品創造ファンド事業の採択を受け箸の開発に取り組み，純日本製の箸を「えちぜん箸」というブランド名で発表した。今のところは安定した需要がある。

　うちは家族企業なので，決定が早く積極的に商品開発に取り組んでこられたのが強み。新商品ができると試験販売のため，全国いろいろなところに出展した。今も続いているのは新宿の伊勢丹だけである。そこで得た消費者からの感触をヒントにものづくりをしてきた。

　今抱えている問題点は，新商品を常に作り続けないと売り上げが維持できないこと。消費市場が縮小して，産地も体力が弱り消費地の問屋もデパートも含めて疲弊していることを感じる。そういう状況なので，昔は問屋が50個，100個と買い，在庫を持ってくれていたが，今はこちらに在庫するのが当たり前。デパート業は返品が当然というような中で，それでも百貨店市場に頼らざるを得ない状況に常に矛盾を感じている。それから，漆器を欲しい・使いたいと思うお客が減ってきている。

　今年，中小企業庁ジャパンブランド育成支援事業に，「越前漆器産地のブランド再生プロジェクト」が採択された。もともとブランドがないので，新しく生み出すことになる。職人を元気づけ，かつ新しい需要を見つけたい。そうするには売れる商品を作らなければダメ。こういう技術があるからこれを作った，というのではなく，消費者側から見て楽しく，うれしくなるようなものということを常に頭に置いた商品作りをし「越前塗りって良いね」と言われるような流れをつくっていきたい。

山田） 結局人間にとって何が贅沢か，金で買えない贅沢があります。時間は金で買えません。職人芸，これも金で買えない。ヨーロッパ，フランスは職人芸を大変尊ぶ伝統がある。漆が良いのは，今日，うるしの里会館の入り口に展示してあるものを見たが，贅沢が生きている姿で置いてあった。惚れ惚れした。直感でそれを贅沢だ，大量生産できないものだと感じた。贅沢の一つの定義に，

大量生産できないものというのがある。直感させる美しさというものがある。
　日常生活，日本人のライフスタイルがどんどん変り，主婦の家事が変ってきた。例えば，漆の一点物のお重を頂いたが，お正月に使うのが面倒臭い。プラスチックの方が楽，そういう生活になってしまっている。それから電子レンジを使うようになってしまっている。日常生活と日本の文化として守り抜きたい漆の技能とが離れている。作品は残し続けたいのだが，商品として利益を得ていかないと，職人が死に絶えてしまう。これは国家的文化の問題。フランスではモードでも国策としている。シャネルの例だが，スーツに付けるブレード飾りを作れる人は2，3人しかいない。カメリアの造花を作れるアトリエも1つぐらい。それらをシャネル社は赤字覚悟で自社の傘下において庇護している。職人を育てている。オートクチュールは全部赤字です。やればやるほど赤字だが，その技能を死滅させないために国家も陰ながらのいろんな援助をしている。日本は全くそういうのがない。文化的土壌が無い。文化と政治がきれている。

中沢） 山田先生に聞きたいのだが，ブランド化は贅沢の大衆化にあると言うときに，森下社長がさっきおっしゃった職人芸というのは，金持ちにしか支えられないのかもしれない。フランスの場合，その金持ちというのは王侯貴族であったり，高級娼婦だったりした。何人もの男の財産を食い潰してそれを全部贅沢に使った。日本の場合は，皇室はとにかく自由に使えるお金がない。良いものや職人を一人残すために，「作ったものを毎年500万円ずつ買うから持っていらっしゃい」というところがあるのかと言うとなかなかない。そうすると大衆的に展開する高級もどきみたいなのをブランド化して儲けることによって，本物を残していくというやり方になってくるんじゃないか。大衆が消費できるのは本物もどきである。

山田） 大衆化とはイコール商品化のこと。それが苦しいところです。素晴らしい文化や企業を維持するには財源がいる。例えば近くの陶器市で輪島塗のいいものを見つけた。値段を見ると一客35万円。そんな高級な輪島塗が何十年か前は生産が追いつかないくらいの需要があった。それはその時代，一般大衆ではなく温泉地にある老舗旅館，沢山の客を扱う旅館が高級なものを発注してい

たと思う。そういう時代がかつてあったが終わってしまった。

中沢）ひょっとすると，中国の豊かな層が新しい消費者かもしれないと思う。ようするに成り上がりものたちが必要だ。ただ，難しいと思うのは，会社としての経営と，自らの会社をブランド化していくというのは作業が全く別。どういう職人を，デザイナーを育てていくのかなど人材の育成は長期な，息の長いものだ。しかし経営は短期勝負が多い。この暮れをどうやって乗り切るかとか，短期のものが経営の基本だ。その二つをどうやってマッチングさせていくか，この研究会を始めてからの難題だと思い始めている。

山田）全くそのとおり。職人自身の再生産。それは100年単位の仕事です。100年に3人ぐらいしか生まれない。エルメスではそれを養成し続けている。そのことに職人は皆誇りを持っている。かたや会社組織は一年決算で，収支を黒字にしていくということ，バランスが難しい。ブランドについてですが，鯖江では，眼鏡づくりもしっかりしていらっしゃるんですが，ブランドって「もの」じゃない。実業というのがありますが，ブランドは虚業です。「虚」なんです。物語は根がちょっとあれば葉ぐらいうそ話でも良いのです。眼鏡に付いているライセンス，もっともらしく見えるが，なんの実もない。だけどそれでネーム代をとってるわけです。あれがブランドです。ブランドって虚名なんです。虚名を立ち上げて，虚名を維持するという作業と，営利として赤字を出さない作業と，職人の維持，それを全部やるのは本当に難しいこと。

中沢）山田先生がおっしゃっているブランドはモノではない，伝説である。僕らだと物語という。ほんのちょっとの真実にうんと美しい色を塗っていかないといけない。

山田）シャネルはその塗り手を得ました。塗り手であるカールラガーフェルトは逸材です。彼が全部シャネルを伝説化した。フィクサーが必要なんです。嘘話をでっち上げて，鯖江を全国に知らしめるフィクサーが。

牧野百男鯖江市長）今，おっしゃった，虚業についてですが，モノではなく，まとわり付いた物語だと。鯖江と言ったとき，人は何を連想するかが物語だと。それはでっち上げで良いものですか？

山田）根拠がないとダメですが，鯖江にはありすぎるほどある。ものづくりとしてれっきとした実力があります。1の実力を100にするのが虚力です。そのためにはお金をかけないと。労力かけないといけない。
市長）そういうのをブランド化するというのはどうすれば良いのか？
中沢）いろいろな物語を寄せ集めることだ。そしてそれをさまざまな媒体で発信すること。メーンストーリーがあって，ちょっとずつエピソードが入ってくる。そしてエピソードを寄せ集めながらメーンストーリーが太くなっていく。
市長）山田先生，ルイ・ヴィトンとかエルメスはどういう物語なんですか？
山田）ルイ・ヴィトンは創始者の名前です。エルメスもシャネルも創始者の名前です。シャネルというのは自分の生涯，捨て子だったのを隠すため，嘘ばっかりつくから伝説になった。それをまた上手に伝説化する人，商品化する人がいた。ネームバリューで言えば，鯖江という地名。例えばワイン，ボルドーというのは地名ですが同時にブランドです。トヨタというのは創業者の名前です。松下もホンダもそうです。やっぱり人間が一番物語り化しやすいです。ですが鯖江って類まれなる漆と眼鏡が同時にある。これを活かさない手はないと思います。
森下）残念ながら「鯖江というと漆器」と言われる方は少ない。鯖江というと眼鏡とすでに知られている。鯖江＝眼鏡ブランドとしてやりやすいんじゃないかといつも羨ましいと思っている。
山田）越前漆器で良いのではないか？
森下）私どもは鯖江をださなくても，これからの商品に「越前塗り」を知ってもらう戦略をとるつもり。鯖江＝眼鏡というのは眼鏡業界に譲ります。
山田）越前の方が良いです。越前という名前にはロマン，歴史があります。日本のモデルになってもらいたい。
中沢）この地域は50年，60年と歴史のある会社ばかり，70年，80年もざらにある。3代目もたくさんいらっしゃる。何か打って出られるだろうと思っている。
山田）とにかく技術と伝統はお墨付きです。ないものは……ちょっとのんびり

し過ぎていらっしゃるのでは。

中沢）ちょっと誠実過ぎる。嘘は言えないみたいだ。

市長）もう一つ教えて下さい。バイヤーや問屋を見ていて消費者を見ていないとおっしゃった。消費者を見ることを，今までのこの産地はしなかったんでしょうね。

中沢）問屋さんが強かったから必要なかったんでしょう。情報も問屋さんが持っていた。

市長）なるほど。販売も OEM で何千枚作っても消費者そのものを見る習慣，必要がなかった。

三輪）そうですね，OEM で作ったフレームは気に掛けないが，自社オリジナルを掛けている人は目で追ったりする。

中沢）自社オリジナルなものを消費者がどういうふうに思っているか，どんな苦情があるのかとか，そっちが一番大事。直接聞くことが。

森下）今年ジャパンブランドという事業に採択され，今年一年は戦略策定で，どういう方向に進んでいくかの市場調査を始めたばかりだが，塗り物の海外市場に関して何かアドバイスお願いできますか。

山田）フランスは本当に日本の伝統的なものが好きです。イギリスは中国のボーンチャイナ，陶器が大好きです。中国に関してですが，中国の友人に，現在の中国人にとって贅沢って何かと聞いてみると，ヨーロピアンなファッションとヨーロッパ旅行だと。ヨーロッパに対する憧れがすごく大衆の間で強い。だから日本の美しい，美的なものを中国に対しては当てにしない方が良いと思う。日本に憧れを持っていない。家電製品に関しては日本を向いているが，伝統的，美的なものはヨーロッパを向いている。日本人がたどった道です。中国は警戒しながら，生産者としてのライバルです。眼鏡ではすでにライバルです。だから，Made in China と差を付けるための Made in Japan です。その Made in Japan の中でも Made in Sabae なんだと消費者に向けて発信する意思が大事。三輪さん，今日を境に持ってください。運命の三代目ですから。

6　第5回研究会の聞取（山口工芸）

市橋人士（山口工芸社長） もともとうちの義理の父親が漆器の素地職人で，夫婦で小さな工房を経営していた。16年前に門を叩き，修行させてもらった。3年間の修行中は未来の脱下請けをめざし，仕事が無くても毎月東京に行って何が流行っているのかを調べた。その中でも一番大事なのがデザインだと分かり，SSID（川崎和男氏が講師のデザイン講座）に参加してデザインを学んだ。デザインし，ブランディングを行って，商品を販売していく。その手法を自分なりに解釈してやっている。

　うちの会社は木工匠ということで，漆器の中でも漆を塗らない素地屋。漆を塗る前の素地を商品化しようというコンセプトのもと，ブランドを立ち上げた。
　Hacoaの名前の由来は，箱物の素地屋である自分たちがA級の箱……空間であったり小さい箱であったり……を作りたいということで名づけた。商品アイテムを増やしていって，売り上げは5年前に比べて3倍くらいになっている。
　商品とともに全国の若者にいろんなメッセージを伝える活動もしている。それは一つの広報活動であり，販売促進の方法であるということで，インターネットでの販売だったり，イベントへの参加だったり。マスコミやメディアを使った話題性が大事。人気TVドラマの主人公の机の上を全てHacoaの商品で飾られた，といった経験もある。話題性を持つことで販売促進をお金を使わずにやっていこうという戦略がある。Hacoaの製品に興味のある人だけを取り込んで，小さくても構わないので，自分たちのマーケットを作って，それを育てていくという形をとっている。
　Hacoaを前面に出す時に次の3つの願いをこめた。①Hacoaの認知度を高める。②話題とともにwebショップの売り上げを上げる。③商品開発の上で，中身のデバイスを提供してくれるメーカーや協力者を募る。木製キーボードをインターネット上で発表したが，25万6千円で売り出した試作当初は，ネット上でかなり批判されたが，それでも5台は売れた。その後商品化，4万8千

円で販売し，これまでに500台以上を完売させている。大きな話題を作ってくれ，色んな波及効果もあった。

また音楽家の坂本龍一さんから間伐材で商品を作る依頼を受けたり，マイクロソフトから漆のUSBメモリを大量発注してもらったり。このように他分野へ進出していくことは私が漆器を始めた頃は考えられなかった。その中で木工のスペシャリストとしての勲章を頂くようになっていくんですが，2年ほど前に東京の外資系高級ホテルの内装を任されたことがきっかけで，建築分野へも進出もした。

よく言われるのは漆器屋が違う方向へ進んだ…漆器の手法を使って他分野へ進んでいくことに，色々なところから驚きの声があった。それに対し1500年という漆器の産地に育てられてきたということと，産地が育ててくれたブランドなんだということを，私たちは声を大にして発している。

漆器業界が低迷しているが，やり方を変えればこういった流れも作れるのではないか，ということをいつもどこかで試したいと思ってやってきた。

悲願の東京進出ということで，2010年12月初旬 御徒町に直営店をオープンした。

中沢）市橋さん。御徒町にお店を今度出す時の店長さんは誰ですか。
市橋）うちに入って3年の，デザイナーとしてやっている人です。うちはデザイナー・販売と分かれているわけではなく，デザインをする人間は，自分で仕事の段取りをし，ものを作り，販売・展示会もして取引も行う。一貫しての流れの中で新しい商品を作るということにしている。でなければ色んな場面で自分の想いを伝えられない。東京の店長はそういった流れプラス経営的なところを教えた人間。
中沢）雇ってくれと県外から来たのか？
市橋）従業員の6人中4人は県外から来た。商品が全国に流れることで，全国からお客さんが集まる。うちは2年前に社屋を建て直して，小売とは何かを勉強するためにショップを持った。それは3年後に東京に出るという構想の中で

の教育の一環だが。ショップを開いてびっくりしたのが，うちに来るお客さんの7割は県外の方。ものづくりの現場を見て商品を買いたいという方が多いことにびっくりした。うちで働きたいという人は1か月に5,6名来る。そういった流れの中で意識の高い優秀な人材を選んでいけるというのは，凄く大きなこと。

中沢）遠方からのお客さんに，加工現場は見せているのか。

市橋）うちは見せるような建物のつくりで，僕らが作業している風景や人の流れを駐車場から見れるようにしている。実際の作業場は危険なので見る場所は限定的だが，雰囲気は感じ取れるようにフルオープンでやっている。観光を含めたブランドの作り方というのが一つある。福井の観光とか鯖江の観光とかそういったものを含めて，インターネットでの新しい売り方を模索している。

中沢）田中先生のブランド論では，ブランドとは「危機の産物」「主体性の確立」であるということを仰っている。山口工芸は危機の産物としてスタートしたのかなと思いますが，どうですか。市橋さん。

市橋）ブランドは前を向いて上を向いて進む人間がするべきものだとは思います。ブランドがあるからこそ強みがありますし，逆にブランド＝信頼性というプレッシャーの中でやっていく中で，仕上がりやブランディングが伸びていかなければいけない。私たちの業界はニッチですから急激に伸ばすことができないし，職人的な会社なだけに適当な商品が出せない。経営の立場で考えればどんどん売って売上が大きくなると良いなと思うが，その後沢山品物を出していって何か問題が起きたときに，全体が崩れるようでは駄目。クオリティを求めるメーカーをめざしていかなければいけないと考えている。

田中洋（中央大学研究科教授）最初の出発点や発想があって，産業のあり方がおかしいんじゃないかというところに着目されて，そこからスタートされている。それは色んな成功した企業を見ても，原点みたいなもの。例えばマクドナルドの原点はクイックサービスで，今も続いている。

中沢）市橋さんの会社のコンセプトは？

市橋）色々な部分にこだわりはあるが，メーカーとしてのクオリティへのこだ

わり。国内で私たちの製品を売っても，価値が高くなることがない。日本人は価格とスタイルで選んで買うというところがあって，私たちのブランドに惚れ込んで買ってくれるというのは本当に少ない。ヨーロッパはクオリティ，完成度を評価していただける。その次に小売をめざさなければいけないというのがある。間に誰かが入ると，儲けを追求して，値段を安くしろだとか不良品でも出してしまえとかいう話も出てくる，そうなると社内の意識も落ちてくる。

　私たちが小売を始めると値が倍になるんです。それだけ貰えるんだったらちゃんとやらないといけないという意識が出てくる。ひとつのクレームに対して凄く考えるようになる。そういったところの必要性は私たちの会社姿勢として絶対的に堅持していく。

　もうひとつは漆器産地のブランドを背負ってるということ。漆器の素地屋はこんなものしか作れないのかと思われると嫌です。漆器の素地を作る細かな技術を持っているからこんなこともできるんだと思って頂ける製品作りと技術があると自負している。

　私たちは漆器の骨格を作る人間で，漆を塗る人は化粧。こんな言い方をするといつも怒られるが，骨格がしっかりしていないと美人になれない。漆器から生まれた技術やセンスは伝えていかないといけないし，その良さが分かるような環境を整えていかないといけない。そのプライドを持たないと駄目だと常々思う。

市橋）持論だが，漆器はもともと貴族社会で使われていた憧れのある品が，いつの日か庶民に置き換わって，庶民が求めるから商人がたくさん出てきて，そこで価格競争が始まって，売れるか売れないか分からないものを作らされ，それが売れないからバッタ売りされて……と，外からの圧力を受ける弱い立場で大きなデフレをおこしている業界。基本的には商人さんが多すぎ，需要と供給のバランスが崩れたことから淘汰されている。元に戻れば良いんじゃないのという外野的な想いはある。漆への憧れを安売りによって無くしてしまった。ヨーロッパへ行くと高級な漆というのは宝石レベルのものとして扱われるが，日本では作る土壌も売る土壌もなくなってしまった。日本が失くした大きなものに

なってくるだろうと思う．流通の革新が求められている部分もある．僕らは百貨店の口座を直接持っているが，産地の問屋さんは口座を直接持っていない．百貨店にお願いしに行くから下に見られて値段も下げられて言いなりになってしまう．僕たちは百貨店から依頼が来たら旅費，宿泊費，商品配送費を持ってほしい，ダメならやらないよという条件を出す．魅力があればあちらも条件を呑んでくれるんです．僕らはやることをやって人を満足させる．そういった魅力を漆器業界が見せていかないといけないし，あるものを売ってるだけでは駄目．産地がきちんと考えていかなければいけないことだと思う．

田中）ものづくりは大事なのですが，現在ではブランドづくりがより重要になっている．トヨタでもものづくりが得意だということになっています．しかし，レクサスにしても何にしても何故ドイツブランドを抜けないのか．結局本物のブランドとは何かということなんですよ．本物のブランドのために本物の素材を使うということではない．例えばシャネルは偽の宝石の素材であり，人工的な香水という偽の素材を使っている．本物のテーマパークはディズニーランドだが，本物のものは一つも無い．でもみんな本物だと思っている．何故か？

　そこが日本のブランド作りに欠けている問題．要するに見ただけでは分からないような属性で勝負しなくてはいけない．凄く簡単に言うとライフスタイルだとかユーザーイメージとか，見ただけでは分からないし，実際に使ってみても尚分からないような属性で勝負していただきたい．そうしないと本物のブランドにはなり得ない．

7　終わりに・地場産業の後継者

　山口工芸の市橋社長の発言にあるように「漆器業界は低迷しているが，やり方を変えれば……」ということは全てに共通している．業界の成長期はあまり事業の将来について考える必要はなかった．注文がいつもあって，それに応じることで充分だったのだ．しかし成長は必ずピークに達するし，年齢構成や所

得水準の変化あるいは成熟化など，マーケットの流れが変わる。それゆえ対象に合わせて自分を進化させる必要がある。たしかに山口工芸のHacoa全体が素晴らしいが，木製キーボードやマイクロソフト向けのUSBメモリもやはり凄いことである。それは川崎和男，坂本龍一といった人々の助言を生かす，といったこととも関わっている。

　成功する「会社」あるいは「人」に共通するのは，たくさんの場所に出かけ，たくさんの人と会い，そして人一倍ビジネスについて考えている，ということである。漆器もメガネも繊維も，「停滞」や「低迷」を漠然とした「グローバル化」や「産業構造の変化」論によって説明していてもあまり意味はないだろう。誰がこのように行動し，それがどう結果しているのか。またその「結果」はどのように普遍的なものへとつながるのか，が問われている。どのような産業も成熟のあとは，新たな革新が求められるのだ。

　現代の東アジア諸国の製造業が日本の1960年代〜70年代の前半と同じであるように，産業の成長期は年率で10％，20％と成長するのが普通である。第二次大戦の後，特に朝鮮戦争時（1950年から）からの，いわゆる「糸へん景気」による越前一帯の繊維産業の隆盛は未だに語り草である。そして眼鏡産業も同様だ。芦原温泉や福井市内の繁華街はそうした産業の関係者で賑わっていた。

　現在のタイ・バンコクの中心街や，インドネシア・ジャカルタ，マレーシア・クアラルンプールあるいは上海などの中心街の賑わいを見ていると，1960年代の日本とそのまま重なる。日本の産業も企業も活気と熱気であふれていた。製造業で言えば「量産化の時代」であり，急速な労働力不足の時代であるといってよい。ASEAN諸国，特にマレーシアやタイはすでに極端な労働力不足に陥っており，周辺国から「外国人労働者」がやってきている。それゆえ毎年10％から20％の賃上げが続いており，活気と熱気とにあふれているのである。いつも訪れているバンコクやジャカルタ郊外に日本から進出した工場は，年々，整備されだんだん技術力も日本の本社工場に見劣りしなくなってきている。そうした中でベトナムやインドなどの登場を見ると，ASEANもそろそろ成熟の時代に入ってきたと思わざるを得ないのである。

1990年代から日本を脅かし，変化を迫ってきた韓国，中国，台湾がこれからはベトナムやインドに追われるかも知れない。くりかえすが成長のあとの成熟化は不可避なのだ。

　企業の生命力30年説があるが，それは経営者の職業年齢と重なっているのかも知れない。20歳代で仕事を学び30歳代で起業家としてスタートし，40歳代で土台を固め，そして50歳代で成熟する。その後，大切なのは後継者を育てられるかどうかである。地場産業の個々の企業はそのことが問われる。

　しかし同時に後継者というのは，単に「個別企業の跡継ぎ」を意味するものではない，と筆者は思っている。というのは，特に地場産業というものを考えたとき，新しく起業された会社も，「地域社会」の後継者であると言えるからだ。地場に存在する，技術の集積や流通のネットワークといった産業・企業の経営資源は，「歴史経路」そのものであり，地域全体のものである。それゆえそれを生かして登場し，あるいは革新する人々は，まぎれもなく「後継者」である。例えば山口工芸の市橋社長や金子眼鏡あるいはボストンクラブは，その典型と言えるだろう。

　またこの論文で紹介した他の3代目，4代目であったりする経営者は，過去と異なったビジネススタイルを編み出している。技術，習慣，嗜好，経済力，グローバル化…と環境の変化の要因は無数にある。そうした中でよく生き残るものが伝統をつくっていく。それが「地場産業再生のダイナミズム」なのである。

　この「鯖江ブランド研究会」における各経営者の報告の共通点の一つは，さまざまな変化に対応し，自らを「ブランド化」させた苦労話の聞取にあった。メガネ産業で言えば，かつての量産化の時代を終え，ハイエンドな商品へと移行し，商品ブランド，カンパニーブランドを立ち上げて，商社・問屋という回路を相対化させ，新しい回路としての「海外展開」を活発化させている。その一つがフランスやイタリアなど，ブランドづくりの先進国という回路の利用なのである。

　デザイナーの原（2011）が「パリやミラノの服飾メゾンには世界中から才能

あるデザイナーやその予備軍が集められており，流行のシナリオに沿うにせよ，反発するにしろ，一つの情報軸に従って服飾というクリエイションが展開され，それはパリ・コレクションやミラノ・コレクションといった情報の発射台から世界へと発信されていく」と説明しつつ次のように付け加える。

「このような場所に日本のファッション・ジャーナリズムは情報を得るために大挙して取材に行く」「もし日本にずば抜けて優れたファッションデザイナーがいたとしても，日本で仕事をしていたのではその仕事は世界に知られることはない」。つまり「世界で評価される」ためには，パリやミラノという場を必要とする。

これはファッションブランドの話である。しかしブランドにはさまざまな側面や階層がある。世界的な舞台に登場しなくとも良い。日本酒や焼酎が少数の人たちの間で伝説化し，ブランド化する，という現象もある。ただ，メガネでいえば，その登竜門はフランスのシルモであり，イタリアのミドである。

気候風土や宗教，言語などさまざまな異なった側面を持つ国や民族が，相互に影響を与え合ったヨーロッパ諸国は，当然，"それぞれの自己主張"がある。原研哉は「ファッションを語る語彙も，パリやミラノのジャーナリズムにおいてはよく練られている」と指摘しているが，批評能力や発信力にも「歴史経路」がやはりある。

かつては OEM 生産や全国区の大手企業の協力メーカーとして位置した福井地域の地場産業は，中国や韓国，あるいは台湾そして ASEAN の登場の中で，それぞれの起業家精神が問われている。冨士経編，福井めがね，三工光学，下村漆器店などの技術的なチャレンジなどはその典型と言えるだろう。新興国がこれらの企業の技術領域に追いつくにはまだ時間がある。しかし停滞は許されない。走り続けることが，企業には求められている。継続とは走り続けることなのだ。

引用文献

南保勝・榊原雄一郎（2008）『経済のグローバル化と北陸企業の海外展開に関する調査研

究（2）』福井県立大学地域経済研究所。
南保勝（2008）『地場産業と地域経済』晃洋書房。
―――（2010）「地方圏における経済のグローバル化と産業政策」福井県立大学編『東アジアと地域経済2010』京都大学学術出版会：271-290。
中沢孝夫（2012a）『グローバル化と中小企業』筑摩書房。
―――（2012b）『しんきん経営情報』2012年2月号別冊。
原研哉（2011）『日本のデザイン』岩波書店。

第2章
産業集積地域の活性化と産業振興の試み
── 新潟県燕商工会議所の事例をもとに ──

大串葉子

1　はじめに

　日本には，多くの産業集積地域が存在している。何百年と続く陶磁器や鉄器の生産で有名な地域もあれば，世界に冠たる大企業を中心とした企業城下町，産学官の連携によるクラスターなど，産業集積地域にはいくつかの類型があり，集積している企業の規模やビジネスの形態は多種多様であるが，その多くは中小製造業の集積によって成り立っている。

　どのような類型の産業集積地域でも，そのメリットは総じて以下の3点に集約される。すなわち，①取引コストが地域のコミュニケーションコストに埋没するため，情報コストや信頼性のコスト，調整コストが低く抑えられている。しかも，②金型や鋳型，研磨など，ある特定の分野において細かい分業を担う高度な専門性を持つ企業が集積していることで，狭い分野で特色のある技術を持つ企業の創業が比較的容易であり，新しい技術が導入されやすい。その結果，③製品に対する要求に応じて，地域の企業が提供しているビジネスプロセスを組み合わせることによって，短納期を実現したり，質が高いものを生産したり，低価格での販売を可能にしている。

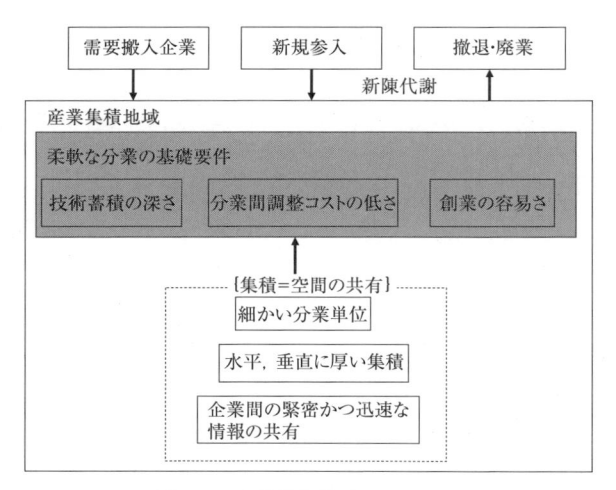

```
        ┌──────────┐  ┌────────┐  ┌──────────┐
        │需要搬入企業│  │新規参入│  │撤退・廃業│
        └──────────┘  └────────┘  └──────────┘
                             新陳代謝
   ┌─産業集積地域──────────────────────────┐
   │ ┌柔軟な分業の基礎要件───────────────┐ │
   │ │ ┌────────┐┌──────────────┐┌────────┐│ │
   │ │ │技術蓄積の深さ││分業間調整コストの低さ││創業の容易さ││ │
   │ │ └────────┘└──────────────┘└────────┘│ │
   │ └─────────────────────────────┘ │
   │      ┌┄{集積=空間の共有}┄┄┄┄┄┄┄┐ │
   │      ┊  ┌──────────┐       ┊ │
   │      ┊  │細かい分業単位│       ┊ │
   │      ┊  └──────────┘       ┊ │
   │      ┊ ┌──────────────┐      ┊ │
   │      ┊ │水平,垂直に厚い集積│      ┊ │
   │      ┊ └──────────────┘      ┊ │
   │      ┊ ┌────────────┐       ┊ │
   │      ┊ │企業間の緊密かつ迅速な│     ┊ │
   │      ┊ │情報の共有      │     ┊ │
   │      ┊ └────────────┘       ┊ │
   │      └┄┄┄┄┄┄┄┄┄┄┄┄┄┄┄┄┄┄┘ │
   └───────────────────────────────┘
```

図2-1　産業集積地域のメリット

　言い換えれば，地域に集積する企業間の密接で柔軟な連携によって，非常に安いコストで，時々の発注に対して最適なビジネスプロセスを構築できていたのであり（図2-1），産業集積地域は，中小製造業のものづくりに適した「場」として機能してきたのである。

　しかしながら，近年，集積地域の都市化に伴う郊外への移転や，国際競争の激化，慢性的なデフレーションや中国の台頭による需要の減退などで企業数が激減し，安いコストで最適なビジネスプロセスを構築する体制が失われつつある。日本における製造業の事業所数は，1965年から1983年にかけて増加傾向にあったものの，その後は減少している。2000年以降の事業所数の縮小はこれまでにない水準となっており，特に，2008年の製造業の全事業所数は44万事業所と前回の全数調査年の2005年に比べて12.2％の減少となっている（経済産業省，2011）。

　空間を共有することで，日常生活の一部として行われてきた情報の共有や蓄積が崩れると，意図的な情報共有や空間の共有（バーチャルなものや，定期的な会合等を含めて）が行わなければならない。しかもそれを，安いコストで実現

する必要がある。そうでなければ，集積によって実現していたメリットが失われてしまう。地域にとっては，集積が衰退することで企業数が減り，雇用や税収も失われてしまうことになるので，集積の維持・発展は大きな関心事である。

　こうした状況のもと，危機感を共有した中小製造業が系列や業種を超えて地域内連携を推進する試みが広がっている。共同受注組織を結成してコスト削減をめざしたり，同業者で技術を持ち寄って工程を簡略化し，コストが削減できる成型技術の提案を行ったりしている。新たな連携を組んで新規顧客を獲得して受注を確保しようと動いたり，共同で試作を行って新市場を開拓したりしようとするなど，さまざまな手法を通じて集積の維持を模索している[1]。

　産業集積地域を抱える自治体，商工会議所などの公的機関も，集積の維持をサポートする体制を構築しつつある。既存の集積の維持のみならず，あらたなネットワークを形成するための機会創出に取り組む企業に補助金を支給するなど，資金面から支援している。また，各都道府県にある産業創造機構や工業技術研究所を通じて出会いの場を作り，共同で生み出した製品の販路開拓や，新技術の開発に支援を行うなどの対策も講じている。ただ，志を同じくしてネットワークを組んだ企業連携でもあっても，企業間の生産調整や資金繰り，販売手法など，事業を軌道に乗せるまでの課題は少なくない。

　本章では，まず，中小製造業のネットワークについて，その特徴や課題を論じる。そして，新潟県燕市において，そうした課題を克服し，集積を維持しながら地域の魅力を高めるために，具体的にどのような対策がとられてきたのかについて見ていく。

---

1)　日本経済新聞では，2009年5月13日付朝刊「中小，生き残りへ共同組織―板金や金型　業種超え仕事確保―」，2010年7月23日付朝刊「家電のまち，大阪・門真と守口―中小，電気自動車に走る―」といった見出しで，厳しい景気の現状の中，地域内連携に活路を見出そうとする中小製造業の姿を伝えている。

2　中小製造業のネットワークについて

2.1　ネットワークを形成する目的

　中小製造業がネットワークを形成する主要な目的のひとつは，バリューチェーンを構成する企業数を増やしたり，ネットワークを構成する企業間で緊密に連携したりすることによって，自社で大きな投資を負うことなく，顧客企業（バイヤー）の多様な注文に対して，迅速かつ柔軟に応えることである。通常，多くの中小製造業は，最終製品を生産するためのプロセスのひとつか，もしくはその一部分しか担えない。すなわち，一企業単独では，短納期で大量の製品を製造するキャパシティに欠けているのである。若しくは，特定の加工・製品に対する専門性は高いが，担えるプロセスが短く投資資金の確保も難しいので，単独の投資で付加価値を創出するような差別化を図るのは難しい。経営資源に制約のある中小製造業では，同業他社や異業種の企業とネットワークを形成することで，自社の資源制約を補完することが重要なのである。

　そこで，図2-2に示したように，受注可能量を増やして収益獲得機会を増大するために，①同じプロセスを担う複数企業が連携して製造を行う体制を整えることで大口の需要にも短納期で対応できるようにしたり，②複数のプロセスを一貫して迅速に請け負うことで発注側のコストを削減したり，狭い領域での特殊な専門性を活かしたイノベーションを追求することで高い付加価値を創出したり，さらに，③その両方をめざした連携を行うために，ネットワークを形成しているのである（大串，2010）。

2.2　ネットワークの形態と取引構造の特徴

　ネットワークの形態はさまざまであるが，新規性の高いもの（イノベーティブなもの）を開発するときには，弱いけれども幅広いネットワークを形成したほうが，広く多様なアイデアや情報を集めるうえで優位である（Granovetter, 1985）のに対して，きめ細やかな改善活動を行いながら生産性を高めることが

・受注可能量の増加⇒①
・担えるプロセスの拡張や縮小による付加価値の創出⇒②
・受注可能量の増加と差別化の両方③

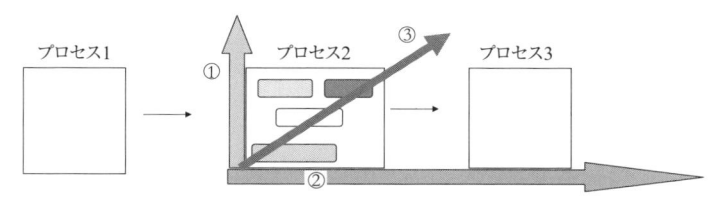

図 2-2　中小製造業がネットワークを形成する目的

目的の場合は，知識と情報を緊密にやりとりしながら価値観を共有できるネットワークが有効である（若林，2009）など，何を目的にネットワークを形成するかに応じてネットワークの形態が異なることが分かっている。

もともと，中小製造業では後者の，元請け企業を中心とした下請取引のある企業が連携する垂直加工型ネットワークが主なものであったが，最近では，取引関係の有無ではなく自社に不足する経営資源を補完するための水平加工型ネットワークに移行しつつある（義永，2006: 188）。中小企業庁の『中小企業白書』でも，特定の取引先への依存度が低下し，多数の取引先との薄く広い多面的な取引へと，取引構造が「メッシュ化」していると指摘されている（植田，2006: 110）。ただし，同白書によると，製造業全体で売上に占める下請企業[2]の割合は 1987 年と 1998 年を比較して，55.9％から 47.9％と微減であった[3]。言い換えると，多くの中小製造業は，自社の関わるプロセスの高付加価値化や売上増など収益獲得機会の拡大をめざして，多数の取引先との取引を模索する水

---

[2]　下請中小製造業振興法によれば，自己より資本金や従業員の数が多い法人や個人から委託を受けて，製造，修理，情報成果物の作成，役務の提供を行う中小製造業を下請企業としている。

[3]　1987 年のデータは通商産業省の工業実態基本調査，1998 年のデータは経済産業省の商工業実態調査に拠る。その後，下請取引に関する調査は実施されていないので，直近のデータはないが，筆者が 2007 年から始めた水平加工型中小製造業ネットワークに関する 12 件の聞取調査でも，メンバー企業それぞれの総取引に占める下請取引の割合は未だに 5 割以上がほとんどであるという回答を得ている。

表 2-1　中小製造業の連携の状況～連携を意識して取り組む中小製造業は 3 割程度～

(%)

（従業員数）	開発型連携	分業型連携	連携に取り組んでいない
～20	11.4	25.3	66.5
21～50	13.3	21.3	69.0
51～100	14.4	18.8	70.4
101～300	17.9	22.7	62.8
301～	31.5	32.9	45.0

(注) 1. 複数回答のため，合計は 100 を超える。
　　 2. 分業型連携は異業種，同業種を含めた連携について集計している。
(出所) 中小企業研究所 (2004) より引用。

平加工型ネットワークの形成にも取り組みながらも，主な売上は依然として従来の垂直加工型ネットワークに依存しているのである。

　少し古いデータであるが，2004 年 11 月に実施された中小企業研究所の調査結果も，既存の取引の枠組みを超えて新しくネットワークを組むことに対して消極的であることを示している (表 2-1)[4]。効果的なネットワークを形成するには信頼の醸成や製造プロセスの擦り合わせに時間やコストがかかる。したがって，高付加価値化やコスト削減などのメリットについての確証が得られない限り，積極的に行動しようというインセンティブが働きにくい。ただ，現在では柔軟にネットワークを組むための企業のデータベースや閲覧・検索機能の構築，資金の補助や政策的な支援が進んでいるので，もう少し改善していることが期待される。

2.3　中小製造業ネットワークのボトルネック

　垂直加工型と水平加工型，どちらの形態のネットワークが構築されても，その能力を最大限発揮するためには，メンバー企業のキャパシティやケイパビリティの状況を一元的に把握できることが大切である。産業集積地域においては，そうした情報は空間を共有することで自然と共有されていた (額田，1998)。し

---

[4]　2004 年 11 月の当該調査以降，現在まで中小製造業連携に対する全国規模の調査は行われていない。

かし，グローバル化が進展した現在，大手企業との取引で集積地域に需要を搬入していた中堅の中小製造業の海外進出や廃業の増加による産業集積密度の低下，地域外企業とのネットワークの形成などによって，現在は空間の共有そのものが難しくなってきている（奥山，2006）。

また，下請取引関係では，市場取引を介しながらも，長期継続的な取引関係の中で参加企業がある程度固定化されていた。そして，それぞれの企業が自立性を保ちながらも関係特殊的資源を共有し，密接な相互依存関係にある分業関係を構築していたので，価格（＝発注企業にとってはコスト）は取引の最重要項目ではなかった。ところが今日では，国内の下請企業に頼らずに海外の工場に製造委託することも可能であり，発注企業は，取引実績は依然として重視するものの，その一方で，品質やコスト，納期をより重視する動きが強まっている（中小企業庁，2006）。

その結果，ネットワークを構成するメンバー企業のキャパシティやケイパビリティを一元的に把握しながら，品質やコスト，納期をより順守する体制の構築が急務になったにも関わらず，従来の産業集積のネットワークを介しての情報確保は困難になった。そうかといって，EDI (Electronic Data Interchange) などITを用いた情報網を有効に活用するには至っていないのが現状である。

3　燕商工会議所の挑戦

3.1　燕市の産業発展の経緯

燕市は2006年3月に周辺の吉田町，分水町と合併して，製造出荷額が新潟市，長岡市，上越市に次いで県内四位となった（経済産業省（2004）より集計）。燕市の主力産業は金属洋食器の製造である。隣の市で，産業のつながりの深い三条市（主力産業は金型製造）と合わせて，新潟県内の一大産業集積地域となっている。

燕市と三条市の産業の歴史は，江戸時代に起源を持つ。信濃川の氾濫で農業

収入が安定しないため，幕府直轄地であった燕市に派遣されていた役人が江戸から和釘鍛冶を招いて農民に伝習させ，和釘製造を副業として奨励したのである。これが，今や世界に飛躍する燕金物産業の基盤となった[5]。

その後，燕市はキセルや矢立などの生産を経て，近隣で採れる銅の精製や鍛冶なども行いながら，戦後からスプーンやフォークなどの鍛冶技術を使った刃物や鍬，工具などの製造に進出した。現在の燕市の基幹産業は，金属洋食器と金属ハウスウェアであるが，鎚起銅器などの伝統技術を保存しながら，自動車部品・医療器具・ゴルフクラブ・精密機械部品・農業用機械など多岐にわたっている。

地場産業としての存在感は相変わらず大きいものの，1990年代に入り，安価な輸入品が出回るようになってきてからは廃業が相次いでいる。2001年の事業者数1,007と比較すると，2011年は713となり，約30％もの事業所が減ってしまった。ただ，出荷額は比較的健闘しており，2001年の340億円と比較して約1.8％減の330億円に留まっている（経済産業省（2011）より集計）。

3.2 磨き屋シンジケート[6]の結成

3.2.1 経緯と概要

磨き屋シンジケートは新潟県燕市周辺の磨き職人集団で作られた組織である。新潟県燕市は，スプーンなど洋食器の生産額において日本一であり，そうした金属食器を磨く「磨き職人」は，かつては2年で家が建つと言われた程の花形の職業であった。しかし，燕地域の需要搬入企業の多くが磨きのノウハウを持って人件費の安いアジア各国に移転したため，仕事量が半減してしまっ

---

[5] 新潟県三条市は，技術を伝承し，ものづくりの精神を次世代に継承するための研修施設として，2005年4月に「三条丹鍛冶道場」を開設し，訪問者が和釘づくりや包丁研ぎを体験できるようにしている。

[6] 磨き屋シンジケートや磨き屋一番館の詳細については，燕商工会議所の高野雅哉氏に対して行った06年6月，7月と07年1月の3度に及ぶ聞取調査,磨き屋一番館のマイスターである田中三男氏，大原實氏への2度の聞取調査（06年7月と07年1月）と公表資料による。

た（1998年には「磨き」を行う事業所が1,000以上，売上高9,496億円であったのが2002年には600を切り，4,186億円と半減）。そのような状況下でも，米アップル社のiPod（第2世代）筐体の鏡面磨きや，パナソニックPC外装のマグネシウム素材の表面加工によって，その技術力の高さが世界中から称賛された。ただ，燕市の研磨業者は社員が数名という小規模の事業者が多く，一度に引き受けられる仕事量に限界がある。個々の系列では短納期での膨大な受注量をこなせず，結局iPod第3世代以降の仕事は中国へ発注されてしまう。量が多い仕事の場合，新たな加工設備の導入や原材料の仕入れに多額の初期投資がかかってしまうが，これらの資金がネックとなって投資を躊躇している間に大量の受注を逃してしまうのである。継続的に大量の注文が入る見込みがない中での投資は，大きな負債を抱え込むリスクそのものであり，安定した好景気が望めない状況で投資に踏み切れないのは，当然とも言える。

そこで，職人たちは燕商工会議所を中心として2003年1月に「磨き屋シンジケート」というグループを結成し，金属研磨のスペシャリストとして受注量の増加と技術を生かせる新分野の開拓に乗り出した。グループの結成当時は幹事企業が5社（傘下に3〜5社程度の協力企業を持つ），会員企業が15社，賛助会員2社という構成員であった。まず，「磨き屋シンジケート」に賛同する企業を募り，燕商工会議所が作ったホームページで「共同受注」を行うことからすべてが始まった。

3.2.2 受注配分のメカニズム

磨き屋シンジケート自体は法人格のない任意団体であり，燕商工会議所が管轄するホームページを通じて広報活動などを行うが，契約は幹事企業が行う。すなわち，幹事企業がグループで請け負う製品の品質や納期，決済などについて法的責任を負うという形態をとっている。

具体的な受注配分に関しては，まず，受注の打診があれば，商工会議所に設置されている共同受注窓口から幹事企業（コーディネータ）に情報が流れる。すべての幹事企業に受注打診の情報がほぼ同時に流されるが，複数の幹事企業が

受注を希望した場合：①話し合い②発注企業が選ぶ③幹事企業による入札などの手順で受注先を決定する。幹事企業は，各々，お互いのグループの仕事の受注状況をほぼ把握しているために，通常は話し合いで決まる。しかしながら，希望者に十分な仕事量が確保できないときは入札になることもあり，市場型の受注形態に近くなる。そのため，メンバー企業に対して十分な仕事量を確保することが，値崩れを防ぐために重要となる。そのために講じている対策については，3.3 以降で述べる。

3.2.3　ネットワーク内の情報と信頼性

幹事企業はそれぞれの傘下の協力企業の①価格（コスト）情報②受注可能な量（生産キャパシティ）③設備情報④品質情報⑤財務情報⑥取引情報を持つ。こうした情報は，長期的な関係・地理的近接という密接な情報共有環境の中で蓄積された情報であり，その取得コストは安けれども，情報の精度は高い。さらに，発注企業に対する QDC (Quality, Delivery, Cost) は幹事企業が責任を持つために，幹事企業参加の企業は加工業務に専念することができるし，発注企業の窓口もひとつとなるために，複数企業とのやりとりは不要になる。また，ネットワーク内の品質維持や向上のために，定期的に相互に技術を教えあう機会を設けており，構成企業のネットワークへの信頼性は高い。

3.2.4　IT の活用について

受注に関しては，燕商工会議所のホームページが大きな役割を果たしている。ホームページを通じて実績のアピールや技術・商品紹介を行うなど，IT はネットワーク組織に受注を搬入する機能を担っている。しかしながら，BPM（Business Process Management）を円滑に行うための，各企業のプロセスの可視化や受注残の把握のための情報は幹事企業が一手に担っている状況であり，組織内の情報連携において IT が果たしている役割はほとんどない。「磨き」をキーワードに福井県や山口県などの他地域の企業と広域連携も行っており，IT 化が必要となっているが，EDI も未導入であり，まだ組織内で活用するには至っ

ていない。

　中小企業庁（2011）によると，IT化については，中小製造業の9割近くがパソコンの導入には取り組んでいるものの，普及期にあるクラウドコンピューティングの活用に取り組む企業は，まだ4.3%である。今後，中小製造業の連携では，初期投資が小さく，セキュリティ確保やアップデートなどで負担が少ないクラウドコンピューティングの利用が大きな効果を発揮すると考えられるが，磨き屋シンジケートの規模では，まだ電話やファックスの方が費用対効果が高いと言える。

3.3　「磨き」のブランド化

　シンジケートの発足当初は，「磨き」という技術を単体でアピールすることによる受注増を目的としており，当初は集積地域の連携を活かした受注量の確保が中心だった。シンジケートの活動が軌道に乗り始めてからは，「磨く」という技術を生かして，高い単価が見込める医療（人工骨）など今まで未開拓の分野も視野に入れ始めた。最近では，「泡がきれいにたつ」というビアカップをインターネットで直販したり[7]，ラーメンなどの器を二重構造にして磨くことで「食材の冷めにくさ」を付加価値とした新たな商品開発を行ったりするなど，最終商品の販売にも乗り出している。さらに，銅の鍛冶と研磨に対する技術力を活かして，主婦向けに高級銅鍋の通販も始めている。すなわち，商品そのものの販路拡大や既存の技術適用範囲を広げることによって，より高い付加価値を持つ商品を開発するなど「磨く」技術を積極的にアピールしながら，「磨き」そのものの「ブランド化」を促進している。

---

[7] 2011年から，燕市では燕をマスコットキャラクターにしているプロ野球・ヤクルトスワローズと交流・連携事業を進めているが，2012年4月から新たに磨き屋シンジケートのECOカップにスワローズのマスコットキャラクター「つば九郎」をプリントした「つば九郎エコカップ」を商品化した。東京都内のアンテナショップや燕三条地場産業振興センターなどで販売している。

3.4 「磨き屋シンジケート」自体のブランド化

2007年1月，中小製造業の技術を国民に広くPRする目的で開催された「ものづくり展」において，主催者の国立科学博物館からの依頼で新車のスバルR1を磨き上げ，クリアコーティングして展示を行った。

車のボディーに使われている材料は錆に弱く，手早く作業する必要があり，さらに自動車のボディーに使われている高張力鋼板は磨いても光りにくい素材であることから，自動車メーカーからも「磨いて光らせるのは難しい」と言われていた。当初は，難色を示したものの，主催者側から強く求められ，引き受けることになった。板厚は1ミリに満たない非常に薄いもので，凹みを出さずに光らせるのは高度の研磨技術を必要とした。iPodにも用いられた鏡面磨きの技法で，車がピカピカに磨き上げられた結果，ものづくり展での話題を独占し，磨き屋シンジケートの技術の高さと，そうした高度な研磨技術を持つ企業が集積する燕市の名前を全国に発信する好機となった。

ものづくり展終了後は，国立科学博物館から磨き上げた車を無償で貸与してもらい，当初は次節で述べる「燕市磨き屋一番館」に展示した。さらに多くの人に認知してもらえるように，新潟県三条地域振興局に相談したところJR東日本の協力が得られることになり，2007年8月28日から2008年1月17日までJR燕三条駅の2階コンコースに展示された。その後は，新潟県県央地域地場産業センター内の三条燕地域リサーチコアに展示されている（磨き屋シンジケートのホームページより）。

3.5 「磨き屋一番館」の設立[8]による後継者と新規事業者育成

磨き屋シンジケートの取り組みが功を奏して，2007年1月時点で，幹事企

---

[8] 磨き屋一番館は，電源地域のうち，企業立地の促進等による地域における産業集積の形成及び活性化に関する法律（以下「企業立地促進法」）に基づき，「電源地域産業関連施設等整備費補助金」によって，事業費総額（初年度2006年：約1億7,000万円）のうち約6,200百万円の助成を受けている。http://warp.ndl.go.jp/info: ndljp/pid/283520/www.soumu.go.jp/s-news/2008/pdf/080929_1_04_07.pdf

業は9社，31社の正会員と14社の賛助会員に増加している。さらに，他県からも磨き屋シンジケートに加わりたいと志願する企業が相次いでいる。2006年4月に加入した三和メッキ工業（福井市）は，仕事の獲得よりも，技術の習得を目的としてグループに加入した。磨き屋シンジケートの活躍は，「磨き」をキーワードにした広域連携にまで発展し始めているのである。

こうした状況とは裏腹に，燕市内の事業所数は減り続けている。このままでは，金属加工集積地域そのものが縮小して衰退してしまうという強い危機感のもと，2007年4月25日に燕市内の工業団地内に磨き屋一番館を設立した。磨き屋一番館は，後継者を育成するための技術者育成事業や新規開業者を支援事業のための拠点としてのみならず，チタンやマグネシウムなどの新素材に対する研磨技術を研究する「研究開発室」を設けている。さらには，体験学習による金属研磨技術の普及と事業への理解を図ることを目的に，小，中，高校生や一般企業の初心者向けの体験講座を開いて，研磨技術への関心を深めてもらう試みを行っている。

3.6 「燕版 ISO」＝ TSO（Tsubame Standard Organization）の創設

グローバルな取引の進展に伴いISO9001を持っているかどうかが大手企業との取引の条件になる場合がある。ISOへの関心が高いのは，世界的に認知された国際規格であると共に，規格との適合性を評価する仕組みを持っているからである。しかし，この取得には約300万円の審査費用やマニュアルなどの大量の文書作成を必要としたり，製品のトレーサビリティを厳格に義務づけられたりするなど，導入前も後も大きな労力を伴う。したがって，従業員数が少なく，事業規模も比較的小さい中小製造業には極めてハードルが高いものとなっている。

そこで燕商工会議所では，全国で初めて品質管理の仕組みづくりに取り組み，地域独自の簡易な品質管理基準である「燕版ISO」（＝ TSO）を構築した。地域全体の産業の底上げを図ることを目的に，中小製造業でも負担可能な27万円という格安の費用で取得できるようにしたのである。具体的には，コンサルティ

ング企業から約3か月間，品質管理についての指導を受けた後，その内容を商工会議所や有識者が審査し，一定の基準を満たせば，確実な現場管理の基準を満たしているとしてTSOで認定するのである。TSOはISO9001の発注や品質管理などに関する要求事項を抜粋したもので，その要求レベルはISOと同じであり，ISO取得をめざしている企業にとっても，挑戦しがいのあるものになっている。

3.7 産業観光事業の育成

磨き屋シンジケートが有名になるにつれて，年間2,000名もの視察者が燕市を訪れるようになった。新潟県の他の市町村に比べて温泉や雄大な自然など，観光資源に乏しい燕市では，観光は重要な産業ではなかったにも関わらず，職人の技を見学するために，大勢が押し寄せるようになったのである。そこで，金属研磨の製造現場と燕市産業資料館の見学，さらに，今では燕名物として知られるようになった，背油がたっぷり入ったラーメン（職人が冬場の残業時に食べるときに，冷めないようにとの配慮から誕生した）の有名店を巡るプランを，「燕市産業観光：日本の先端技術と伝統工芸，旨さも揃って三拍子！」と銘打って全国旅行業協会が企画した「第2回地旅大賞」に応募したところ，大賞に続く優秀賞を受賞した（2010年3月）[9]。

従来，仕事の効率が低下したり，安全性の問題を招いたりするという懸念から，見学を受け入れる企業は少なかった。ところが，従業員4名の金属加工業者が，視察者を積極的に受け入れたところ，自社で磨いたビアカップの視察者への販売が売上高の半分以上を占めるまでになった。工場見学を実施することが製品のアピールに繋がり，売上にも貢献するという事実を目の当たりにしたことで，観光ツアーの受け入れを承諾する企業も増えてきている。さらに，ビアカップを地元の飲食店や旅館で使ってもらうことで，使い手からの意見を直接聞くことができるようにした。そうした生の声を活かして，より泡立ちの良

---

9) 前出の燕商工会議所産業振興課の高野雅哉氏の発案で，新潟市の愛宕商事が企画した。

いビアカップを開発して，大手通販業者でも販売を始めるなど，「地場産業の育成」と「観光業の振興」の相乗効果を期待して取り組みを行っている。

4　むすびにかえて

　グローバル化の進展や円高で，中小製造業の経営改革はまったなしの状況である。世界の工場と称されるまでに成長した中国の製造業も，量産によって蓄積した技術を，より付加価値の高い製品開発や試作請負に応用しつつある。国内の中小製造業が生き残るためには，単独では独自の技術をとことん追求することが必要であるし，同時に，地域の集積や広域集積を進展させることによって，より付加価値を高めるための連携を模索する試みが不可欠であるだろう。
　今回は，新潟県燕市の燕商工会議所の事例を取り上げたが，新潟では他にも，新潟市が関与する「航空エンジン」のプロジェクトがある[10]。新潟市が毎年，海外の航空ショーに参加するなどして独自に情報収集を行い，国境警備や荷物運搬，災害対応などの無人航空機に需要があることを突き止めた。そこで，新潟市周辺の中小製造業，産業技術総合研究所，それに横浜市の航空機部品を手掛ける企業が結集して，小型ジェットエンジンの製造を進めているのである。エンジンはチタンやマグネシウムなどの部品を用いているが，そのすべてを新潟市周辺の中小製造業が加工している。小型とはいえ，下請けではなく，ジェットエンジンという最終製品を自ら製造しようとする試みは珍しく，実績のない企業は参入すら難しいのが現状であるが，2011年6月にフランスのパリ航空ショーでは部品の展示を行い，海外企業からも高い評価を受けた。個々の企業の高い技術力がエンジン開発に結集された成果であり，新潟市は関連産業を市内に集積させようと構想を練っている。
　中小製造業は高い技術力を誇っているが，それを連携させ，より付加価値の

10）日本経済新聞2011年8月27日付朝刊の，「新潟エンジン　離陸目前」を参考にした。

高い製品に結びつけていくためには，中小製造業のみの連携だけでなく，地域や公的機関の政策，それに大学や研究所など高度なシーズを持つ組織との連携が欠かせない。そうした連携に加えて，燕商工会議所や新潟市のような「アイデア」や「企画」などの支援が次々に生まれれば，集積の維持のみならず，発展も視野に入ってくるだろう。今後，さらなる展開を期待したい。

引用文献

Granovetter, M. S. (1985) "Economic action and social structure: the problem of embeddedness," *The American Journal of Sociology*, Vol. 91, No. 3: 481-510.
ITコーディネータ協会（2011）『中小製造業の生産性向上に貢献する企業内・企業間データ連携手法調査研究報告書』。
額田春華（1998）「産業集積における分業の柔軟さ」伊丹敬之・松島茂・橘川武郎編著『産業集積の本質—柔軟な分業・集積の条件—』有斐閣，1998年：49-93。
植田浩史（2006）「下請システムと中小企業」植田浩史・桑原武志・本多哲夫・義永忠一著『中小製造業・ベンチャー企業論』有斐閣コンパクト：105-122。
大串葉子（2010）「中小製造業のネットワーク組織におけるビジネスプロセスマネジメント（BPM）—共同受注組織を中心に—」『経済論集』（新潟大学）第88巻：67-78。
奥山睦（2006）『大田区スタイル』ASCII。
経済産業省（2004）『工業統計調査』。
経済産業省（2011）『工業統計調査』。
中小企業研究所（2004）『製造業販売活動実態調査』。
中小企業庁（2006）『中小企業白書　平成18年度版』。
———（2011）『中小企業白書　平成23年度版』。
磨き屋シンジケートのホームページ http://www.migaki.com/new/r1jr.html （2012年4月29日参照）。
義永忠一（2006）「ネットワークと中小企業」植田浩史・桑原武志・本多哲夫・義永忠一著『中小製造業・ベンチャー企業論』有斐閣コンパクト：177-193。
若林直樹（2009）『ネットワーク組織—社会ネットワーク論からの新たな組織像—』有斐閣。

第3章
北の大地の元気企業
―― 北海道企業の成長戦略 ――

佐藤孝一

1　北海道の経営環境

　北海道の産業構造は，就業者の構成比（表3-1）でみると，第3次産業が全国に比べて高く，対照的に第2次産業が低い。建設業が全国より高く推移してきたのは，全国公共事業費に占める北海道開発事業費のシェアが高かったことである。しかし，国の財政難を反映して20年前の約11％から2010年度は8.2％へと減少している。建設業ではここ数年倒産，清算が目立ち，就業者数の減少にもその影響が表れている。

　北海道内総生産（名目）では，サービス業を中心とする第3次産業が全体の82.1％（2009年）なのに対し，製造業が7.7％と低く，全国の製造業平均17.6％より大幅に少ない。製造業は経済波及効果や雇用創出効果があることから他県では産業推進の優先度が高い。

　1869年（明治2年）の開拓使設置以来，北海道が政府から期待されてきたのは，食糧やエネルギー原料の本州以南への供給だった。雇用創出効果が高い重化学工業を誘致すれば，工業製品を輸出できる基盤ができ，国際間の貿易収支にあたる域際収支も黒字となるという思惑から，1971年に苫小牧東部工業地

表 3-1 産業別就業者の構成比

(単位：％)

	年	総数	第1次産業	農業	第2次産業	建設業	製造業	第3次産業	卸売・小売業,飲食店	卸売・小売業
全国	1980	100.0	10.9	9.8	33.6	9.6	23.7	55.4	22.8	—
	1985	100.0	9.3	8.3	33.1	9.0	23.9	57.3	22.9	—
	1990	100.0	7.1	6.4	33.3	9.5	23.7	59.0	22.4	—
	1995	100.0	6.0	5.3	31.6	10.3	21.1	61.8	22.8	—
	2000	100.0	5.1	4.6	29.2	10.1	19.0	64.5	—	18.6
	2005	100.0	4.8	4.4	25.9	8.8	17.0	67.3	—	17.5
	2010	100.0	4.2	3.8	24.2	7.9	16.3	68.7	—	17.0
北海道	1980	100.0	13.6	9.7	25.5	13.4	11.0	60.9	23.4	—
	1985	100.0	12.6	9.2	23.5	12.3	10.4	63.7	23.9	—
	1990	100.0	10.8	7.9	23.4	12.4	10.7	65.4	23.5	—
	1995	100.0	9.0	6.7	23.5	13.0	10.2	67.0	23.3	—
	2000	100.0	8.2	6.3	22.2	12.6	9.4	68.6	—	18.9
	2005	100.0	7.7	5.9	19.2	10.6	8.4	71.2	—	17.9
	2010	100.0	7.5	5.8	17.4	9.1	8.2	73.1	—	17.2

※日本標準産業分類の改訂により「卸売・小売業，飲食店」から「卸売・小売業」へと集計内容が変更されている。
※総数には「分類不能の産業」を含む。
※2010年は速報値。
(出所) 国勢調査　総務省

域が候補となり，用地を取得して誘致の準備を進めた。しかし，直後の1973年の石油ショック以降の流れは脱工業化，つまり北海道が考えていた展開とは逆方向へ進んだのである (小林, 2010)。

1992年にはトヨタ自動車北海道が苫小牧市で操業した。同社の2012年3月期の売上高は1,497億円 (トヨタ自動車北海道株式会社, 2011) と，北海道の製造業としては著しく高い業績を挙げている。従業員数は3,275名と多い。しかしそれ以外では，本州の大消費地向けの供給企業は少なく，産業競争力も一般的に低い。

このような背景から，北海道における最近の産業政策は，自助努力での産業投資機会の創出へとシフトしている。つまり，成長が期待される分野で企業を集積したり，既存産業の付加価値を高めたりする「クラスター」への取り組みが盛んになっている。ITやバイオ分野では，すでにコアになるイノベーティ

ブな元気企業が集積しつつあり，経済産業省北海道経済産業局，ベンチャー財団などを中心にサポートが行われてきている。食分野では既存産業の高付加価値化を，北海道庁が中心となって推進している。

2　企業家像

　北海道の企業家を分類すると，①地域密着型，②全国展開志向型，③世界展開志向型に分けられよう。地域密着型は食品加工業を含む製造業・観光業・建設業・医薬卸業・情報通信業・機械製造業などで，第 2 次・第 3 次産業のほとんどがこれに属する。

　製造業分野で企業家が北海道の地域性に着目して構築したビジネスモデルも多い。寒冷地用の不凍給水栓を製造する光合金製作所は小樽市に 1948 年に設立された。代表取締役会長の井上一郎氏は，元北海道大学工学部助手という異色の技術キャリアを生かして，学校などの大型建築にも生かせるようなリモートコントロールを開発するなど高い技術力で，科学技術庁長官賞（1994 年）ほか数多くの賞を受賞している（小川ほか編，2005）。

　食品加工機械のメーカーで知られるニッコー（釧路市），畑作用農業機械の東洋農機（帯広市），コンピューター式イカ釣り機の東和電機製作所などは，農水産関連のニーズに着目して，ハイレベルな機械製造で北海道内の市場シェアを高めてきている。

　一方全国展開志向型では，流通業の中でも急成長する市場を捉え，リーダーシップを発揮してきた企業家たちがいる。家具製造小売業のニトリホールディングス代表取締役社長の似鳥昭雄氏は，1971 年にアメリカを視察し，物価の安さと商品の品質・機能の決定権が小売業にあることに驚いた。アメリカの衣食住の豊かさを見て，帰国後，住生活商品全般を扱い，徹底した低価格高品質路線で 100 店舗の直営と年間売上高 1,000 億円達成の目標を掲げた。これを達成するために原料調達から製造・物流までを重視し，インドネシアやベトナム

表 3-2　北海道内の主な上場企業

会社名	事業内容	上場市場
アークス	食品流通事業	東証 1 部，札証
アインファーマシーズ	調剤薬局事業，ドラッグストア事業	東証 1 部，札証
サッポロドラッグストアー	ドラッグストア事業，調剤薬局事業	札証，大証 JASDAQ
ダイイチ	スーパーマーケット事業	大証 JASDAQ
ツルハホールディングス	ドラッグストア事業，調剤事業	東証 1 部
ニトリホールディングス	家具・インテリア用品の販売事業	東証 1 部，札証
ほくやく・竹山ホールディングス	医薬品・医療機器の卸売事業	札証
北雄ラッキー	スーパーマーケット事業	大証 JASDAQ
マックスバリュ北海道	スーパーマーケット事業	大証 JASDAQ

(出所) 各社ホームページより

に工場を建設して，日本での低価格販売を実現した。2003 年に店舗数と売上高の初期目標は達成。2012 年 2 月期の売上高は 3,310 億円，経常利益 591 億円と日本でもトップクラスの高利益率の企業を作り上げた似鳥氏の次の目標は，売上高 1 兆円である。

　調剤薬局業のアインファーマシーズ，ドラッグストア業のツルハホールディングスなども全国に展開し，日本一あるいはトップクラスの業績を挙げている。

　これら流通関連の経営者が成長手段として活用してきたのは，株式公開（表 3-2）だ。それは，証券取引所が札幌にあり，株式公開の道が地域内に用意されていることとも関係が深い。さらに，ジャフコ（当時：日本合同ファイナンス）が 1980 年代に北海道へ進出し，直接金融という手段の存在を経営者にアピールしている点も見逃せない。

　アインファーマシーズ代表取締役社長の大谷喜一氏は，株式公開黎明期であった 1985 年に，ジャフコと接触して株式公開を決意し，1994 年に店頭登録市場に公開した。ニトリは，1989 年に札幌証券取引所（札証）に上場。ツルハホールディングスは，前身のツルハが 2001 年に東京証券取引所第 2 部（東証 2 部）へ上場した。北海道内に展開するアークスも，前身のラルズが 1993 年に店頭登録市場へ公開している。これら 4 社は現在，いずれも東京証券取引所第

1部（東証1部）へ上場している。流通系企業は店舗新設や用地取得，設備購入など資金需要が旺盛で，株式公開を資金調達手段と考えるのは成長戦略として妥当な選択であったことは，これらの企業が現在も各々の業界を牽引していることからも伺える。

世界志向の北海道企業は少数だが，一例として極小・超薄型サイズなどの精密ベアリングでは国内よりむしろ海外で有名な北日本精機（2012年3月期売上高80億円）がある。同社は，ベアリング専門商社に勤務していた小林英一代表取締役会長が1969年に，専門商社ほかとの均等出資で芦別市に起業した。

起業当時，国内ではベアリング販売競争が過熱していたため，小林氏はあえて日本の知名度がない海外マーケットを自ら開拓し，1977年にはアメリカやヨーロッパに輸出を開始した。その先見性が現在の会社の成長につながっている。まさに，先端的技術を海外の高いニーズがある地域へ販路を拡げた好例である。

今後の北海道企業の成長戦略へのヒントは，全国，海外に販路を求め企業を率いた成功企業の実例の中にあると言えよう。

3　元気企業

本章では，北海道が地域活性化の切り札として期待する食品産業や観光業，IT産業，バイオ産業に加え，流通業を取り上げ，代表的企業の成長エンジンと産業全体の課題にも触れ，発展のヒントを見つける。

食品産業では，付加価値に注目して大学との連携商品を発売する企業を，観光産業では大手観光チェーンと一味違う差別力で成長する企業を，流通業では，果敢に吸収合併をしながら日本を代表する企業へと成長した例を紹介する。さらにIT産業からは，クラスター推進のヒントを示唆する企業を，バイオ産業からは製薬企業とのアライアンス戦略で創薬に挑むベンチャー企業と，食品の機能性に注目して商品開発する企業を紹介する。

3.1 食品産業

北海道では，地元の農水産資源を活用した食品加工企業が多い。

水産加工業では，数の子の製造販売で日本一のシェア（約20%）がある井原水産（2012年3月期売上高41億円）や，地元の鮭やサンマの加工製品販売を中心とした佐藤水産（2010年売上高73億2250万円）が業績好調だ。酒造メーカーでは，道産米にこだわった大吟醸の「吉翔」や「千歳鶴」を生産し，小樽市に隣接する余市町のブドウを原料にワインを醸造する日本清酒や，全国新酒鑑評会で金賞を受賞（「宝川2010年受賞」）するなど急成長の田中酒造（小樽市）が存在感を高めている。

食品業の中でも安定成長しているのが，菓子製造小売業である。北海道は日本でも観光地としての人気が定着し，土産用菓子の需要が大きい。加えて，小麦や乳製品，豆類，馬鈴薯などの原料素材が地元で生産入手でき，北海道の大自然の産品であることをブランドアピールできる点などが他の地域にはない強みである。

帯広市に本社がある六花亭製菓は創業が1933年と歴史が古く，北海道内に61店舗を運営しており，「マルセイバターサンド」は全国にファンが多い。帯広市郊外の音更町に本社がある柳月は1947年の創業で，道内に42店舗を展開し，「三方六」がロングセラーとなり親しまれている。これら十勝2大メーカー以外にも，札幌では「白い恋人」を製造販売する石屋製菓，札幌市近郊の当別町に本社を構え，「生チョコ」で新分野を築いたロイズコンフェクト，砂川市に本社を置く「夕張メロンゼリー」のホリ，北海道大学認定マークを取り入れたクッキー「札幌農学校」を販売するきのとやなどは，観光客・地元客に好評だ。これら企業6社で売上高合計は約630億円という大きな産業に発展している（表3-3）。

3.1.1 きのとや

札幌に本社を置くきのとやは，大学との連携で新境地を拓いている。長沼昭夫社長は，北海道大学水産学部を卒業後，日高地方で仲間数名と酪農ビジネス

表 3-3　菓子製造小売企業の売上高

会社名	売上高	決算期
六花亭製菓	185 億円	2012 年 3 月期 / 六花亭グループ
柳月	74 億円	2011 年 9 月期 / 柳月グループ
石屋製菓	94 億円	2011 年 4 月期（連結ベース）
ロイズコンフェクト	160 億円	2011 年 7 月期
ホリ	87 億円	2011 年 12 月期
きのとや	29 億円	2011 年 6 月期（きのとや製菓含む）

(出所) 各社ホームページより

に関わった後，ダイエーに入社。5 年務めた後の 1983 年，義父が所有する建物の 1 階にケーキ店をオープンした。

　当初はケーキの仕入れ販売を手がけるだけだったが，翌年，北海道の老舗ケーキ店出身のパティシエを雇い，電話注文でバースデーケーキを"宅配"するアイディアが大好評を得た。サービスは札幌と江別で開始したが，ケーキのおいしさに加え，配達員が蝶ネクタイをして届けるユニークな"宅配ケーキ"は商圏を販売店の周辺 5 キロから札幌市や近郊都市の約 200 万人居住地域まで拡げ，きのとやの人気を不動のものにした。

　1989 年には，白石店の売上高は 1 店舗あたりで日本一となる 5 億円を達成し，95 年には同店舗で 11 億円を超える売上高に到達した。

　長沼社長が次に打ち出した戦術は，新たな土産菓子の開発だ。2005 年には，北海道大学認定マーク入りの「札幌農学校」を発売した。北海道産原材料にこだわり，クッキーの原型のような素朴さは札幌農学校のイメージとも重なった。土産菓子として観光客・地元客双方から人気を得るのに時間はかからなかった。「札幌農学校」は今や，売上高 28 億 5,000 万円のうち，3 割となる約 6 億円を稼ぐ柱に成長した。

　次の柱に着目したのは，北海道大学の黒千石大豆の機能に関する研究成果だ。2011 年発売の黒千石大豆を使用した菓子は売れ行きが好調で，数年以内に北海道大学ブランドの菓子だけで売上の過半数を占める可能性が出てきている。さらに北海道大学余市果樹園で果実栽培の共同研究を行い，北海道長沼町に直

営農場をオープンしてフルーツの栽培を開始している。

　きのとやの特色は，今まで北海道の菓子業界でなかった産学連携を，うまく自社の成長戦略に取り込んだ点だ。大学の理系研究者は北海道だけで約5,000名いる。これら研究成果に基づいて，共同研究していくなら，商品企画や開発に活用できる可能性は高い。

　食品産業や機能性バイオ企業の活性化に向け北海道経済産業局や北海道庁では，地元の天然資源や未使用資源（副産物・廃棄物）の用途開発や，高付加価値利用の推進を強化している。例えばサポート先の植物育種研究所（2003年設立，北大発ベンチャー，本社：夕張郡栗山町）では，通常の玉ねぎよりもケルセチンの量を約3倍含む赤色の玉葱「サラサラレッド」を開発生産し，大手食品メーカーとの共同製品販売にこぎつけている。

　また北海道バイオインダストリー（1997年設立，東海大学発ベンチャー，本社：札幌市）は，行者ニンニク，ヤーコン茶などの機能性食品を開発し，製造・販売している。同社は東海大学の西村弘行元教授が長く副社長を務めたベンチャー企業で，ポリフェノールを多く含むアロニアの機能性に注目して菓子を試験発売するなど，地元の天然資源の活用にウエイトを置いている。顧客は道内外のリピート購入者により安定している。

3.2　観光産業

　北海道の観光ホテル業界はここ数年，客数が横ばい（図3-1）で客単価が低下し，どこも苦戦している。特に地方のホテルはリーマンショックや東日本大震災の影響で客離れが顕著になり，老舗旅館が倒産するケースも出てきている。その主たる原因として，大手旅行代理店を中心としたパッケージツアーでの宿泊単価切り下げの動きが，観光ホテルの財務体力を弱体化させている点が業界で指摘されている。財務基盤の弱い観光ホテルが倒産し，同業や関連産業が安く買い取る。そしてさらに安価な宿泊価格で再オープンし，地域全体の価格低下を招くという悪循環に陥るケースも散見される。

　個性的なリゾート経営で全国的に注目されている長野県星野リゾート社長の

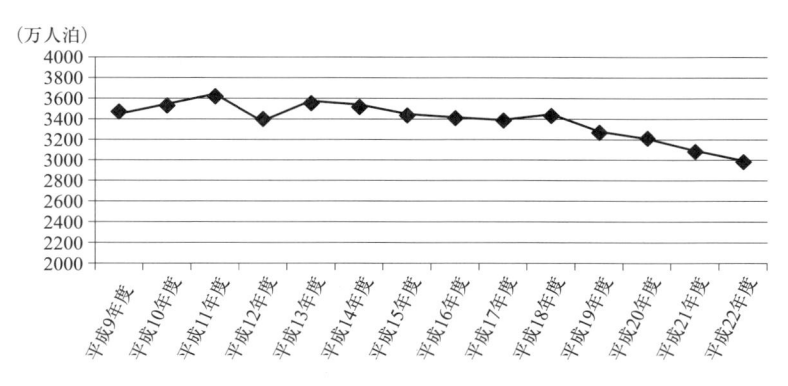

図 3-1　北海道の観光入込宿泊客延べ数の推移
（出所）北海道観光入込客数調査報告書　北海道経済部観光局

　星野佳路氏や北海道の鶴雅グループ代表大西雅之氏は，ホテル・旅館の個性と魅力を鮮明に打ち出す重要性を強調する。

　星野「なぜ，闇雲に集客を依存してしまうのかというと，それは自分たちの魅力が足りないから。しっかり魅力をつけて，エージェントの方から扱いたいと思う施設になっていけば，対等な関係が築けるはず」（札幌国際大学ほか編，2009: 32）。

　大西「36億円もかけて，客室が50室しかない　…中略…まず他にはない施設的な魅力を持つことで，価格競争力から脱却できるのではないかと考えた」（札幌国際大学ほか編，2009: 178）。

　大西代表の考えを体現している鶴雅グループでは，阿寒湖や支笏湖，定山渓などの温泉地に9か所のホテルを運営し，全室に100％源泉露天風呂を設置したホテルやパティシエを採用して，スイーツに関するイベントを企画するなど，顧客満足度の向上に費用を惜しまない。顧客の目に見えない部分でも，館内にPHSネットワークを導入したり，コミュニケーションカメラを設置して従業員間の情報共有を高め，ホスピタリティーの充実に努めている。

　今ではこれら個性的なサービスがブランドとなり，2002年に「JTBサービス最優秀旅館ホテル日本一」に選ばれ，2009年には第1回観光庁長官賞を受

賞した。付加価値の向上を徹底すれば，地方の観光ホテルでも差別力を持つことができる好例である。

3.2.1 アンビックス

地方圏の人口減少率が大きい（図3-2）北海道では，観光ホテルを地域振興の拠点に考える自治体も多く，自治体自身が温泉ホテルを運営しているところもある。だが，マネジメントノウハウが乏しく，施設の魅力を打ち出せないとの課題を訴えるところも多い。その解決に照準を当て，地域再生型の観光温泉ホテルを展開しているのが札幌に本社があるアンビックス（代表取締役社長：前川二郎氏）である。

同社は1995年に小樽朝里クラッセホテルを新築開業し，温泉ホテル業としての第一歩を踏み出した。同社の特徴は産学官連携だ。地元の事業者や学識関係者，行政機関，業界団体などで観光クラスター研究会を立ち上げ，地域発信のモデルを検討する。地域全体の知恵を集めた結果，バブル崩壊後の景気低迷や地域衰退の中でも同ホテルの業績は順調に推移し，売上高は54億円（2011年9月期）となっている。

このノウハウに着目した自治体の要請を受け，同社は旭川市郊外にある東神楽町や空知管内の美唄市，日高地方の三石町（現在の新ひだか町）で温泉ホテルを開業した。すべて企画から関与し，土地は自治体から貸与を受けて宿泊棟を建設し，指定管理者として運営にあたっている。

留萌市の北に位置する羽幌町，江別市近郊の南幌町，北見市の南にある津別町では，既設の温浴施設の運営を受託し，経営を軌道に乗せている。いずれも人口が少ない地域に立地するが，周辺の市町村や商工会，観光協会を巻き込んで魅力のある温泉の在り方を検討し，各種イベントを次々と企画・実行した。地域に人が集まり，リピーターが増えた。その取り組みは，地域再生のモデルとしてマスコミで多く紹介され，地域衰退に危機感を抱く自治体やホテルなどから今も年間20件以上の相談が舞い込む。

地域密着型が同社の成長エンジンであるが，顧客のターゲットは国外へも拡

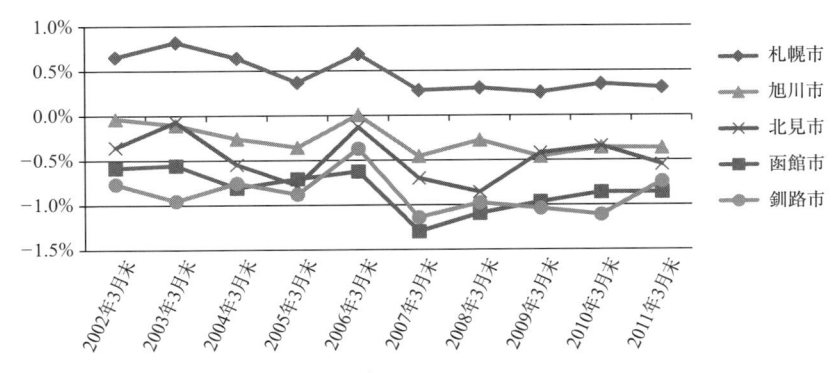

図 3-2 北海道内各都市の人口の増減率（前年3月末比）
※合併した函館市，北見市，釧路市に関して，合併以前の人口は合併した市町村の人口を合算
（出所）住民基本台帳人口　北海道　をもとに作成

げる。東アジア観光マーケットの拡大も睨み，4年前には札幌市に隣接する北広島市で閉鎖中の大型ホテルを再開させた。今は利用者のほとんどは国内旅行客だが，香港には現地駐在員を配置し，海外顧客への認知や取り込みを図っている。すでに東南アジア方面，特に中国本土からの送客の要として注目されている。

毎月1回開催される支配人会議では，社長他幹部役員らと業績の状況を確認しながら，課題の抽出と解決策の検討を行っている。参加する支配人の平均年齢は約40歳。支配人は一定権限を持ち，①スタッフの雇用維持，②地域の取引先との共存共栄，③自治体との連携による地方振興，を念頭にマネジメントを行っている。

北海道内には大手観光ホテルチェーンとして加森観光（札幌市）や野口観光（登別市）など歴史のあるホテルが存在しているが，アンビックスは地域の特性に合わせた収益モデルをつくることで差別力を持ち，棲み分けも明確だ。地方でホテルが少ないところに多く立地していることから，価格競争にも巻き込まれにくい。

元気ホテルになるにはどうすれば良いか，非価格競争で地域再生型のホテル展開という方法を選択したアンビックスや，サービスや施設・料理などで徹底

した差別化を図る鶴雅グループの事例は，北海道の観光ホテルの成長戦略構築の参考となるだろう。

3.3 流通産業

　北海道の流通産業は元気企業が多い。全国展開するニトリホールディングス，ツルハホールディングス，アインファーマシーズ以外に，北海道内では，サッポロドラッグストア，コンビニエンスストアのセイコーマート，スーパーのアークス，協同組合コープさっぽろなどが業績を拡大している。医薬品卸では，売上高が 1,000 億円を超す，ほくやく，モロオが元気である。

　スーパーやコンビニ，ドラッグストア，調剤薬局などは，全国に舞台を移しても成長を遂げているのが北海道流通産業の特徴である。成長要因として，「北海道はある程度地域内で完結した市場環境を形成し，道外の影響を受けにくいため，独自性のあるビジネスモデルを構築しやすい」（北海学園大学経営学部・大学院経営学研究科ニトリ寄附講座運営委員会監修，2009: 157-158）ことが挙げられる。さらに，大消費地札幌市での成功が全国展開のステップになりやすく，札幌市には効率的な物流や情報システムの構築に必要な専門企業や人材，ノウハウが集まりやすいこと，投資会社や証券取引所が地元にあって間接金融以外の資金調達手段があることなど，多くの利点がある。

3.3.1　アークス

　アークスは札幌市に本社を置き，北海道全域に店舗網を持つ北海道最大の食品スーパーだ。2012 年 2 月期の売上高は 3,481 億円で，経常利益は 120 億円。1 個買っても安いが，2 個買えば更に安く，まとめ買いすれば相当安く買える「一物三価」を価格ポリシーとして，デフレ経済下で道民所得が縮小する中，顧客基盤を着実に拡げてきた。

　前身は野原産業が 1961 年に札幌市東屯田通りに 75 坪で創業したダイマルスーパー（後に大丸スーパーへ商号変更）だ。1989 年，地元衣料品店の丸友産業と対等合併しラルズが誕生した。その時に代表取締役に就任したのが，アーク

ス社長の横山清氏である。当時の合併時売上高は約390億円，1993年には店頭登録市場に株式公開を果たした。

2002年には帯広市の食品スーパー福原（年間売上高約400億円）と持ち株会社方式で統合し，アークスが誕生した。当時の合計年間売上高は約1,400億円。2004年には東京証券取引所第二部に上場し，翌年第一部に指定替えした（北海学園大学経営学部・大学院経営学研究科ニトリ寄附講座運営委員会監修，2006）。

経営方針として提唱するのは"八ヶ岳連峰方式"。個性的な山々が美しさを競うように傘下企業の経営の独立性を尊重する一方で，仕入れ，物流，人員配置，研修などでは効率的な"アークス流"のシステムを導入して各企業の財務基盤を強化した。現在，傘下の流通企業は12社（食品9社）。売上高経常利益率は3％を超え，ナショナルチェーンの大手スーパーと互角の経営内容を誇っている。

アークス傘下入りを希望する企業があれば前向きに検討する姿勢で，2009年に札幌東急ストア，2011年10月には青森県の優良食品スーパーで東証一部上場企業のユニバースと統合した。ユニバースは売上高1025億円，経常利益41億円と好調で，徹底したコスト削減で価格競争力のあるアークス入りで，経営基盤をさらに磐石にする思惑があった。経営者同士が懇意で，気心が知れていたことも統合を後押しした。これらの統合で，横山社長が目標に掲げていたグループ売上高5,000億円の峰は間近なものとなっている。

3.3.2　アインファーマシーズ

調剤薬局業で日本最大手のアインファーマシーズ（以下アイン）は，売上高1,427億円，経常利益105億円（2012年4月期）12年連続増収と，成長街道をひた走る（図3-3）。2010年4月には東京証券取引所第二部へ上場し，11年4月には東京証券取引所第一部へ昇格を果たした。

しかしここまでの約30年は，順調な道のりではなかった。創業当時から代表取締役社長を務める大谷喜一氏は日大理工学部薬学科を卒業後，杏林製薬（現キョーリン製薬）に勤務し，1980年にドラッグストアのオオタニを設立する。第一臨床検査センターを設立していた叔父のすすめもあり，81年に旭川第一

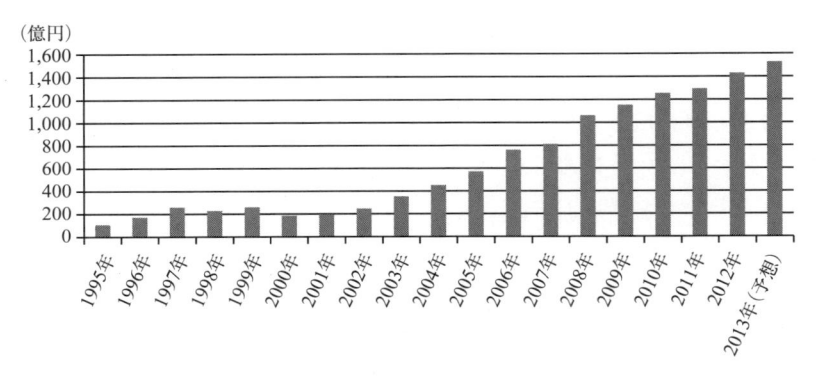

図 3-3　株式会社アインファーマシーズの売上高推移

臨床検査センターを設立。その後，札幌の第一臨床検査センターやオータニと合併し，経営規模を拡大した。

　売上高が 50 億円に手が届く直前の 94 年 3 月には，店頭登録市場（現大阪証券取引所〔大証〕JASDAQ）へと株式公開し，約 20 億円を資金調達した。直後の 94 年 8 月には，上新電機と合弁で家電量販店のジョーシンアインズを設立。同年 11 月にはホームセンター事業へも進出し，事業多角化も試みた。

　しかし，95 年 4 月期の売上高は 168 億 44 万円と，前年比 18.2％増加したものの，5 億 1400 万円の経常損失を計上し，無配に転落した。97 年 6 月には売上高の約 2 割を占めていたホームセンター部門（年間売上高 32 億 9,300 万円）をディスカウントスーパーのカウボーイグループへ売却。その 5 か月後の 97 年 11 月には，メインバンクの北海道拓殖銀行が経営破綻した。同銀行が持っていたアインに対する融資債権（27 億円）は北海道銀行が継承し，存亡の危機を脱した。

　ここで大谷氏は驚くべき決断をした。98 年 10 月，稼ぎ柱となっていた臨床検査部門（年間売上高 35 億 4,700 万円）を 13 億円でビー・エム・エルに譲渡したのである。判断の理由は，厚生省（現厚生労働省）が臨床検査の保険点数を引き下げ，マーケット規模は当時の 6,000 億円から徐々に減少していくとの予想からだ。本業部門を売却し，39 店舗ある調剤薬局をメインに，31 店舗のドラッ

グストアをサブメインにほぼ1本化した。大谷氏はいずれ医薬分業が進み，調剤薬局は成長マーケットになると見込んでいた。その予想は的中し，99年に臨床検査の保険点数は大幅に引き下げられた。反対に調剤薬局のマーケット規模は急拡大した。当時の規模約2兆円は，医薬分業の流れが加速した現在は6兆円になり，今後は8兆円市場へと拡大が見込まれている。

　同社は2000年以降，病院の門前に出店するスタイルで店舗を拡大した。しかし，成長スピードを上げるには進出地域のマーケットリサーチや，土地の取得，薬剤師の新規採用などの必須作業をできるだけ早くクリアする必要がある。そこで選択したのは，同業者のM&Aだ。02年に茨城県を地盤に56店舗を展開していた今川薬品と合併。05年には東京で16店舗のリジョイス（現アインメディカルシステム），京都で14店舗のリジョイス薬局（現アインメディオ），埼玉県で86店舗のあさひ調剤などを立て続けに子会社化した。同社では調剤過誤を防止する機械の導入や薬剤師教育への積極的な投資を行っており，それが顧客のみならず営業譲渡を考えるオーナー企業への訴求につながっている。

　一方でドラッグストアの出店攻勢も続ける。2000年に30店舗だったのが，現在は57店舗に増えた。08年に業務提携したセブン&アイホールディングス傘下の池袋百貨店にも，延床面積217坪の大型店トルペをオープンした。トルペは化粧品に特化した店舗で，薬や日用品にウエイトを置く一般のドラッグストアとは差別化する戦略だ。

　独自に店舗展開してきたニトリに対し，アークスやアインに共通するのはM&Aを成長エンジンに規模拡大の速度を早めたことである。傘下に入る企業を迎える姿勢として，アークスはそれぞれの独立性を維持しつつ，物流や仕入れ，人事，教育などで効率的な仕組みを整える。一方アインは調剤の効率的な仕組みを導入し，業界一と言われる薬剤師教育に力を入れる。アークス，アインの傘下入りを希望する企業の理由はそこにある。

　両社のコスト削減力と収益獲得力は日本のトップクラスで，北海道経済にとっても頼もしい存在だ。物流や人事，情報システムなどで日本でも最先端を走るこれら2社は，業種を超えて大いに参考になろう。

3.4 IT産業

　北海道IT産業は売上高で約4,000億円，従事者約2万人と，一大産業となっている。その礎にはIT企業が集積した「サッポロバレー」がある。サッポロバレーの起源は，1976年に北海道大学工学部の青木由直助教授（現同大学名誉教授）が中心となり結成したマイコン研究会だ。同会メンバーだった同大工学研究科の服部裕之氏，村田利文氏ら大学院生4名は1980年にビー・ユー・ジーを起業し，ソニーなど大手電機メーカーからの受託を中心に順調に業績を伸ばした。現在は大手の資本が入り，実質子会社化されているが，技術者の水準は高く，ここからいくつものスピンオフベンチャーが誕生した。

3.4.1 データクラフト

　IT企業（受託開発）の営業本部長であった高橋昭憲氏がデータクラフトを創業したのは1991年。きっかけは秋葉原の電気街での体験だ。外国人が写真素材を収めたCD-ROMを探しているのを見て，日本人向けにもマーケットが拡大できると確信した。当時，ストックフォト業界はフォトライブラリーという業態が主流で，印刷物などで写真が必要な場合は自分で撮影者を手配するか，フォトライブラリーからレンタルポジを借りるしかなかった。CD-ROMなら，手軽に多くの素材を選ぶことができる。また，当時はまだ広まっていなかった，購入製品の中の写真素材は自由に使える著作権（ロイヤルティー）フリーという考え方も取り入れた。創業から3年後の1994年に発売した「素材辞典」は，広告，デザイン，印刷業のプロデザイナーの好評を得て，今も同社売上の過半数を占めている。

　発売当初はウェブ環境が十分でなく，販売形態はCD-ROMのみであったが，2003年にダウンロードサイトを開設し，売上が順調に伸びた。今ではダウンロードが売上の約4割を占める（2011年3月期売上高13億5000万円のうちダウンロード5億円）。同社の素材辞典の発売直後，類似ソフトを販売する競合会社が50社以上に増え，一般ユーザー向けの製品価格は低下したが，同社の製品は一貫してプロ向けに売れ続け，今もトップシェアを維持している。

3.4.2 ハ・ン・ド

ハ・ン・ドは，1993年にゲームコンテンツ開発業として札幌市に設立された。

社長の的場輝明氏は1985年よりマッキントッシュを大学，医療機関等に販売していたが，その後IT受託開発業を経て，ゲームコンテンツ開発業専業へと業容を変更した。

当初手がけたのは，マルチメディアタイトルや，バンダイ・ピピンのタイトルの制作などだが，その後「チョコボと魔法の絵本」，「KINGDOM HEARTS」とヒット作を連発。今ではバンダイナムコやスクウェア・エニックス，セガなど業界トップクラス企業からの依頼が続くコンテンツメーカーに成長した。年間売上高は，2012年3月期で12億円。2011年5月には，SNS (Social Networking Service) で急成長を続けるグリーと資本提携し，急拡大するスマートフォン分野の開発も今後本格化させる。ゲーム開発にはプランナー，CGデザイナー，プログラマーなど，専門家のチームワークが重要だが，社員総勢176名で次々と開発に取り組む。

同社の収益モデルは，作品の販売高に応じてロイヤルティーを受け取る仕組みだ。制作はスクウェア・エニックスなどのパブリッシャーから委託を受けるが，人気作になればなるほど収益が増加する。成長エンジンは顧客ニーズに合う製品を開発し続ける社員一丸となった姿勢だと的場社長は言うが，競争が激しいゲーム産業でのヒット作連発は，優秀な人材が多いことの証明でもある。

以上の2社はともに，独自ソフトの開発販売が軌道に乗り，市場シェアを高めた例だ。両社の社長が起業前に経験した「受託中心」から「企画開発販売型」にウエイトを置くというスタンスの中から先見性と積極性，リーダーシップが起業の必要条件であることが分かる。

3.4.3 クリプトン・フューチャー・メディア

サッポロバレーをルーツにした企業群とは違う経路をたどり，今や世界に展開している会社が，バーチャル歌手「初音ミク」で有名なクリプトン・フュー

チャー・メディアだ。

　同社は 1995 年，札幌市にて"音"の輸入販売を手掛ける会社として設立された。社長の伊藤博之氏は 1985 年から北海道大学工学部の職員として働く傍ら，個人的な趣味としてシンセサイザーで加工した効果音やクラシカルな楽曲などを，アメリカの雑誌に広告を出稿し販売していた。音源データはフロッピーディスクに保存して郵送する。価格は 10 ドル程度で，人気は定着したが，やがて円高が進行し，"音"の輸出は採算割れとなったため中断した。

　そこで考えたのは，円高を逆に利用して，海外のサウンド素材を輸入し日本の顧客に販売するビジネスだ。当時，パソコンの普及に伴い，DTM（Desk Top Music），DAW（Digital Audio Workstation）のようなパソコンを用いた音楽制作がブームになりつつあった。そこで楽器が奏でる短いフレーズを多く収録した音楽制作素材集"サンプリング CD"の販売権を海外十数社から取得し，日本国内でライセンス販売する同社を設立した。今ではインターネットの普及によりダウンロード販売を中心にし，効果音も合わせ，日本の約 60％のシェアを握る。

　「初音ミク」の源流は 2004 年に始まる。人間の歌声を合成する技術（ボーカロイド）をヤマハが開発し，これを使った英語バージョンのパソコン向けパッケージ製品を英 ZERO-G 社から発売した。しかし，この製品は DTM のコア・ユーザーには受け入れられなかった。

　一方，日本語バージョンの「MEIKO（女声）」を 2004 年に，「KAITO（男声）」を 2006 年に発売。一定の売上を計上し，日本語製品のニーズを確認していった。そして 2007 年 8 月に，バーチャル歌手のキャラクターを利用した「初音ミク」を発売し，大ヒットとなった。2010 年末までに約 6 万本が売れ，このバーチャル・アイドルは自動車大手のアメリカでの CM に起用されるなど，人気は未だに衰えを見せない。音へのこだわりを成長エンジンとする同社の売上高の構成は，音楽ソフトウェアが 63％，携帯電話サービスが 24％，残りが効果音サンプリング等で，2010 年の売上高は 13 億円と過去最高となった（田中，2011）。

現在，北海道のIT産業は受託が中心で，事例に挙げた自社製品ソフトの開発と販売を担う企業はほんの一握りである．今後，中国，韓国，インド，台湾などとの競争は激化する．棲み分けと生き残りを図るには官民が協力し，より高度なコンサルティングやソリューションITビジネス，新しいソフトやシステム開発のアイディアで差別化を図ることが欠かせない．また，単に製品サービスのリファインにとどまらず，抜本的なイノベーションを目的とした活動も視野にいれるべきだろう．

　北海道には，サッポロバレーの発展で生み出された人材や各種企業の高度なノウハウがある．情報工学系大学が札幌・千歳・室蘭・函館・北見にあり，各地域に研究者が民間企業とコンソーシアムを組んで研究開発を存分に行える環境もある．中小企業にとって資金や人材，販路開拓などのハードルは高いため，さまざまなサポート態勢が今後整備されるなら，確固とした産業体を展望することが可能になるはずである．

3.5　バイオテクノロジー

　遺伝子組換え技術が1973年にアメリカで確立して以降，DNA塩基配列決定法の確立（1977年）や，遺伝子治療（1990年），ヒトES細胞作製（1998年），そしてヒトゲノム塩基配列解読が終了（2003年）し，DNA医学，DNA生物学発展への道が大きく拓かれた．特定疾患に関係するタンパク質をターゲットとした医薬品開発も行われており，バイオテクノロジーは国家戦略にもなっている．応用分野としてバイオケミカル，バイオインフォマティクス，バイオメカニックス，アグロバイオ，機能性食品など，他産業の研究・製品開発も盛んになってきており，北海道では抗体医薬品開発に挑むバイオベンチャーや，機能性食品の開発・製造を手掛ける企業が次第に存在感を増してきている．

3.5.1　イーベック ── 創薬バイオ ──

　北海道大学発ベンチャーのイーベックは2008年10月，北海道大学遺伝子病制御研究所の高田賢蔵氏のEBウイルス研究の成果をもとに，ドイツの製薬

会社大手ベーリンガーインゲルハイムとライセンス契約締結すると発表した。同社の資料によると、その内容は、イーベックが開発した治療用完全ヒト抗体についての全世界での開発および販売に関わる独占権を、ベーリンガーインゲルハイムが取得するというもの。イーベックは5,500万ユーロ（当時で約88億円）の前払い金および開発ステージに応じたマイルストーンペイメントを受け取るだけでなく、発売後の販売実績に応じたロイヤルティーが得られる。

さらにイーベックは2011年9月、感染症治療用完全ヒト抗体に関わるライセンス契約をアステラス製薬と締結した。アステラス製薬が支払うのは、契約一時金6億円を含め総額130億円で、これも大型契約となった。中核となる技術は、EBウイルスとヒト体内での免疫過程を活用し、高活性な抗体を作製する方法。通常難しいとされるリンパ球の培養法や、100名のドナーリンパ球からなる抗体ライブラリーの開発により、目的とする抗体作製に適したドナーの選別を4日間と短期化するなど、リンパ球選別をより高速化、効率化した。さらに、独自技術により欧米の特許ライセンスは不要にし、抗体作製分野に多い副作用の危険を減らすなどの利点も、製薬会社が相次いでライセンス契約に踏み切る誘因になった。

3.5.2　ジーンテクノサイエンス ── 創薬バイオ ──

ジーンテクノサイエンスも2001年に札幌市に設立された北海道大学発バイオベンチャーだ。創薬（抗体医薬品が中心）を目的とした同社のターゲットは、十分な医薬品が開発されていない、がんや自己免疫疾患などの難治性疾患だ。がんと係わる要因を特定して抗体を開発し、細胞やマウスを用いた実験で有望な物質をスクリーニングする。さらに非臨床の開発研究まで進展させ（図3-4）製薬会社に橋渡し（ライセンスアウト）するのが、主な事業モデルだ。

マウスでの抗体実験を土台に、ヒト化抗体の作成も手掛ける。2007年には、科研製薬と総額約20億円のライセンス契約を結んだ（北海道新聞、2007年10月28日）。通常200〜500億円の資金を必要とするが、かかるリスクを回避するため同社では早期にアライアンスを組み、ライセンス契約まで進める方法を

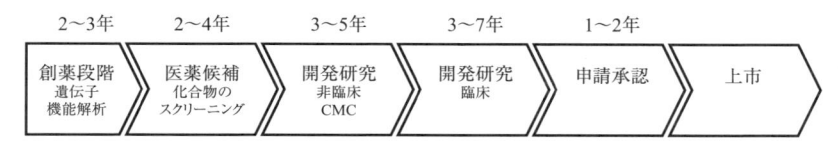

2〜3年	2〜4年	3〜5年	3〜7年	1〜2年	
創薬段階 遺伝子 機能解析	医薬候補 化合物の スクリーニング	開発研究 非臨床 CMC	開発研究 臨床	申請承認	上市

図 3-4　医薬品開発の流れ

※ CMC: Chemistry, Manufacture and Control（化学，製造，品質管理）

とる．製品上市（新薬発売）されれば，成功報酬としてロイヤルティーが入るし，提携先が海外の製薬会社にライセンスアウトして海外でも上市されれば，さらなるロイヤルティーが獲得できる．

　北海道では，経済産業省の大学発ベンチャー1000社構想（2001年）に呼応するように，大学発バイオベンチャーがいくつも誕生した．しかし，創薬系ではこの2社以外はほとんど清算されたり，ビジネスモデルが変更されたりした．その背景には，全国の大学発バイオベンチャーが未だに1社も上市に辿り着いていないことから，研究開発費用がかかる一方で成功確率が読めないベンチャーに対し，製薬会社やVCなどが資金供給を敬遠したことがあげられる．そんな中で，今後成長を期待される抗体医薬品の技術開発の高度化に2社が成功し，大手製薬会社とライセンス契約できたことは，バイオベンチャー最大の弱点である資金調達を克服した点で大きな意義がある．今後これらのベンチャーが国内や海外で上市していけば，研究者や製薬会社の注目を集め，北海道内のバイオベンチャー集積につながる可能性がある．このような流れを後押ししようと，経済産業省北海道経済産業局は2011年，抗体医薬品等の生産拠点の形成を「バイオイノベーション戦略」の医療・医薬分野の重点取り組みに掲げた．

　しかし現実には，抗体医薬品の製造拠点は国内で製薬大手2社しかないのが実態である．拠点拡大のハンディとなるのは製造工場の高額な建設コストや審査基準の高いハードル，税制面の優遇措置の少なさで，この点は韓国など海外勢に見劣りする．すでに韓国では日本の製薬会社と韓国企業との合同で製造拠点の整備を開始し，韓国企業側はアジアのハブ化をめざしている．

イーベックやジーンテクノサイエンスが活躍する今，北海道や国がこの点を考慮した政策を推進するなら，北海道がアジアのバイオハブとなる可能性もあると考えられる。

3.5.3　井原水産 ── 機能性バイオ ──

北海道には，アロニア・ハスカップ・ヤーコン・玉葱・ビート・鮭，その他地域特産資源が多い。この中には大学との共同研究（ラット実験）で特定機能の有効性が検証されたものもある。成分の安全性・有効性が人間にも確認できれば，機能性食品（健康食品）や機能を表示できる特定保健用食品（以下特保）など，様々な製品原料の開発につなげることができる。

数の子製造大手の井原水産（本社：留萌市）は，早くから外部機関と共同研究を進めてきた。マリンコラーゲンとして鮭皮に注目し，北海道大学や北海道立食品加工研究センターとの共同研究で製品化に成功している。井原慶児社長は1980年代，カナダでBSE騒動が起きたことから，いずれコラーゲン原料として牛骨や豚皮以外に魚由来のコラーゲンに注目が集まるであろうと考えた。そこで1995年から北海道大学と共同研究を始め，鮭皮由来コラーゲンの製品を開発。2002年にはコラーゲン部門の製造拠点を新設し，化粧品，食品素材，研究用試薬などを製造している。

コラーゲン部門の売上高は2億円と，数の子を入れた総売上高（2011年51億円）の構成比ではまだ3％と小さいものの，射程を人口歯根材料や創傷被覆材等の医療素材の開発など医療分野に広げ，事業の拡大に取り組んでいる。同社の鮭皮由来コラーゲンは従来品に比べて変性温度が低く，生体親和性が高いなど高品質で，人工皮膚など再生医療への応用研究も行われていることなどから，2006年には日本生物工学会技術賞を受賞している。

3.5.4　アミノアップ化学 ── 機能性バイオ ──

アミノアップ化学は1984年に，バイオテクノロジー（微生物大型タンク培養法）による植物生育調整剤，担子菌由来抽出物等の製造・販売を目的に札幌市

に設立された。同社で創業以来代表取締役を務めているのは，北海道のバイオ産業クラスターフォーラムの会長を務める小砂憲一氏だ。同社は現在，機能性食品の開発・製造・販売を行い，年間売上高は 23 億 8,000 万円，経常利益 6 億 8,000 万円（2011 年 5 月期）の優良企業である。

　自然の恵みをテーマに天然物由来の素材を研究開発しようとスタートした同社だが，キノコの担子菌を培養した液体を植物の生育促進に試用したところ，他の成長剤より格段の効果がみられたことから，この液体を植物生育調整剤として製品化した。

　その後，担子菌由来の物質が人体の免疫力を活性化させる可能性に注目し，東京大学，北海道大学，帝京大学，道立工業試験場と共同研究を行った。1990 年にはこの物質を AHCC と名づけ，機能性食品としての製造・販売を開始した。1994 年には AHCC 研究会を発足させ，全国の大学・病院の研究者が動物実験や臨床試験のデータを基に AHCC の安全性や有効性の報告討議を行ってきた。2011 年度はアメリカ，中国，韓国，インド，スペインなどを含め，総勢 500 名余りの研究者が参加している。

　AHCC 研究会のように，多数の全国の大学・病院研究者が同社の素材を使って基礎（動物）や臨床での評価を行い，同社の研究開発にフィードバックする方法は，安全性や有効性の科学的検証に有効で，製品価値の向上にも役立つ。

　同社は AHCC 研究会を成長エンジンとしているほかに，大阪大学やソウル大学医学部へ寄付講座を設置して，研究開発の高度化を試みてきている。すでに同社の製品は，研究開発にかけてきた費用や世界中の研究者が研究する態勢をみても，特保レベルは超えているとみられている。

　このような産学連携での成功事例が積み重なれば，大学の研究者・技術者のインセンティブとなり，北海道に優秀な人材を引き寄せる力になる。しかし，機能性バイオ企業が目標とする特保製品を開発・販売までこぎ着けるためには，数億円単位の資金投入が必要となる。大手企業 1 社で数百億円を稼ぐ特保製品がひしめく市場の中に食い込み，あるいは新しい市場を開拓するには，中小企業 1 社では荷が重すぎる。失敗のリスクが分散できるようなファンドの創

設や，マーケティング専門会社と連携して，機能性バイオベンチャーをサポートするなどの工夫が必要だ。

4　おわりに

　経済産業省はクラスターを「地域経済を支え，世界に通用する新事業が次々と展開される産業集積」と定義する。これはクラスターの研究者として知られるM.ポーターの言葉が語源となっている。アメリカのオースチン（IT），シリコンバレー（IT），フィンランドのオウル（IT）などは40〜50年のタイムスパンで発展してきた。IT企業や研究者，研究機関がそこに集積し，そこからノキアやデルなど世界的な企業が出現している。経済産業省はこのクラスター戦略を地域活性化の切り札に組み込み，北海道で展開している。

　北海道庁は現在，食の高付加価値化と販路開拓をめざして食クラスターを推進している。2010年5月に北海道経済連合会，北海道経済産業局，北海道観光振興機構などと共に北海道食クラスター連携協議体を発足させた。協議体は全道の食品会社，自治体，商工会，金融機関などに会員加入を呼びかけ，すでに，食品会社約700を含む合計1800の会員を集めた。会員からのプロジェクト提案は，協議体が審査しサポート方法を考える。

　これを後押しするように，2011年12月には「北海道フード・コンプレックス国際戦略総合特区」（HFC）が政府に認定され，札幌・江別，帯広・十勝，函館の3地域が連携して食産業の高付加価値化をめざすことになった（北海道新聞，2011年12月20日）。

　HFCには，約50の規制緩和や税制優遇などが盛り込まれ，北海道のバイオ推進戦略にも影響を与える。つまり，バイオ企業が製造した機能性食品の効能表示基準緩和も焦点の一つとなるのだ。例えば，効能表示の段階を設けたり，効能の種類を拡大して，認定までの費用の低減や手続きの簡素化も考えられる。

　効能表示できる特保の認定を受けるまでに，先に述べた通り通常最低数億円

の費用がかかる。創業まもないバイオベンチャーには資金的なハードルが高く，現状ではVCや一般企業からの出資や，公的助成金などを利用して研究開発を積み重ねなければ，特保認定まで辿り着かない。

一方，創薬バイオベンチャーは，一般的に新薬上市まで10数年かかる上に，成功確率は高くない。したがって，地域の天然資源を利用した機能性食品を開発するバイオ企業の支援の方が，短期・中期的には経済波及効果を得られやすい。そこで当面北海道経済産業局は，「バイオで拓く新たな食・健康」をキーワードに北海道バイオイノベーション戦略を推進している。2010年度の売上高501億円・雇用1,497名を，2020年度は同1,500億円・同2,000名へ増加させる目標を立てている。

現状ではハードルが高いとみられたが，特区認定により実現の可能性がでてきた。食品産業はバイオ産業（機能性食品）だけでなく観光産業にも親和性があり，連携により経済波及効果を生む可能性が大きい。

一方，IT分野でも北海道経済産業局主導で，北海道ITアジャイル戦略が進められている。「10年後，ソフト開発なら北海道のIT企業と呼ばれる存在感のある産業へ」を目標像に，2010年度のIT産業売上高4,125億円・雇用20,000名を，2020年度に同6,000億円・同25,000名へ増やすことを目標に掲げる。具体的内容として，農業・食・観光でのクラウドコンピューティングサービスの推進や世界に通用するITベンチャーの輩出などを挙げている。

アメリカのオースチンモデルは，民間企業や連邦政府による年間合計約200億円という巨額投資が，研究機関・研究者・民間企業・ベンチャーキャピタルなどを集積させる呼び水となり，ベンチャー企業の設立ラッシュ，イノベーション勃興を招いた。人材育成，産学連携，IT企業の製品高度化には相当の財政措置が必要である。

予想される国際競争激化を前に，民間企業側も，市場から必要とされる製品の高度化に努め，時には果敢にIT企業同士のM&Aや持ち株会社方式を利用するなど経営基盤強化に努める必要があろう。

引用文献

小川正博・森永文彦・佐藤郁夫編著（2005）『北海道の企業―ビジネスをケースで学ぶ』北海道大学出版会。

小林好宏（2010）『北海道の経済と開発―論点と課題』北海道大学出版会。

札幌国際大学・北海道地域・観光研究センター編（2009）『北海道観光の自立を探る』中西出版。

「食クラスター連携協議体　公式ホームページ」http://www.fc-nw.jp/（2011年12月29日参照）。

総務省（2011）『平成22年国勢調査』。

トヨタ自動車北海道株式会社（2012）『会社概況』。

北海学園大学経営学部・大学院経営学研究科ニトリ寄附講座運営委員会監修（2006）『ホッカイドリームソーダ』中西出版。

───（2009）『北海道発流通・サービスの未来』中西出版。

『北海道新聞』2007年10月28日「道内企業　それぞれの教訓　検証・拓銀破たん10年〈第3部〉5・ジーンテクノサイエンス（バイオベンチャー）企業育成に新たな潮流」。

『北海道新聞』2011年12月20日「道フード特区　課題山積」。

田中史人（2011）「ビジネスケース　クリプトン・フューチャー・メディア㈱」企業家教育ひろば　http://www.jeenet.jp/case_material_top/case_material_report/（2011年12月29日参照）。

北海道経済部観光局（2011）「北海道観光入込客数調査報告書」。

北海道経済産業局「北海道ITアジャイル戦略」　http://www.hkd.meti.go.jp/hokii/s_cluster/it_cluster/index.htm（2011年12月29日参照）。

第4章
大学発ベンチャーと地域経済活性化

桐畑哲也

1 はじめに

　ジェネンテック (Genentech)，バイオジェン (Biogen)，シリコングラフィックス (Silicon Graphics)，シスコシステムズ (Cisco Systems)，グーグル (Google)。これらはすべて，世界的な企業に急成長を遂げたアメリカの大学発ベンチャーである。アメリカの大学発ベンチャーは，1980年から1999年にかけて，335億ドルの経済的付加価値を創出し，1社当たり約1,000万ドルの経済的価値を生んだ他，28万人の雇用を創出したとされる (Shane, 2004)。これら新興ハイテクスタートアップスの躍進は，シリコンバレー，ボストンのルート128エリアをはじめ，テキサス，オースティン，サンディエゴ，マディソン等，アメリカの幅広い地域の経済活性化に貢献したとされる (西澤, 2005)。
　急成長大学発ベンチャーの出現の背景には，先端科学技術をベースとした事業における製品，サービスのライフサイクルの短縮化，事業化におけるスピードの重要性の増加，さらには，バイオテクノロジー分野等にみられる科学と製品開発の緊密化等により，研究開発の当事者たる大学の教員，研究者が，自ら研究をもとに事業化に参画する事業モデル，すなわち大学発ベンチャーの有効

性が高まっていることがある（近藤，2002）。

　世界的な企業にまで急成長を遂げたアメリカの大学発ベンチャーの出現が，こうした先端科学技術をベースとした事業における環境の変化を浮き彫りにすると共に，地域経済活性化の新たな有力手法としての大学発ベンチャー育成が，我が国をはじめヨーロッパ先進各国で，注目されるに至る。

　大学発ベンチャーが，地域経済活性化に有効とされる背景には，後に詳述するが，大学発ベンチャーは，大学との近接性ニーズが高い（Tieckelmann, Kordan and Bostrom ed., 2008; Robert, 1991）こと，大学発ベンチャーの創出により，地域におけるクラスター形成を促進する（Audretsch and Stephan, 1996）ことがある。すなわち，大学発ベンチャーは，大学との近接性ニーズの高さは，長期的な視点で，地域経済活性化の主要プレーヤーとなりうることを意味し，また，有望な大学発ベンチャーの創出によって，大学発ベンチャーをはじめとするハイテクスタートアップスに不可欠なインフラ構築，ひいては，クラスター形成に寄与するとされるのである。

　我が国においては，1990年代後半以降，大学発ベンチャー創出諸施策と共に，「知的クラスター創成事業」「産業クラスター計画」等，大学発ベンチャー，ハイテクスタートアップス創出を主要な軸とし，これを，地域経済活性化に繋げようとする施策が進められた。

　しかしながら，我が国の現状は，大学発ベンチャーの創出，育成が，地域経済活性化に寄与していると言える状況にはない。期待された大学発ベンチャーは，倒産，廃業が急増した他，株式公開に成功する大学発ベンチャーの数は，頭打ち，減少傾向にある。さらに，株式公開を果たした大学発ベンチャーにおいても，株式公開直後の株価を大きく下回る企業が相次ぎ，アメリカの急成長大学発ベンチャーのようなグローバル企業にまで成長する大学発ベンチャーはみられない。大学発ベンチャーの成長，発展，さらには，地域経済への波及効果という視点で見ると，我が国の施策は，十分な成果を挙げているという状況にない。

　本章では，大学発ベンチャーとは何か，大学発ベンチャー育成の意義，さら

には，大学発ベンチャー育成による地域経済活性化施策について，大学発ベンチャー，地域の双方の視点から，先行研究を概観する．その上で，我が国の現状と課題を分析し，我が国における大学発ベンチャー育成による地域経済活性化策の在り方について論じる．

2 大学発ベンチャー育成の意義

2.1 大学発ベンチャーとは何か

大学発ベンチャーとは何か．大学発ベンチャーに関する学術的研究は，アントレプレナーシップ研究の一領域として，1990年初めからみられるようになり，21世紀に入って進展している新しい研究領域である．Djokovic and Souitaris (2006) は，大学発ベンチャーに関する先行研究のサーベイをもとに，大学発ベンチャーに関する学術研究について大きく3つの視点に分類している．それによると，第一に，マクロレベルの視点であり，主要なアプローチとしては，「大学発ベンチャーのスピンアウトプロセスにおける政府や産業の支援メカニズム」「技術，マーケットドリブンな事業化，商業化の諸課題」等を指摘している．第二に，メゾレベルの視点であり，主要なアプローチとして，「インキュベータや技術移転機関等の大学による大学発ベンチャー支援メカニズム」「スピンアウト活動に至る大学の諸要因」「大学の技術移転メカニズム」等を指摘している．第三としては，ミクロレベルの視点であり，主要なアプローチとして，「スピンアウトプロセスにおける創業者及び創業チームの役割」「大学とインダストリーとのネットワーク」「大学発ベンチャーの業績」等を指摘している．

大学発ベンチャーの定義を巡っては，実に様々な定義が存在する．経済産業省編 (2005) は，大学発ベンチャーについて，「1. 大学や大学関係者，学生が保有する特許を基に起業」，「2. 特許以外の技術，ビジネス手法を基に起業」，「3. その他」，すなわち，「3-1. 創業者の持つノウハウを事業化するために，

設立から5年程度以内に大学と共同研究」,「3-2. 既存の事業を維持,発展をさせるために,設立から5年程度以内に大学と共同研究等,または,技術移転」,「3-3. 設立から5年程度以内に大学関連のインキュベーション施設等に入居し,大学から種々の支援」,「3-4. 大学で学んだ内容を基に創業」,「3-5. 大学でベンチャービジネス論等を学び,その一環として事業計画書を作成し起業を決意」,「3-6. 大学の技術を移転する事業や,大学の技術やノウハウを事業化するための資金を提供する等,大学発ベンチャーを生み出すための事業」,「3-7. 取引先や売上の大半を,創業者の出身大学や大学の人脈による紹介に依存」との分類を示し,経営資源の基本要素であるヒト(人材),モノ(技術),カネ(資金)のいずれかが,大学から供給されたベンチャー企業を,大学発ベンチャーと定義する。近藤(2002)は,大学発ベンチャーについて,「大学の教員や技術系職員又は学生がベンチャー企業の創立者になるか創立に深く関与した場合(人材移転型)」「大学における研究成果又は大学で習得した技術に基づいて起業された場合(技術移転型)」「大学や関連のTLO(技術移転機関)がベンチャー企業創立に際して出資又は出資の斡旋をした場合(出資型)」の3つのタイプを指摘する。筑波大学産学先端学際領域研究センター編(2001)は,「大学等の教員や技術系職員,学生等がベンチャー企業の設立者となったり,その設立に深く関与したりした起業。ただし,教員等の退職や学生の卒業等からベンチャー企業設立まで他の職に就かなかった場合または退職や卒業等から起業までの期間が1年以内の事例に限る(人材移転型)」「大学等で達成された研究成果または習得した技術等に基づいて起業(特許以外による技術移転(または研究成果活用)型)」「大学等やTLOがベンチャー企業の設立に際して出資または出資の斡旋をした場合(出資型)」の3つと,特許を特別に切り出した「大学等または大学等の教員が所有する特許を基に起業(特許による技術移転型)」を加えた4つの定義を指摘している。これらは,基本的な経営資源のヒト,モノ,カネいずれかにおいて,大学と何らかの関係を有するベンチャーを大学発ベンチャーと定義している。

　第二に,基本的な経営資源におけるカネ以外のヒト,モノに絞って,大学発

ベンチャーを定義する先行研究がある。Smilor, Gibson and Dietrich（1990）は，大学発ベンチャーの定義について，創業者が，大学教員か，職員，学生で，大学発ベンチャーを設立するために大学を去ったか，または，大学に在籍のまま設立したケースで，且，又は，大学内で技術，技術ベースのアイディアをベースとした企業と指摘し，ヒト，モノにフォーカスした定義を提示している。ヒト，モノを重視した定義は，この他にもある（例えば，Nicolaou and Birley, 2003; Steffensen, Rogors and Speakman, 2000）。

　第三に，大学とベンチャーとの関係について，ヒトに絞って定義する先行研究がある。Robert（1991）は，大学の教員，学生等の関係者が創業者として関与している点を重視し，大学と当該ベンチャーの人的関与，すなわちヒトをベースとして，大学発ベンチャーを定義している。

　最後，第四として，モノに絞って，大学発ベンチャーを定義する先行研究がある。Wright, Clarysse, Mastar and Lockott（2007）は，大学発ベンチャーについて，「学術機関から生み出された知的財産のライセンシング及び譲渡に依存するニューベンチャー」（Wright et al., 2007: 4-5）と定義している他，Shane（2004）も，「大学で研究開発された何らかの知的財産を基盤として創業された新規企業」（Shane, 2004: 4）と定義し，モノ（技術）にフォーカスした定義を提示している。Wright et al.（2007）及びShane（2004）の指摘する知的財産とは，法律等によって保護された知的財産権を基盤として起業した企業を念頭としており，技術，特に知的財産権に限定的な定義を指摘している。大学発ベンチャーについて，モノにフォーカスする，すなわち大学の技術をベースとした企業とする定義は，この他にもある（例えば，Charles and Conway, 2001; 山田, 2006; 新藤, 2005）。本章においては，大学発ベンチャーについて，「大学で研究開発された知的財産を事業化する目的で設立されたベンチャー」と，モノ，すなわち，大学との技術面での関係を重視して，大学発ベンチャーを理解しておくこととする。

2.2 大学発ベンチャー育成の意義

　大学発ベンチャー育成の意義は，大きく3つあろう。第一に，大学発ベンチャーは，基礎研究段階の大学の知的財産の事業化を担う主体である点である。基礎研究，応用研究を問わず，大学の研究成果としての知的財産，全体でみた場合，大学の知的財産の多くは，既存企業にライセンシングされるパーセンテージが多いとされ，Nelson (1991) によると，大学の知的財産の内，大学発ベンチャーにライセンシングされる知的財産は，ごく数％であるとされる。しかし，基礎研究段階の知的財産に限ってみると，既存企業は，基礎研究段階の知的財産のライセンシングには，あまり熱心ではないとされる (Jensen and Thursby, 2001)。Hsu and Bernstein (1997) は，技術移転機関を対象とした事例研究をもとに，既存企業が関心を示さない，基礎研究段階の知的財産のライセンシングに貢献しているのが，大学発ベンチャーであると指摘する。すなわち，大学の研究成果の社会還元という点でみた場合，大学発ベンチャーは，既存企業があまり熱心ではないとされる基礎研究段階の知的財産の事業化を担うという点で，社会的な意義を有する。

　第二に，大学発ベンチャーは，革新レベル，汎用レベル，権利レベルが高い知的財産の事業化をめざす主体である点である。Baum and Silverman (2003) が，ベンチャーキャピタリストは，優れた技術（および関係）を『スカウト』するというのと，経営スキルを注ぎ込むことによって『コーチング』するということの，両方の論理の組み合わせによって，資金提供するハイテクスタートアップスを選ぶと指摘し (Baum and Silverman, 2003)，ベンチャーキャピタリストの投資の意思決定においては，知的財産が重要な要素であることを示唆している。Shane (2004) は，大学で開発された知的財産が，ラディカルであり，暗黙知的であり，アーリーステージにあり，汎用的であり，顧客にとって著しく価値が高く，技術の飛躍的進歩を体現し，知的財産によって強力に守られている場合に，既存企業へのライセンシングではなく，大学発ベンチャーが設立されやすいと指摘している。

　革新レベルとは，これまでの既存業界の製品を置き換えるような革新性を備

えているか否かである．大学発ベンチャーの基盤とする知的財産としては，こうした革新性の高いものが望ましいとされる．なぜなら，革新的ではない知的財産については，既存企業において活用される方が，より事業化が容易であるからである．既存企業は，既に，製造設備，市場ノウハウ，これまでの研究の蓄積等を有しており，既存製品，サービスを若干改善，レベルアップする程度の知的財産であれば，既存企業にライセンスされることの方が，より有効に活用される．一方，革新性の高い知的財産であれば，既存企業の既に持つ経験，知識がプラスに作用しないばかりか，既に，効率的な研究開発，製造，販売というバリューチェーンを有する既存企業は，現在の知識，経験，設備等の価値を下げてしまうかもしれない革新的知的財産の活用に慎重になる（Christensen, 1997）．

　汎用レベルとは，幅広い領域における製品，サービス化の潜在性が，あるかどうかということである．例えば，大学発ベンチャーの有望技術領域のひとつ，ナノテクノロジーは，最終製品が広い範囲に及ぶとされ，例えば，「カーボンナノチューブの応用」としては，新規軽量，高強度，高機能材料から，燃料電池等の，資源エネルギー分野，通信，エレクトロニクス分野，ナノバイオテクノロジー分野と，幅広い応用分野が示されている（特許庁編，2002）．これは，創業当初，最も有望と想定された製品・サービスにとらわれず，追加的技術開発の進捗状況，外部環境の変化等に応じて，場合によっては，当初の想定とは異なる製品，サービスを模索する可能性を残していることを意味している．一方，既存企業においては，こうした汎用的な知的財産は，評価が難しい．自らが事業を行う既存ビジネス以外での知的財産の応用研究，製品・サービス開発には，これまでの経験，ノウハウが生かせず，慎重になりがちであるからである．

　知的財産の権利レベルは，まず，独占的な実施権の有無に依存する．独占的な権利がなければ，類似の事業主体が，技術開発の後に出現する可能性がある．また，権利の及ぶ範囲も，知的財産の権利レベルに影響する．知的財産権として法的に保護される範囲がより狭いものである場合，他社が自社の権利を避け

る形で，類似の製品，サービスを提供することが可能となる。Bhida (1999) は，ハイテク企業を対象とする投資家は，特許が競争優位性を示す検証可能な証拠となることから，特許化された技術を持つ企業への投資を優先すると指摘し，投資家からの高い評価には，権利化の有無が重要であることを指摘している。また，Shane and Stuart (2002) は，技術の模倣を阻止する効果が高い特許を持つ大学発ベンチャーほど，ベンチャーキャピタリストから出資を受ける可能性が高いと述べ，権利化の十分なされた知的財産を投資家は好むことを示唆している。このように，大学発ベンチャーは，既存企業が事業化，商業化が困難として避ける傾向にある革新レベル，汎用レベル，権利レベルが高い知的財産の事業化をめざすという点で，その意義を有する。

　第三に，大学発ベンチャーは，革新的な製品・サービスを事業とし，新規市場の開拓をめざす。Blair and Hitchens (1998) は，イギリス，アイルランドの大学発ベンチャーを対象とした研究で，大学発ベンチャーは，新しい製品，サービスの開発者として効果的であり，他の技術系ベンチャーよりも，革新的な製品，サービスを数多く創造すると指摘している。株式会社価値総合研究所編 (2007) は，我が国の大学発ベンチャーを対象とした調査をもとに，大学発ベンチャーは，新規の市場，さらには，競合他社では全く行われていない研究開発を行う企業であると指摘している。それによると，ターゲットとする市場について，「新規に創出する市場」「成長，拡大している市場」「市場として認知されて間もない市場」「安定した成熟市場」「縮小しつつある市場質問」の4つの選択肢で尋ねたところ，大学発ベンチャーは，「新規に創出する市場」が最も多く，36.4％と，中小企業を対象とした調査結果の4倍近くのパーセンテージとなっているとしている。

　このように，大学発ベンチャーは，基礎研究段階のシーズで，革新レベル，汎用レベル，権利レベルが高い知的財産の事業化をめざすと共に，新規市場の開拓をめざす志向が強く，社会全体の科学技術イノベーションの視点でみた場合，既存企業の弱点を補完するという点で，社会的な意義を有すると言えよう。

3 大学発ベンチャー育成による地域経済活性化

これまで，大学発ベンチャーとは何か，その定義，大学発ベンチャーの社会的意義について概観したが，本節では，大学発ベンチャーと地域の双方の視点から，大学発ベンチャーが地域経済に与える影響，逆に，地域が大学発ベンチャーに与える影響について，先行研究を概観する。

3.1 大学発ベンチャーが地域に与える影響

大学発ベンチャーという存在は，本当に，地域経済活性化に有効なプレーヤーとなりうるのであろうか。先行研究によると，大学発ベンチャーが，地域経済活性化に寄与するとされる理由は，大きく2つあるとされる。

まず，第一に，大学発ベンチャーによる大学との近接性ニーズである。大学発ベンチャーは，大学の知的財産をもとにしたベンチャーであることから，大学が拠点を置く地域で事業活動することが多い。アメリカでは，2007年度に555社の大学発ベンチャーが設立されたが，その内，402社，全体の72％が，大学のある同じ州で設立されている (Tieckelmann Kordal and Bostrom ed., 2008)。さらに，Robert (1991) は，大学発ベンチャーは，研究開発がこれまで行われた研究室のすぐ近くで，設立されるケースが多数あるとされると指摘している。

桐畑 (2010) は，アメリカの大学発ベンチャーを対象とした調査で，研究開発，資金調達，顧客獲得のそれぞれのビジネス活動の拠点について，本社所在の市レベル，州レベル，州外，アメリカ外のそれぞれの地域で，どの程度活動しているかについて質問したところ，研究開発，資金調達については，本社所在の市が，最も多く，顧客獲得については，本社所在の州が最も多いという結果となっている (表4-1参照) [1]。大学発ベンチャーを設立した大学研究者は，研究者

---

[1] アンケート票調査は，アメリカの大学，政府機関，民間インキュベータ等のWEB公開情報，電話等による問い合わせをもとに，大学発ベンチャーと思われるベンチャー企業916社を抽出．この916社に対して，郵送で，2006年10月に送付し，2007年1月まで

表 4-1　アメリカの大学発ベンチャーのビジネス活動の拠点

	本社所在市	本社所在州	本社所在州外	外国
研究開発	4.39 (1.26)	1.25 (1.26)	0.83 (0.98)	2.85 (2.26)
資金調達	2.75 (2.05)	2.28 (1.74)	1.07 (1.24)	2.60 (2.03)
顧客獲得	1.87 (1.68)	2.64 (1.81)	1.58 (1.34)	1.92 (1.64)

(注) 数値は，選択肢として，(1) 0%，(2) 0-19%，(3) 20-50%，(4) 51-70%，(5) 70%以上の5段階とした平均値。
　　また，( ) 内の数値は標準偏差．対象企業数は，56。
(出所) 桐畑 (2010) より引用。

として関与し続けるために，自らの研究室を使って，追加的な研究を行うことが多い等の理由があろう (Brett Gibson and Smilor ed., 1991; Robert, 1991)。当然ながら，物理的に近い方が追加的な応用研究を行いやすい。大学発ベンチャーは，大学との間で，技術面での深い関係を有するがゆえに，地域に根差す起業といえ，こうした特質を有する大学発ベンチャーは，ビジネス拠点選択に経済合理性を中心に臨む既存企業と比較して，長期的な地域の有力プレーヤーとなりうるのである。

　第二に，有望な大学発ベンチャーの存在が，大学発ベンチャー育成，成長の寄与するインフラを，地域に呼び寄せる機能がある。Audretsch and Stephan (1996) は，バイオテクノロジー産業における研究者と企業との地理的な関係についての研究を行い，大学発ベンチャーは，基盤となる技術の研究者の所属する大学が位置する地域において，応用研究を行うため，大学発ベンチャーを中心としたクラスターを形成する傾向がある。特に，スター研究者は，ハイテクスタートアップスに加えて，ベンチャーキャピタリスト等も，大学の近くに呼び寄せることにつながり，大学を中心とする大学発ベンチャー創出に寄与するインフラの構築を促すと指摘する (Audretsch and Stephan, 1996)。

　に117社の回答を得た (回答率12%)。設立後10年以内，法的に保護された大学の知的財産権としての特許をベースとした事業，また，法的には保護されていないものの大学の研究成果としての「技術」「ノウハウ」をベースとした事業，共同研究等の機会を通じて大学の「技術」「ノウハウ」を導入した，と回答した未上場企業56社を大学発ベンチャーと理解し，分析の対象としている。(桐畑，2010)

このように，大学発ベンチャーは，大学との近接性ニーズが高いことから，長期的な地域経済活性化の主要プレーヤーとなりうる。また，有望な大学発ベンチャーの創出は，その存在が，大学発ベンチャー及びハイテクスタートアップスに不可欠なインフラ構築，ひいては，クラスター形成に寄与するのである。

3.2 地域が大学発ベンチャーに与える影響

大学発ベンチャーの視点からみた場合，地域は，どのような機能を果たすのであろうか。先行研究によると，大学発ベンチャーの育成にとって，地域は，大学発ベンチャーの外部資源として，その成長，発展の礎となるとされる。以下では，関係ネットワーク資産，起業環境に関する先行研究を概観し，大学発ベンチャー育成における地域の機能について述べる。

3.2.1 関係ネットワーク資産

Dyer and Singh (1998) は，競争優位の源泉についての研究アプローチとして，産業構造アプローチと，資源ベースアプローチという2つのアプローチを挙げて，それぞれの有用性を評価した上で，これら2つのアプローチだけでは，不十分であると述べる。Dyer and Singh (1998) によると，産業構造アプローチとは，Porter (1980) により指摘されたアプローチで，自社が所属する業界の魅力度，自社の業界内での競争的地位が，企業の潜在的な収益性を決定するとして，競争業者，売り手，買い手，新規参入業者，代替品という5つの競争要因モデルを提唱した。

一方，資源ベースアプローチの嚆矢は，Penrose (1959) に遡ることができる。Penrose (1959) によると，企業は，利用される資源のプールおよび束であり，企業の成長は企業内部の未利用の経営的サービスの利用の結果として生じる。この資源の束は，企業固有の条件によって形成されるものであることから，各企業で異なるものであり (Penrose, 1959)，こうした企業の資源の束の異質性が，企業の業績を左右するとされるとの視点である (Barney, 1991, 2002; Rumelt, 1991)。Barney (1991) は，「持続的競争優位の資源は，価値があり，希少であり，

模倣が難しく，代替不可能な企業資源である」(Barney, 1991: 116) と述べ，企業の持続的競争優位の確立における資源ベースアプローチの有用性を指摘している。これに対して，Dyer and Singh (1998) は，企業の競争優位の理解においては，企業と4つの組織間競争優位の潜在的な資源，すなわち，(1) 関係スペシフィックな資産，(2) 知識共有ルーティン，(3) 補完的資源/能力，(4) 有効なガバナンス，が重要であると述べると共に，個々の企業の競争優位は，その企業の埋め込まれた関係ネットワークの競争優位としばしば関係があると指摘している。

ベンチャーにおける関係ネットワーク資産の意義について，Birley (1985) は，ネットワークとのインタラクションは，ニュービジネスにおける適切な情報収集，外部のサポート及びサービスの発見，社内で獲得不可能な外部資源へのアクセス，ビジネスアドバイスの獲得において必要不可欠であるニュービジネスの成長を促進すると指摘する。この他，ベンチャーにおけるネットワークの有効性については，起業機会等の情報獲得 (Burt, 1992)，長期の人間関係構築 (Gulati, 1995)，構成員によるポジティブな姿勢 (Podolny, 1994; Stuart et al., 1999)，日和見的な行動の低減 (例えば，Marsden, 1981; Granovetter, 1985) 機能が指摘される。

3.2.2 起業環境

「地域経済発展においてシリコンバレーより成功し，有名な事例をイメージすることは難しい」(Cohen and Fields, 1999: 108) と指摘されるように，大学発ベンチャー，ハイテクスタートアップス等，新規設立企業に適した起業環境として，アメリカ，シリコンバレーが指摘される。アメリカでは，ベンチャーの創業と集積を通じたハイテク産業の創出によるシリコンバレーの成長を，全米に普及させることを目的としたCloning Silicon Valley 政策が，アメリカ全土で実施される等 (西澤, 2005)，シリコンバレーの起業家を取り巻く環境は，ベンチャー企業の創業，ハイテク産業創出の手本とされている。

Saxenian (1994) は，シリコンバレーとルート128との比較研究によって，

ルート128は少数の比較的独立性の高い集権的な企業が垂直統合を行っている自己完結型企業であるのに対して，シリコンバレーは，企業間のネットワークを中心に大学，業界団体等の地域組織を包含したネットワーク型の地域産業システムとなっており，地域全体が市場や技術の変化に適応できるシステムとなっていると指摘している。その上で，Saxenian（1994）は，地域産業分析フレームワークとして，「地域の組織や文化」「産業構造」「企業の内部構造」の3つの側面からなる概念を提示した。Saxenian（1994）によると，「地域の組織や文化」とは，「大学，業界団体，地方行政政府を初めとする官民の組織，趣味のサークルや専門職団体等多くの非公式グループ」（Saxenian, 1994: 7）である地域の組織及び，この組織によって，地域社会を団結させ労働市場や不確実性に対する態度に至るまで，あらゆるものを決定づける共通の習慣や慣習と述べている。また，「産業構造」とは「社会的分業がどの程度行われているのか，（中略）さらに特定の領域の顧客や供給業者や競争相手がどのような形でどの程度つながっているのか」（Saxenian, 1994: 7），また，「企業の内部構造」とは「縦または横の調整がどの程度行われるのか，権限は集中しているか分散しているか，企業内の責任の配分や仕事の専門化はどうなっているのか等」（Saxenian, 1994: 7）のことと述べた上で，「地域の組織や文化」「産業構造」「企業の内部構造」の3つの相互作用の重要性を指摘している。

　清成（1995）は，シリコンバレーの特徴について，「(1)企業家セクターが中心である，(2)社会的分業が深化し，専門企業のネットワークが地域に形成されている，(3)専門企業における技術進歩が地域内で波及しやすく，イノベーションが生ずる，(4)企業の競争と協調が活発であり，労働市場もオープンである，(5)エンジニアリング企業，リサーチ，ラボ，ベンチャーキャピタリスト，等等創業のためのインフラが整っている，(6)個別企業は自己完結的ではなく，外部の機能をフレキシブルに活用している」（清成，1995：9）と述べた上で，「シリコンバレーは，変化に対するクイックリスポンスを重視したプロダクト，イノベーションに適した地域産業システムを有している」（清成，1995：9）と指摘する。

Kenney and von Burg (2000) は，ベンチャーを取り巻く起業環境の内，ベンチャーの創造と成長を可能にするように進化したものを，制度的インフラとして，ベンチャー育成の重要な要因と指摘する。Kenney and von Burg (2000) は，新しい企業，産業を次々と創出する能力をシリコンバレーの特徴とし，こうしたメカニズムを解明するために，「第一の経済（Economy One）」「第二の経済（Economy Two）」という概念を提示した。「第一の経済は，民間企業であれば利益と成長を究極の目的とする既存組織」(Kenney and von Burg, 2000: 223) から成り立っており，既存企業や大学，研究機関等を指す。また，「第二の経済は，新企業の創造と成長を可能にするように進化した制度的インフラである」(Kenney and von Burg, 2000: 224) と述べ，ベンチャーキャピタリスト，会計士事務所，法律事務所，投資銀行等を例に，シリコンバレーのベンチャー成長における「第二の経済」の有用性を強調している。この内，シリコンバレーのベンチャーキャピタリストの機能について，Aoki (1999) は，コンピューター等ハイテクベンチャーを念頭にシリコンバレーのベンチャーキャピタリストとベンチャーとの情報及びガバナンス面での有効な連携は，革新的なイノベーションを生みやすく，急激な環境変化にも適応しやすいと指摘している。Aoki (1999) によると，シリコンバレーにおいては，ベンチャーキャピタリストが，より有望な形で事業を発展させるかを確認するためのトーナメントをベンチャー間で行わせることにより，ハイレベルの努力をベンチャーから引き出している。このトーナメントにあたって，ベンチャーキャピタリストは，地域のディファクトスタンダードの設定のために必要な情報をベンチャーに媒介する仲介者としての機能を果たしている。このベンチャーキャピタリストの媒介によって進化的な選択にさらされるベンチャー群は，革新的なイノベーションを生みやすく，急激な環境変化にも適応しやすいと論じている。シリコンバレーのハイテクスタートアップス等，ベンチャーを取り巻く外部環境における，Kenney and Von Burg (2000) の指摘する「第二の経済」の果たす機能の重要性に関する指摘は，その他にも多数ある（例えば，今井監修，1998；Lee Miller, Hanock and Rowen ed., 2000）。

大学発ベンチャーを念頭とし，その起業環境について論じた先行研究として，Smilor et al. (1990) がある。Smilor et al. (1990) は，アメリカ，テキサス大学オースティン校及びテキサス州オースティンの大学発ベンチャーを念頭に，テクノポリスの輪 (Technopolis Wheel) という概念を提示し，テクノポリス，すなわち技術志向の地域クラスターの形成には，「大学 (エンジニアリング，ビジネス，自然科学，リサーチセンター他)」「大企業 (フォーチュン 500 企業，販売，R&D 拠点，従業員)」「新企業 (ユニバーシティスピンオフ，大手企業スピンオフ他)」「連邦政府 (防衛関連支出，研究補助金)」「州政府 (各種プログラム，教育支援)」「地方自治体 (インフラ，他地域と競争しうる地方税，生活の質)」「支援グループ (コミュニティ，商工会議所，ビジネス)」の 7 つの要素が不可欠であると指摘している。

　Roberts and Malone (1996) は，アメリカにおける大学発ベンチャーが設立されるプロセスにおける大学の研究者としての「技術者」，外部から大学発ベンチャーの経営を担う創業期経営者としての「起業家」に加えて，「大学」「投資家」のあわせて 4 つの機能の重要性を指摘する。この内，「大学」について，Hsu and Bernstein (1997) は，教授，または，周囲のビジネスコミュニティにおけるアントレプレナーの存在は，大学発ベンチャー設立には決定的な要因であると述べ，大学におけるアントレプレナーシップへの取り組み，理解の重要性を指摘している。また，DiGregorio and Shane (2003) は，大学発ベンチャーを多く創出する大学は，大学の知名度が高く，特許ロイヤリティの配分比率が低く，民間からの研究費支援が多い，等の特徴を有し，大学発ベンチャー創出における，大学の影響力を示唆している。「投資家」について，Shane and Start (2002) は，大学ベンチャーによって調達された資金の累計額が増えれば増える程，当該大学発ベンチャーが株式上場を達成する確率が高まり，失敗する確率を低下させる。また，他企業による買収や株式公開等の成果が得られる確率が高まる一方，調達額が低ければ，倒産，廃業といった望まざる結果に結びつく確率が高くなると指摘し，大学発ベンチャーの成長における投資家の重要性を指摘している (Shane and Stuart, 2002)。この他，ハイテクスタートアップス，大学発ベンチャー等，新規設立企業の成長に寄与するインフラとして，弁護士，

法律事務所，弁理士，特許事務所，公認会計士，会計事務所等の有用性（例えば，Johnson, 2000; Atwell, 2000）が，先行研究において指摘される。

4 我が国の大学発ベンチャー育成による地域経済活性化諸施策

　前節では，大学発ベンチャーと地域の双方の視点から，大学発ベンチャーが地域に与える影響，逆に，地域が大学発ベンチャーに与える影響について，先行研究を概観した。本節では，大学発ベンチャー育成による地域経済活性化の諸施策について，我が国のこれまでの主要な取り組みと共に，現状と課題について見ていく。

4.1　大学発ベンチャー育成による地域経済活性化諸施策

　我が国では，1990年代後半以降の政府による大学発ベンチャー創出促進政策が次々と進められた（表4-2参照）。その大きな目的は，大学発ベンチャー育成により地域経済への正の影響を与えることにあった。

　経済産業省編（2006）によると，1998年には，大学等技術移転促進法が制定され，大学等による技術移転機関（TLO）の設置等が定められた。翌年の1999年には，中小企業技術革新制度（日本版SBIR）が創設されると共に，産業活力再生特別措置法が制定され，日本版バイ・ドール条項の承認と技術移転機関の特許料1/2軽減等が可能となった。さらに，2000年には，産業技術力強化法が策定され，承認，認定TLOの国立大学施設無償使用が許可された。また，国立大学教員による大学発ベンチャー，技術移転機関の役員等の兼業が許可された。続く，2001年には，当時の経済産業大臣の平沼赳夫氏が提唱した「平沼プラン」によって，大学発ベンチャー3年1,000社計画が発表されている。

　さらに，この「平沼プラン」発表と同じ，2001年には，経済産業省による産業クラスター計画，続く，2002年には，文部科学省による知的クラスター創成事業が開始された。経済産業省の産業クラスター計画は，「経営者や技術者，

表 4-2　我が国の大学発ベンチャー育成施策

1998 年
・「大学等技術移転促進法」(TLO 法) 策定
　→【措置内容】TLO (技術移転機関) の整備促進
・「研究交流促進法」改正→【措置内容】産学共同研究に係る国有地の廉価使用許可
1999 年
・『中小企業技術革新制度』(日本版 SBIR) の創設
・「産業活力再生特別措置法」策定→【措置内容】日本版バイ・ドール条項・承認 TLO の
　　　　　　　　　　　　　　　　　　　特許料 1/2 軽減
・日本技術者教育認定機構 (JABEE) 設立
2000 年
・「産業技術力強化法」策定→【措置内容】承認・認定 TLO の国立大学施設無償使用許可
　　　　　　　　　　　　　　　　　　　国立大学教員の大学発ベンチャー・TLO の役
　　　　　　　　　　　　　　　　　　　員等の兼業許可
2001 年
・『平沼プラン』で「大学発ベンチャー 3 年 1,000 社計画」発表
2002 年
・「蔵管一号」改正→【措置内容】大学発ベンチャーの国立大学施設使用許可
・TLO 法告示改正→【措置内容】承認 TLO の創業支援事業円滑化
2003 年
・「学校教育法」改正→【措置内容】専門職大学院制度創設, 学部・学科設置の柔軟化
　　　　　　　　　　　　　　　　アクレディテーション制度導入 (2004 年度から)
・「特別共同試験研究費の総額に係わる税額控除制度」創設
　→【措置内容】産学官連携の共同・委託研究について高い税額控除率 (15%) を設定
2004 年
・「国立大学法人法」施行→【措置内容】教職員身分：「非公務員型」, 承認 TLO への出資
・「特許法等の一部改正法」施行→【措置内容】大学, TLO に係る特許関連料金の見直し
2005 年
・2004 年度末時点で「大学発ベンチャー 1,000 社計画」達成 (1,112 社が創出)

(出所) 経済産業省編 (2006) より引用。

研究者, 資金提供者といった様々なメンバーが人的ネットワークを形成し, その人的ネットワークの中でメンバーが相互に競争, 協調することによって, 各地域に競争力のある産業クラスターが創出されることをめざすもの」であり, 「これらの産業クラスターが苗床となって, 中堅, 中小企業の新事業展開が促進され, また, 大学発ベンチャーが生み出されることが期待される」(経済産業省編, 2004) とされる。一方, 文部科学省が推進する知的クラスター創成事業は,

「地方自治体の主体性を重視し，知的創造の拠点たる大学，公的研究機関等を核とした，関連研究機関，研究開発型企業等による国際的な競争力のある技術革新のための集積（知的クラスター）の創成をめざす（文部科学省編，2002a）」もので，「研究機関等の「知恵」を核とする「人」の集積から始まり，ベンチャー設立等が起爆剤となり，地元企業の活性化，R＆D型企業等の立地が始まり，クラスターとして成長する（文部科学省編，2002b）」とされる。

　いずれも，大学発ベンチャーやR＆D型企業といった表現で，ハイテクスタートアップス育成を主要目的とする共通点を有するが，経済産業省の産業クラスター計画と，文部科学省の知的クラスター創成事業の相違点について，文部科学省では「知的クラスターは，地域の大学等の地域的特色のある研究成果と研究人材の存在を基礎としている点において，企業の集積から成る産業クラスターと一線を画している（文部科学省編，2002c）」としている。経済産業省の産業クラスター計画は，どちらかというと，民間企業に主眼，文部科学省の知的クラスターは，大学に主眼を置いたプロジェクトと言える。

　こうした我が国の大学発ベンチャー育成による地域経済活性化諸施策は，アメリカの施策を踏襲したものである。経済産業省編（2006）が，アメリカの技術移転関連施策の主要なものをまとめたものが，表4-3である。アメリカでは，1980年代から，既に大学発ベンチャーが設立され，1990年代後半の時点で，数多くの世界的な企業にまで成長した大学発ベンチャーが存在したことは，既に述べたが，これは，アメリカ政府による大学発ベンチャー育成，地域経済活性化諸施策の後押しが寄与している。

　アメリカでは，1980年に，スティーブンソン，ワイドラー技術革新法及びバイ，ドール法，1982年には，中小企業技術革新法，1986年には，技術移転法と，1980年代前半から，技術移転進施策が進められた。バイ，ドール法の成立以降，大学等の研究者がより創業しやすくなった（例えば，Stevens, Tonoguzzo and Bostrom ed., 2005）ことや，大学発ベンチャーを含む中小企業への支援等が，推進された。

　経済産業省による産業クラスター計画，文部科学省による知的クラスター創

表 4-3 アメリカの主要な技術移転関連施策

技術政策	概要	意義	効果
スティーブンソン・ワイドラー技術革新法（1980年）	技術移転を連邦政府の任務と定め、政府研究機関が成果の移転を促進する窓口を設置すること等義務化。	政府研究機関における成果の移転を促進する初めての法律。	連邦研究所に技術移転の窓口が整備され、技術移転が活発化。
バイ・ドール法（1980年）	政府の資金による研究開発成果について、研究開発主体である大学、研究機関、企業に知的財産権を付与。	連邦資金により実施された研究の成果の事業化を抜本的に促進。	特に、大学における研究活動が活性化。
中小企業技術革新法（1982年）	研究開発予算の一定割合を中小企業に優先的に配分する制度（SBIR制度）を創設。	中小企業に対して、研究開発資金を安定的に投入することにより、新産業・雇用の創出を促進。	中小・ベンチャー企業の研究活動が活発化。
商標明確化法（改正バイ・ドール法）（1984年）	バイ・ドール法で制限されていた大企業への独占実施権の制約を撤廃し、大企業へ独占実施権設定を可能とした。	連邦資金により実施された研究の成果の事業化を大企業まで拡大。	大企業と大学、非営利研究機関との研究活動が活発化。
技術移転法（1986年）	政府研究機関（政府管理型：GOGO）に対して、共同研究の契約を自由に結び、共同研究者に独占的にライセンスを許諾する権利を付与等。	国研と民間セクターによる新しい官民共同研究制度（CRADAs）を発足。	官民共同研究開発が急速に進展。
国家競争力技術移転法（1989年）	連邦研究所（契約者管理型：GOCO）におけるCRADA、知的財産権の取扱いをGOGOと同様にした。	CRADA を GOCO へ拡大。	官民共同研究開発の一層の発展。
国家技術移転振興法（1995年）	スティーブンソン・ワイドラー技術革新法を改正し、CRADAにより生まれた成果を契約企業が用途限定の独占実施が可能となった。	CRADA の成果が利用しにくいとの批判に応えて、独占実施を許可。	連邦研究所とのCRADA 契約が促進。

（出所）経済産業省編（2006）より引用。

成事業については，Cloning Silicon Valley と呼ばれるアメリカのハイテク産業育成をめざしたクラスター政策が，影響を与えている。アメリカでは，ベンチャー企業の創業と集積を通じたハイテク産業の創出によるシリコンバレーの成長を，全米に普及させることを目的とした Cloning Silicon Valley 政策が，1980年代初頭から実施されたという（西澤，2005）。こうした政策によって，アメリカでは，シリコンバレーとボストンのルート128以外の多くの都市で，ハイテク産業の集積がみられる。テキサス，オースティン，サンディエゴ，マディソン等は，その成功事例であり，アメリカ経済は，ベンチャー企業の創業，集積を通じたハイテク産業の地域拡大によって，産業構造と雇用構造を変え，産業競争力の回復と経済再生を実現したとされる（西澤，2005）。

4.2　行き詰まる大学発ベンチャー育成による地域経済活性化諸施策

これまで述べたような政策的な後押しもあり，1990年代後半以降，急速に設立数を増加させた我が国の大学発ベンチャーだが，2000年代後半から，大学発ベンチャーの新規設立の減少と倒産，廃業数の増加が進んでいる他，株式公開を果たす大学発ベンチャーの頭打ち傾向，さらには，株式公開を果たした企業においても，その後の成長が鈍化している。

大学発ベンチャーの設立数については，累積数1800社を超え，その数自体は，僅か十数年で大幅に増加したものの，年別の新規の大学発ベンチャー創出数は，2004年度をピークに年々減少傾向にある。さらに，廃業数は，増加傾向にある。また，株式公開を果たす大学発ベンチャーの頭打ち傾向もみられる。我が国では，経済産業省編（2005）の定義をベースにしたもので，20社を超える大学発ベンチャーが，株式公開を果たしている。また，累積ベースでも，述べたように，1800以上の大学発ベンチャーが誕生するなど，その底辺は，広がりを見せている。しかしながら，株式公開を果たした大学発ベンチャーは，2006年の4社を最高に，2007年，2008年は，2社ずつにとどまるなど，母数となる累積設立企業数が増加する中で，上場を果たす大学発ベンチャー数は，増加していない。

さらに、株式公開を果たした企業においても、株式公開後、壁に直面している。株式公開を果たした我が国の大学発ベンチャーにおける時価総額は、高い会社で、数百億、低い会社で数億円となっている。また、株式公開直後の時価総額よりも、時価総額が減少している大学発ベンチャーも多い。一千億ドルを軽く超える時価総額を誇るグーグルと比べるべくもないが、大学発ベンチャーから世界企業へとの急成長を遂げた多くのアメリカの大学発ベンチャーと比較すると、まだまだ、発展途上と言える。こうした大学発ベンチャーの現状は、当然、地域経済への波及効果も限られていることを示唆している。

5 おわりに
―大学発ベンチャー育成による地域経済活性化の方向性―

　我が国における大学発ベンチャー育成による地域経済活性化の諸政策は、なぜ行き詰まり状況に陥っているのであろうか。

　Kirihata (2010) は、日英米の3か国の大学発ベンチャーに対するアンケート調査をもとに、我が国の大学発ベンチャーは、事業計画策定にあたって外部資源から助言を受入れていない割合がイギリスの2倍以上に上る、経営人材獲得において個人的ネットワークが中心となっている、資金調達において自己資本、公的補助が中心となっている、大学への依存が高いこと等を明らかにした上で、我が国の大学発ベンチャーは、英米と比較して、個人的ネットワーク、自己資本への高い依存等、外部資源の活用が十分ではない。また、大学への依存が高く、他の外部資源との連携が十分ではないと指摘している。

　大学発ベンチャー経営の視点から見た場合、事業計画の作成にあたって、外部からの助言に消極的である、経営人材の獲得は、社長及び経営幹部の個人的ネットワークに大きく依存している、資金調達でも、自己資金、或いは、公的資金への依存が高いという状況は、我が国の大学発ベンチャーが、行き詰まりを見せているという事実からも、早急に対策が必要な経営上の課題と言えよ

う。一方，地域の視点で見た場合，大学発ベンチャーの育成に資する外部資源としては，Kirihata（2010）の指摘を見る限り，大学を除き，大学発ベンチャー，ハイテクスタートアップスの起業環境インフラは，それほど整備されていない状況が伺える。

　大学発ベンチャー育成，さらには，大学発ベンチャー育成による地域経済活性化との論点は，学術面でも，実務面でも，解明すべき，又，取り組むべき課題は数多い。行き詰まりを見せる現状だからこそ，より長期的な視点での取り組みが必要となろう。

引用文献

Aoki, M. (1999) "Information and governance in the Silicon Valley Model," *RIETI Discussion Paper*, RIETI.

Atwell, J. D. (2000) "Guiding the innovators why accountants are valued," in Lee, C. M., W. F. Miller, M. G. Hanock and H. S. Rowen ed., *The Silicon Valley Edge: A Habitat for Innovation and Entrepreneurship*, Stanford, Calif.: Stanford University Press: 355–369.

Audretsch, D. B. and P. E. Stephan (1996) "Company-scientist locational links: the case of biotechnology," *The American Economic Review*, Vol. 86, No. 3: 641–652.

Barney, J. B. (1991) "Firm resources and sustained competitive advantage," *Journal of Management*, Vol. 17, No. 1: 99–120.

―――― (2002) *Gaining and sustaining competitive advantage, 2nd ed.*, Upper Saddle River, N. J.: Prentice Hall.

Baum, J. A. C. and B. S. Silverman (2004) "Picking winners or building them? Alliance, intellectual and human capital as selection criteria in venture financing and performance of biotechnology startups," *Journal of Business Venturing*, Vol. 19, No. 3: 411–436.

Birley, S. (1985) "The role of networks in the entrepreneurial process," *Journal of Business Venturing*, Vol. 1: 107–117.

Blair, D. M. and D. M. W. N. Hitchens (1998) *Campus companies - UK and Ireland*, Ashgate publishing Company.

Brett, A., D. Gibson and R. Smilor ed. (1991) *University spin-off companies*, Rowman and Littlefield Publishers.

Burt, R. S. (1992) *Structural holes: the social structure of competition*, Boston, MA: Harvard University Press.

Charles, D. and C. Conway (2001) *Higher education-business interaction survey*, Centre for

Urban and Regional Development Studies, University of Newcastle upon Tyne.

Christensen, C. M. (1997) *The innovator's dilemma: when new technologies cause great firms to fail*, Boston, Mass.: Harvard Business School Press.

Cohen, S. S. and G. Fields (2000) "Social capital and capital gains: an examination of social capital in Silicon Valley," in Kenney Martin ed. *Understanding Silicon Valley: the Anatomy of an Entrepreneurial Region*, Stanford, Calif.: Stanford University Press: 218-240.

DiGregorio, D. and S. Shane (2003) "Why do some universities generate more start-ups than others?", *Research Policy*, Vol. 32: 209-227.

Djokovic, D. and V. Souitaris (2006) "Spinouts from academic institutions: a literature review with sggestions for further research," *Journal of Technology Transfer*, Vol. 33, No. 3: 225-247.

Dyer, J. H. and H. Singh (1998) "The relational view: cooperative strategy and sources of interorganizational competitive advantage," *Academy of Management Review*, Vol. 23, No. 4: 660-679.

Granovetter, M. (1985) "Economic action and social structure: the problem of embeddedness," *American Journal of Sociology*, Vol. 91: 481-510.

Hsu, D. and T. Bernstein (1997) "Managing the university technology licensing process: findings from case studies," *Journal of the Association of University Technology Managers*, Vol. 9: 1-33.

Jensen, R. and M. Thursby (2001) "Proofs and prototypes for sale: the licensing of university inventions," *The American Economic Review*, Vol. 91, No. 1: 240-259.

Kenney, M. and U. von Burg (2000) "Institutions and economics: creating Silicon Valley," in Kenney Martin ed. *Understanding Silicon Valley: the Anatomy of an Entrepreneurial Region*, Stanford, Calif.: Stanford University Press: 218-240.

Kirihata, T. (2010) "Current situations and issues in the management of Japanese university spinoffs," *Working Paper*, Vol. 114, Graduate School of Economics, Kyoto University.

Johnson, G. W. (2000) "Advising the new economy: The role of lawyers," in Lee, C. M., W. F. Miller, M. G. Hanock and H. S. Rowen ed., *The Silicon Valley Edge: A Habitat for Innovation and Entrepreneurship*, Stanford, Calif.: Stanford University Press: 325-341.

Lee, C. M., W. F. Miller, M. G. Hanock and H. S. Rowen ed. (2000) *The Silicon Valley Edge: A Habitat for Innovation and Entrepreneurship*, Stanford, Calif.: Stanford University Press.

Marsden, P. (1981) "Introducing influence processes into a system of collective decisions," *The American Journal of Sociology*, Vol. 86, No. 6: 1203-1235.

Nelson, R. R. (1991) "Why do firms differ and how does it matter?", *Strategic Management Journal*, Vol. 12: 61-74.

Nicolaou, N. and S. Birley (2003) "Academic networks in a trichotomous categorization of

university spinouts," *Journal of Business Venturing*, Vol. 18: 333-359.
Penrose, E. (1959) *The theory of the growth of the firm*, Oxford University Press.
Podolny, J. M. (1994) "Market uncertainty and the social character of economic exchange," *Administrative Science Quarterly*, Vol. 39: 458-483.
Porter, M. E. (1980) *Competitive srategy: techniques for analyzing industries and competitors*, New York: N. Y., The Free Press.
Roberts, E. (1991) *Entrepreneurs in high technology*, New York, Oxford University Press.
Rumelt, R. P. (1991) "How much does industry matter?", *Strategic Management Journal*, Vol. 12, No. 3: 167-185.
Saxenian, A. L. (1994) *Regional advantage: culture and competition in Silicon Valley and Route 128*, Boston, Mass.: Harvard University Press（大前研一訳『現代の二都物語』講談社、1995 年）.
Shane, S. (2004) *Academic entrepreneurship: university spinoffs and wealth creation*, Cheltenham, Glos, U. K: Edward Elgar Publishing（金井一頼・渡辺孝監訳『大学発ベンチャー』中央経済社、2005 年）.
Shane, S. and T. Stuart (2002) "Organizational endowments and the performance of university start-ups," *Management Science*, Vol. 48, No. 1: 154-170.
Smiler, R., S., D. Gibson and G. Dietrich (1990) "University spin-out companies: technology start-ups from UT-Austin," *Journal of Business Venturing*, Vol. 5, No. 1: 63-76.
Steffensen, M., E. Rogers and K. Speakman (2000) "Spin-offs from research centers at a research university," *Journal of Business Venturing*, Vol. 15: 93-111.
Stevens, A. J., F. Toneguzzo and D. Bostrom ed. (2005) *AUTM U. S. Licensing Survey: FY 2004*.
Tieckelmann, R., R. Kordal and D. Bostrom ed. (2008) *AUTM U. S. Licensing Survey FY 2007*.
Wright, M., B. Clarysse, P. Mustar and A. Lockett (2007) *Academic entrepreneurship in Europe*, Edward Elgar.
今井賢一監修（1998）『ベンチャーズインフラ』NTT 出版。
株式会社価値総合研究所編（2007）「平成 18 年度　大学発ベンチャーに関する基礎調査報告書」。
桐畑哲也（2010）『日本の大学発ベンチャー――転換点を迎えた産官学のイノベーション――』京都大学学術出版会。
清成忠男（1995）「地域と企業間組織：工業集積を中心に」『組織科学』，第 29 巻第 2 号，組織学会。
経済産業省編（2005）『大学発ベンチャーに関する基礎調査報告書』。
―――（2006）『産学連携推進小委員会　参考資料』。
近藤正幸（2002）『大学発ベンチャーの育成戦略』中央経済社。

新藤晴臣（2005）「大学発ベンチャーにおける起業家活動」『企業家研究』第 2 巻：49-58。
筑波大学産学先端学際領域研究センター編（2001）「大学等発ベンチャーの現状と課題に関する調査研究」。
特許庁編（2002）「ナノテクノロジーの応用に関する特許出願技術動向調査」。
西澤昭夫（2005）「Cloning Silicon Valley 政策と大学発ベンチャー企業支援」西澤昭夫・福嶋路編著『大学発ベンチャー企業とクラスター戦略』学文社：12-37。
文部科学省編（2002a）『知的クラスター創成事業について』。
―――（2002b）『知的クラスター創成事業の具体的推進方策について』。
―――（2002c）『知的クラスター創成事業の具体的推進方策について　参考資料』。
山田仁一郎（2006）「不確実性対処としての企業家チームの正当化活動」『JAPAN VENTURES REVIEW』第 8 巻：23-32。

第II部

福井県企業の経営革新

第5章
福井県企業の経営革新の全体像
── アンケート調査結果 ──

境　宏恵・加賀美太記・足立　洋

1　経営革新と事業成果 ── 分析の視角 ──

　地域中小企業における経営革新と事業成果の間にはどのような関係があるのだろうか。この点を検討するため，第Ⅱ部では，福井県企業の実態に関する定量的・定性的な調査の結果を考察する。そして，その足掛かりとして本章では，筆者らが2010年に福井県企業を対象として行ったアンケート調査の結果に基づき，経営革新と事業成果，ひいては成長との間の相関関係を検討する。

　福井県における近年の産業動向については，福井県立大学地域経済研究所の調査報告などによって示されてきた。福井県の経済力は，商業，製造業を問わず各種の社会指標面において全国比0.6％となるケースが多いことから，「0.6％経済」という言葉で表現されることが多い（南保，2005: 5）。しかし，こうした福井県経済の現状は，以下のようにも説明されている（南保，2006: 5）。

　　（近年の福井県経済は；引用者）国際的な構造変化とそれに伴う競争力低下が相俟って，現在，厳しい環境にさらされている。例えば，福井県を代表する繊維業界では，衣料分野で原糸メーカー主導の国際展開が進んだ結果，現在，東アジ

ア諸国の追い上げと内需不振のなかでその生産規模を縮小させている。また，眼鏡業界でも産地企業の海外シフト進展による結果現象として，大勢を占める小規模零細企業を中心に，2000年以降，海外製品の流入に悩まされている。……何よりもまずこうした地域を支える産業の高度化を図ることが重要である。

それでは，この「産業の高度化」を実現し，かつそれを事業成果に結びつける上で，福井県企業においてはどのような方策がとられているのであろうか。こうした問題意識から，本章のアンケート調査の分析では，福井県企業においてどのような経営革新が行われ，それが事業成果とどの程度相関しているのかを中心に考察を行いたい。

2　調査概要および回答企業概要

2.1　調査概要

　本章で分析を行うアンケート調査「福井県企業の持続的発展のための基礎調査」は，福井県立大学地域経済研究所主催・福井県産業労働部共催で2010年に実施された。調査は経営者を対象とした「経営者編」（2～4月に実施）と「従業員編」（3～5月に実施）とから構成される。このうち本章では，「経営者編」に対する回答の分析結果を論じることとし，以下では同調査を「経営者編」と略記する。

　調査票の質問内容は，現在どのような経営環境に置かれ，また経営にどのようなサポートを必要としているのかに関するものを主としている。調査票は，福井県立大学地域経済研究所が保有するリストに掲載の県内企業515社の経営者を対象に2010年2月26日に送付され，同年4月20日に回収が締め切られた。総回答数は143社，合計回収率は27.8％であった。

2.2 回答企業概要

本項では，前述の「経営者編」調査票回答企業の動向について，回答の単純集計データに基づいて概要を示す。本項で示す調査項目は，本文中で断りがない限り択一式回答項目であるが，複数回答を行った回答企業も存在している。そのような企業が回答数全体に占める割合は比較的小さいことから，それら企業の数については各集計表の中で別途項目を設けて集計している。

2.2.1 企業規模

「経営者編」の回答企業143社の企業規模の分布は，表5-1のとおりである。「1億～10億円未満」「10億～100億円未満」がともに37.7％と最も多い一方で，「1,000億円以上」と回答した企業は1社のみであり，回答企業の大半が中小・中堅規模であることがうかがえる。

2.2.2 業種

「経営者編」の回答企業143社の業種を整理したものが表5-2である。「繊維」が18.1％と最も多く，次いで「その他」13.0％，「食料品」7.2％，「一般機械」5.8％，「鉄鋼」5.1％，「窯業・土石」4.3％，「プラスチック」「金属」「電気機械器具」「建築」「工事請負」「複数回答」は3.6％，「精密機械」「建造物メンテナンス」は2.9％，「衣服製造業」「非鉄金属」は2.2％，「出版・印刷」「化学」「石油・石炭」は1.4％，「木材」「輸送用機械」が0.7％となっており，回答企業の大半は製造業が占めている。

2.2.3 経営課題と対応策

福井県企業を取り巻く経営環境の厳しさは，今後2～3年の売上見通しに関する回答結果からも見て取れる。表5-3のように，「経営者編」の回答企業143社の中の有効回答の内訳を見ると，概ね4割超の企業が今後数年間の売上について「減る」との見通しを立てており，「増える」と回答した企業が1割強に留まっている点と対照的である。また，企業経営上の課題に関する質問項目

表 5-1　年間売上高

	回答数	パーセント
5,000万円未満	17	13.1
5,000万～1億円未満	5	3.8
1億～10億円未満	49	37.7
10億～100億円未満	49	37.7
100億～1,000億円未満	9	6.9
1,000億円以上	1	0.8
合計	130	100.0

表 5-3　今後2～3年の売上見通し

	回答数	パーセント
増える	18	12.9
変わらない	31	22.3
減る	59	42.4
分からない	31	22.3
合計	139	100.0

表 5-4　企業経営上の課題点

	回答数	パーセント
競争の激化	75	52.4
顧客の減少	90	62.9
値引き要請	34	23.8
仕入価格上昇	31	21.7
人件費・経費の増加	28	19.6
資金繰り悪化	21	14.7
人材不足	9	6.3
建物・設備の老朽化	15	10.5
後継者難	12	8.4
市場ニーズの変化	25	17.5
その他	3	2.1
無回答	6	4.2

表 5-2　業種

	回答数	パーセント
食料品	10	7.2
繊維	25	18.1
衣服製造業	3	2.2
木材	1	0.7
家具	4	2.9
出版・印刷	2	1.4
化学	2	1.4
石油・石炭	2	1.4
プラスチック	5	3.6
窯業・土石	6	4.3
鉄鋼	7	5.1
非鉄金属	3	2.2
金属	5	3.6
一般機械	8	5.8
電気機械器具	5	3.6
輸送用機械	1	0.7
精密機械	4	2.9
眼鏡	4	2.9
建築	5	3.6
工事請負	5	3.6
建造物メンテナンス	4	2.9
IT	4	2.9
その他	18	13.0
複数回答	5	3.6
合計	138	100.0

（3項目まで回答可）では，表5-4にあるように，「顧客の減少」という回答が最も多く，次いで「競争の激化」「値引き要請」「仕入価格上昇」「人件費・経費の増加」「市場ニーズの変化」という回答が多い。ここからも，少なくない割合の福井県企業が，取り巻く競争環境が厳しくなる中でその環境変化に十分に適応しきれていないことが推察される。

3　経営革新に関わる取り組みと企業の成長の関係

3.1　分析の視角

　前項では，筆者らによるアンケート調査の基本分析として，回答の単純集計を行った。その結果，福井県企業をとりまく経営環境は非常に厳しい一方で，その環境に必ずしも適応できていないケースが少なからず存在していることが推察された。

　とはいえ，その一方では，今後数年間売上の拡大を見通している企業も少数ながら存在している。それでは，競争環境の激化の中で着実に業績を伸ばしつつある企業では，何らかの経営革新活動が行われているのであろうか。行われているとすればどのような経営革新活動であろうか。この問題意識に基づき，以下では，経営革新活動の内容および企業の成長との関係について考察を進めていく。

　まず，何をもって企業の成長尺度とするかについては議論の分かれるところではあるが，以下では売上の増加あるいは利益の増加，あるいはその両方を満たしているか否かを基準として，3通りの企業分類を設けた。具体的には，「過去5年の決算動向」という質問について，「増収増益」「増収減益」「減収増益」の3つの回答を「成長」グループとしてまとめ，「減収減益」「横ばい」を「非成長」グループとしてまとめた。また，収益動向の影響も検討するため，「増収増益」「増収減益」を「増収」グループとし，それ以外を「非増収」グループとした。同様に「増収増益」「減収増益」をまとめ，「増益」グループと「非増益」グ

表 5-5 各企業分類におけるサンプルの分布状況

売上動向および収益性の動向による区分

	観測度数 N	期待度数 N	残差
非成長グループ	99	68.0	31.0
成長グループ	37	68.0	−31.0
合計	136		

df=1　χ二乗=28.265　$p<0.01$

売上動向による区分

	観測度数 N	期待度数 N	残差
非増収グループ	106	68.0	38.0
増収グループ	30	68.0	−38.0
合計	136		

df=1　χ二乗=42.471　$p<0.01$

収益性の動向による区分

	観測度数 N	期待度数 N	残差
非増益グループ	106	68.0	38.0
増益グループ	30	68.0	−38.0
合計	136		

df=1　χ二乗=42.471　$p<0.01$

ループを設定した。以上3つの分類を，企業の業績動向を把握する指標として採用した[1]。なお，1変量のχ二乗検定を行ったところ，「成長」「増収」「増益」グループが「非成長」「非増収」「非増益」と比較して有意に少ないことが確認された（表5-5）。

続いて，多数の調査項目が並列的に設定されていた質問について，企業経営活動と経営革新活動とが捉えられるよう，少数の項目へとまとめなおした。その上で，それらの項目について，業績動向における分類によってどのような違いが見出されるのかを，クロス集計とχ二乗検定によって検討した。以下では，この分析過程を詳しく見ていくこととしよう。

---

[1] なお，単純な決算動向に基づく分類である点には注意が必要である。訪問調査などから，筆者らが競争優位を持っていると判断した企業が，世界的な景気後退の波を受けて「減収減益」と回答しているケースも複数確認されている。

3.2 成長企業と経営革新活動

　筆者らが依拠した「経営者編」調査では，おもに福井県企業の経営活動および経営革新活動を知るために，経営概要，経営管理方式，資金調達，マーケティング，新規事業分野への進出動向，研究開発，人材確保・育成，海外展開といった領域，都合40項目についてたずねた。表5-6は質問項目の一覧である。

　40の質問項目の中で，2つのグループの間の回答に明確な差がみられたのは，次の項目であった。まず，「成長」と「非成長」グループでは，「機械・設備能力の状況」と「人材派遣社員の活用状況」の質問項目において差があることが確認された（表5-7）。「機械・設備能力の状況」では，「成長」グループでは80.6％が「適正」であると回答しているのに対して，「非成長」グループでは「適正」が59.5％に留まった。逆に「過剰」が24.3％となっており，「成長」グループの「過剰」3.2％を大きく上回っている。「人材派遣社員の活用状況」では，「成長」グループでは「活用している／活用する予定がある」が41.2％なのに対して，「非成長」グループでは17.9％に留まっている。

　「増収」と「非増収」グループの間では，「人材派遣社員の活用状況」「自社の弱み」「人材の育成・能力開発の取組み」の3つの質問について，回答に差がみられた（表5-8）。「人材派遣社員の活用状況」については，「増収」グループでは40.7％が「活用している／活用する予定がある」と回答しているのに対して，「非増収」グループでは19.8％と低くなっている。自社の弱点は何処にあると考えているのかを問うた「自社の弱み」の質問では，「増収」グループは「経営管理関係」が56.5％と半数を超えた。一方，「非増収」グループでは「経営管理関係」は27.8％と「増収」グループの約半分程度であった。「非増収」グループにおいて最も多かった回答は「販売・営業関係」で，回答に占める割合は54.4％であった（なお，「増収」グループは26.1％であった）。「人材の育成・能力開発の取組み」の質問では，「ある」との回答が「増収」グループで59.3％と半数を超えたが，「非増収」グループでは34％に留まった。

　「増益」と「非増益」グループについても，基本的には前2者同様の傾向が確認された（表5-9）。この分類軸では，「人材派遣社員の活用状況」と「人材の育

表 5-6 「経営者編」質問項目一覧

質問項目	χ二乗検定	Fisherの直接確率法	備考
生産形態	×	○	
機械・設備能力の状況	○	×	
業務外部委託（製造を除く人的資源の）活用状況	×	×	
人材派遣社員の活用状況	○	×	
過去5年間の決算動向	×	×	業績動向の確認指標として採用
今後の事業方針	×	×	
経営上の課題	×	×	複数回答項目
分野ごとの今後の力点（販売・営業先/販売・営業方法/技術・開発力/サービス・製品/人的能力/経営管理方式)	×	×	既存を重視するか，新規を重視するかの2択
自社の強み	×	×	
自社の弱み	○	×	
取引先が重視する要素	×	—	複数回答項目
系列関係の有無	×	×	
経営理念などの伝達方法	×	—	複数回答項目
在庫管理の方法	×	—	複数回答項目
品質管理の方法	×	—	複数回答項目
コスト管理の方法	×	—	複数回答項目
業績評価	×	—	複数回答項目
資金調達の目的	×	×	
主たる資金調達の方法	×	×	
資金調達の状況	○	○	
意思決定において重視する要素	×	—	複数回答項目
製品におけるセールスポイント	×	—	複数回答項目
重視するチャネル	×	—	複数回答項目
マーケティングに関わる課題	×	—	複数回答項目
新規の事業活動の実態	×	×	
新規事業の推進形態	×	×	
研究開発における助成制度の活用状況	×	×	
研究開発の経験	×	—	複数回答項目
工業所有権の位置づけ	×	×	
工業所有権の活用・取得に対する考え方	×	×	
人材の育成・能力開発への取組み	○	×	
新卒採用の状況	×	×	
取引先からの出向者の受け入れ状況	×	×	
海外進出の実績	×	×	
現在，積極的に取り組んでいる経営活動	×	—	複数回答項目

第5章　福井県企業の経営革新の全体像

表5-7　χ二乗検定結果において有意性の認められた回答項目
（「成長」グループと「非成長」グループに分類した場合）

機械・設備能力の状況

		適正	過少	過剰	合計
非成長グループ	度数 成長動向の%	44 59.5%	12 16.2%	18 24.3%	74 100.0%
成長グループ	度数 成長動向の%	25 80.6%	5 16.1%	1 3.2%	31 100.0%
合計	度数 成長動向の%	69 65.7%	17 16.2%	19 18.1%	105 100.0%

df=2　χ二乗=6.867　$P<0.05$

人材派遣社員の活用状況

		活用している/活用する予定がある	活用していない	合計
非成長グループ	度数 成長動向の%	15 17.9%	69 82.1%	84 100.0%
成長グループ	度数 成長動向の%	14 41.2%	20 58.8%	34 100.0%
合計	度数 成長動向の%	29 24.6%	89 75.4%	118 100.0%

df=1　χ二乗=7.100　$P<0.05$

成・能力開発の取組み」の2つの質問において、回答に差がみられた。「人材派遣社員の活用状況」についてみると、「増益」グループでは「活用している/活用する予定がある」という回答が40.7%だったのに対して、「非増益」グループは約半分の19.8%に留まった。「人材の育成・能力開発の取組み」については、「増益」グループでは過半数を超える59.3%が「ある」と回答している一方、「非増益」グループでは34%であった。

今回は探索的なアンケート調査であったこと、加えて回答社数が143社と比較的少なかったこともあり、有意水準は棄却域5%で有意にあったものの、複数セルにおいて期待度数において5未満の値しか持たない、あるいは最少期待度数が水準を満たさないために、χ二乗検定としては不正と判定された質問項目が複数存在した。そこで、これまで挙げたχ二乗検定において有意水

表 5-8　χ二乗検定結果において有意性の認められた回答項目
（「増収」グループと「非増収」グループに分類した場合）

人材派遣社員の活用状況

		活用している/活用する予定がある	活用していない	合計
非増収グループ	度数 成長動向の%	18 19.8%	73 80.2%	91 100.0%
増収グループ	度数 成長動向の%	11 40.7%	16 59.3%	27 100.0%
合計	度数 成長動向の%	29 24.6%	89 75.4%	118 100.0%

df=1　χ二乗=4.935　P<0.05

自社の弱み

		販売・営業関係	製品・技術関係	経営管理関係	合計
非増収グループ	度数 売上動向の%	43 54.4%	14 17.7%	22 27.8%	79 100.0%
増収グループ	度数 売上動向の%	6 26.1%	4 17.4%	13 56.5%	23 100.0%
合計	度数 売上動向の%	49 48.0%	18 17.6%	35 34.3%	102 100.0%

df=2　χ二乗=7.248　P<0.05

人材の育成・能力開発への取組み

		ある	取り組む予定がある	ない	合計
非増収グループ	度数 売上動向の%	32 34.0%	11 11.7%	51 54.3%	94 100.0%
増収グループ	度数 売上動向の%	16 59.3%	3 11.1%	8 29.6%	27 100.0%
合計	度数 売上動向の%	48 39.7%	14 11.6%	59 48.8%	121 100.0%

df=2　χ二乗=5.977　P<0.05

表5-9 χ二乗検定結果において有意性の認められた回答項目
（「増益」グループと「非増益」グループに分類した場合）

人材派遣社員の活用状況

		活用している/活用する予定がある	活用していない	合計
非増益グループ	度数 成長動向の%	18 19.8%	73 80.2%	91 100.0%
増益グループ	度数 成長動向の%	11 40.7%	16 59.3%	27 100.0%
合計	度数 成長動向の%	29 24.6%	89 75.4%	118 100.0%

df＝1　χ二乗＝4.935　P＜0.05

人材の育成・能力開発への取組み

		ある	取り組む予定がある	ない	合計
非増益グループ	度数 売上動向の%	32 34.0%	10 10.6%	52 55.3%	94 100.0%
増益グループ	度数 売上動向の%	16 59.3%	4 14.8%	7 25.9%	27 100.0%
合計	度数 売上動向の%	48 39.7%	14 11.6%	59 48.8%	121 100.0%

df＝2　χ二乗＝7.395　P＜0.05

準を満たした項目以外について，改めてFisherの直接確率法による検定を行った。この検定によって，棄却域5％水準で有意であることが確認された項目は，以下の4つである。

　まず「成長」グループと「非成長」グループの間では，新たに「資金調達の状況」において，両グループの回答に差があることが確認された（表5-10）。「成長」グループでは20.6％が「楽である」と回答しているのに対して，「非成長」グループでは7.5％でしかない。逆に，「非成長」グループでは「厳しい」との回答が19.4％と高くなっている一方，「成長」グループでは「厳しい」という回答は一社もなかった。

　「増益」グループと「非増益」グループの間で差が明確となったのは「生産形態」と「資金調達の状況」の2つであった（表5-11）。「生産形態」についての質

表 5-10　Fisher の直接確率法による検定で有意性の認められた項目
（「成長」グループと「非成長」グループに分類した場合）

資金調達の状況

		厳しい	厳しくなってきた	変わらない	楽になってきた	楽である	合計
非成長グループ	度数 成長動向の%	18 19.4%	27 29.0%	39 41.9%	2 2.2%	7 7.5%	93 100.0%
成長グループ	度数 成長動向の%	0 0.0%	8 23.5%	18 52.9%	1 2.9%	7 20.6%	34 100.0%
合計	度数 成長動向の%	18 14.2%	35 27.6%	57 44.9%	3 2.4%	14 11.0%	127 100.0%

df＝4　χ二乗＝11.445　P＜0.01

表 5-11　Fisher の直接確率法による検定で有意性の認められた項目
（「増益」グループと「非増益」グループに分類した場合）

生産形態

		見込生産	受注生産	混合形態	合計
非増益グループ	度数 収益動向の%	5 6.0%	53 63.9%	25 30.1%	83 100.0%
増益グループ	度数 収益動向の%	1 3.8%	10 38.5%	15 57.7%	26 100.0%
合計	度数 収益動向の%	6 5.5%	63 57.8%	40 36.7%	109 100.0%

df＝2　χ二乗＝6.481　P＜0.05

注）P値の算出はFisherの直接確率法による。

資金調達の状況

		厳しい	厳しくなってきた	変わらない	楽になってきた	楽である	合計
非増益グループ	度数 成長動向の%	18 19.4%	29 29.0%	42 42.0%	2 2.0%	9 9.0%	93 100.0%
増益グループ	度数 成長動向の%	0 0.0%	6 22.2%	15 55.6%	1 3.7%	5 18.5%	34 100.0%
合計	度数 成長動向の%	18 14.2%	35 27.6%	57 44.9%	3 2.4%	14 11.0%	127 100.0%

df＝4　χ二乗＝8.093　P＜0.05

注）P値の算出はFisherの直接確率法による。

問を見てみると，「非増益」グループでは「受注生産」が63.9%と最も多くなっているのに対して，「非増益」グループでは「混合生産」が57.7%と最も多くなっている。また「資金調達の状況」では，「増益」グループにおいて「楽である」との回答が18.5%だったのに対して，「非増益」グループでは9%となっている。「非増益」グループでは「厳しい」との回答が18%存在しているのに対して，「増益」グループでは「厳しい」との回答はなかった。

なお，本調査では複数回答を認める質問も多数存在している[2]。これらの質問項目についても複数回答として集計した上で，上記グループとのクロス集計とχ二乗検定を行った[3]。しかし，複数回答の質問項目については，差が有意である項目は確認できていない。

3.3 成長企業と企業規模

3-2項では，基本的に名義尺度による質的データの分析となっている。本調査で収集した量的データは少数であったが，おもに企業規模などに関わる要素について質問を設定している。これら量的データについても，質的データと同様に，2グループ間での差の検定を行った。本章の分析では，企業の業績動向を分類の基準としていることから，母集団における正規分布を想定するのは不適切であると判断し，特定の分布を想定しないノンパラメトリックス検定として，Mann-Whitney検定を行った。検定した質問項目は，「年間売上高」，「海外販売比率」，「研究開発比率」，「従業員数」の4項目である。結果，次の4つの質問項目については，2グループ間において有意な差があることが確認された。

「成長」と「非成長」の2グループ間では，「年間売上高」と「従業員数」において差があることが確認できた（いずれも$p<0.05$）。図5-1および図5-2は100%尺度の積み上げ帯グラフである。「成長」グループの方が，「年間売上高」

---

[2] 該当する質問項目については，表5-6を参照。
[3] 複数回答の質問項目についての検定は，IBM SPSS Custom Tables 20.0の多重回答グループの有意確率検定を用いた。

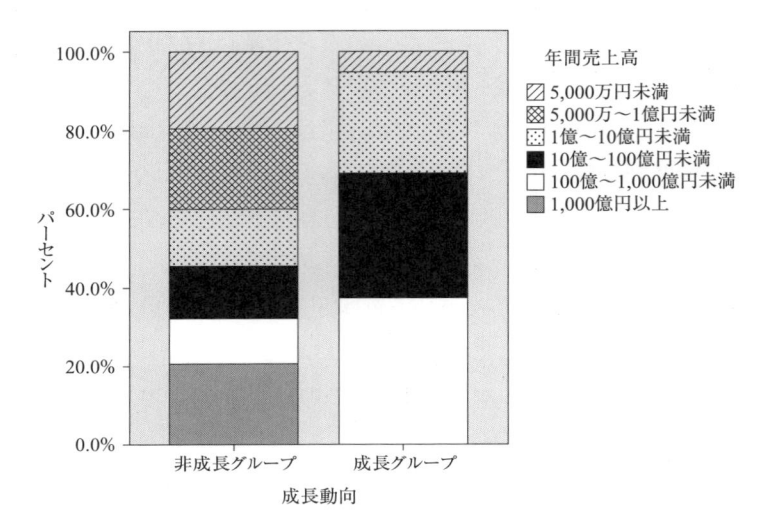

図 5-1 「成長」グループおよび「非成長」グループにおける年間売上高の分布

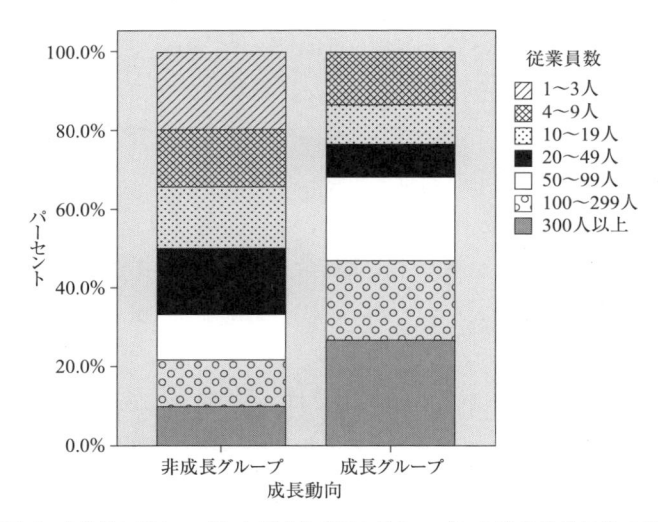

図 5-2 「成長」グループおよび「非成長」グループにおける従業員数の分布

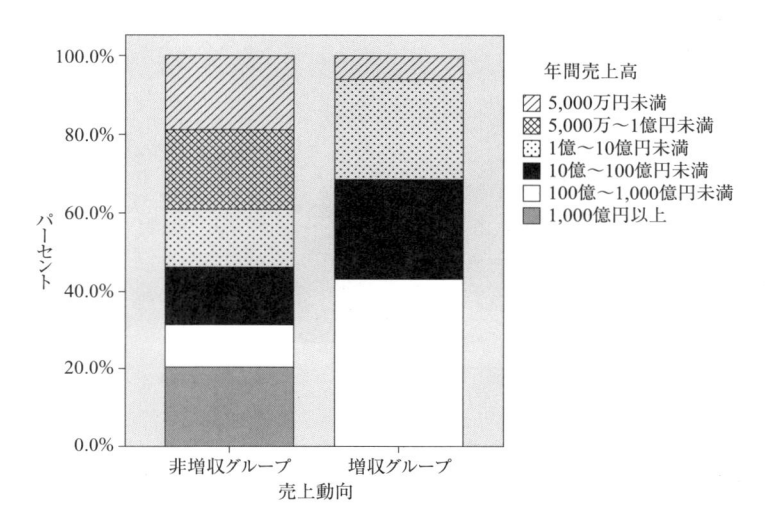

図5-3 「増収」グループおよび「非増収」グループにおける年間売上高の分布

が大きい企業が占める割合が多いことが確認できよう。「従業員数」においても「100～299人」と「300人以上」で「成長」グループの50％弱を占めており，「成長」グループは比較的規模が大きい企業が多いことが指摘できる（図5-2）。

「増収」グループと「非増収」グループとでは「年間売上高」が有意であった（p＜0.05）。図5-3にあるとおり，「成長/非成長」のグループ間と同様に，「増収」グループでは売上高の大きい企業が占める割合が大きくなっている。

「増益」グループと「非増益」グループとの間でも，「年間売上高」において有意な差があることが確認できた（p＜0.05）。図5-4が示すように，「増益」グループの方が「年間売上高」が大きい企業が多数を占めている。

3.4 小括

以上の調査結果を要約すると，以下のようになる。まずは複数のグループ分けにおいて有意となった項目について確認していこう。「成長」「増収」「増益」という3つの分類全てにおいて有意となった質問は「人材派遣社員の活用状況」であった。全ての分類において，業績動向が良好なグループで「活用し

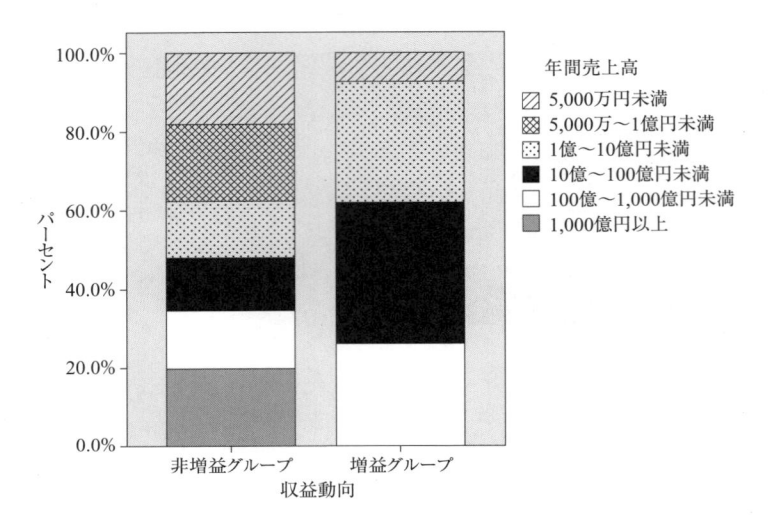

図5-4 「増益」グループおよび「非増益」グループにおける年間売上高の分布

ている / 活用する予定がある」という回答が有意に多くなっている。また，「年間売上高」も 3 つの分類全てにおいて有意な差が認められ，業績動向の良好なグループでは，企業規模が大きくなる傾向が確認された。

次いで 2 つの分類において有意となった質問は，次の 2 つの項目である。一つは「人材の育成・能力開発の取組み」である。この質問は「増収 / 非増収」と「増益 / 非増益」の分類において有意となった。ともに，業績動向が良好なグループの方が人材育成に積極的であることが確認できた。もう一つは，「成長 / 非成長」「増益 / 非増益」の分類で明確となった「資金調達の状況」である。こちらも業績動向が良好なグループでは，そうでないグループに比べて比較的資金調達の状況が明るいことが確認できた。

各分類において，それぞれ明確となった質問項目は以下のとおりである。第一に，「成長 / 非成長」の分類では，「機械・設備能力の状況」と「従業員数」の質問項目について，グループ間の回答の差が有意であることが認められた。「機械・設備能力の状況」では，「適正」であるとの回答が「成長」グループにおいて有意に多いという結果であった。同様に，「従業員数」も「成長」グループの

方が大きくなっている。第二に，「増収／非増収」の分類では，「自社の弱み」の把握において有意な差がみられた。「増収」グループは，自社の弱みを「経営管理関係」として把握する傾向にあった。第三に，「増益／非増益」の分類では，「生産形態」において「増益」グループでは「混合形態」が多いことが確認できた。

4　経営革新のもたらすもの

4.1　考察および結論

　以上の整理から，各種の経営活動と企業の成長について何が言えるのだろうか。ここでは，大きく分けて3つの点を指摘しよう。

　一つ目は，バリューチェーンの拡大によって競争優位を確保する必要があるという点である。業績動向が良好なグループ（「増益」グループ）では，生産形態として「受注生産」よりも「混合形態」が多くなっている。これは，業績動向が良好な企業，特に収益性の向上している企業は受注生産と見込生産の両立を追求していることを示唆していると考えられる。言い換えれば，これらの企業は受注生産を主とする委託加工など，いわゆる下請業からの脱却を図っていると考えられる。加えて，企業規模によって業績に顕著な差がみられるということも考慮に入れる必要がある。これは，企業規模を拡大することによって自社の担うバリューチェーン自体を拡大させることが成長に繋がっている可能性を示唆している。すなわち，M&Aなどによって企業規模を拡大し，差別化した製品あるいは自社ブランド製品を自ら販売するというようにバリューチェーンを広げることが，福井県の中小企業の成長においては必要になってくると考えられる。

　なお，その際に重要となるのは自社の弱みをバリューチェーンのある側面だけであると狭く捉えないことである。「自社の弱み」を「販売・営業関係」と把握している企業の割合は，業績動向が悪いグループにおいて高かった。その

一方，質問項目「自社の弱み」と質問項目「自社の強み」とのコレスポンデンス分析の結果によれば，「販売・営業先」に弱みがあると考えている企業は「製品・技術関係」に自社の強みがあると認識している傾向が強かった。このことは，自社の「製品・技術関係」は強いと考える企業では，強みを活かす「販売・営業関係」さえあれば経営改善に結びつくという理解がなされる傾向があるものと解釈することが可能である。しかし，業績動向が良好なグループが認識する「自社の弱み」は，「営業・販売関係」や「製品・技術関係」といった製品バリューチェーンの中の一側面よりも，むしろ「経営管理関係」として認識される傾向があった。これは「営業・販売関係」といった一側面に着目するだけでは不十分であり，後述のコスト意識や人的能力の活用といった，バリューチェーン全体を意識した俯瞰的な課題設定が必要であることを示唆しているのではないだろうか。

　二つ目は，コスト意識を高めることである。「機械・生産設備の状況」において業績動向が良好なグループは「適正」と答えているケースが多く，また「人材派遣社員の活用状況」についても積極的な傾向がみられた。これは単純に事業規模や設備投資を増やす，あるいは事業領域を拡大しているのではなく，自らの業績を把握し，それとの関係でコスト意識を持ち，数字を常に意識した経営活動を進めているからであると考えられる。

　三つ目は，人材の育成・能力開発に関する意識を強化する必要があるという点である。「増収」「増益」グループでは「人材の育成・能力開発の取組み」を進めているという回答が多くなっている。中小企業の成長の桎梏としてよく指摘される「ヒト」「モノ」「カネ」の3要素のうち，比較的手をつけやすい「ヒト」すなわち人材育成に積極的に取り組むことが，競争優位を発揮して，業績動向の向上に寄与していると指摘できよう。

4.2　本章の限界と今後の課題

　ここまで福井県企業の経営革新と成長についての関係性を検討してきたが，最後に，本章の限界と今後の課題について言及しよう。

まず，本章の限界に関して述べたい。本章の目的意識は，企業の経営革新活動と成長との関係性の検討にあった。分析の結果，複数の項目については，業績動向に基づく2グループ間で差があることが認められたが，その経営革新活動や経営活動の具体的実相が明らかになったわけではない。この点は，探索的なアンケート調査という今回の調査手法の限界であった。ただし，この経営革新の実態については，本書の6章以降において，個別企業中心とした事例研究にて検討が行われており，そちらも参照されたい。

　また，今後の課題として，以下の2点が挙げられる。第一は，企業の分類基準の問題である。本章では，将来数年間の売上高および利益に関する回答企業による定性的な予測に基づいて区分を行った。しかし，企業の成長力は必ずしもこの2指標のみで説明しきれるものではない。例えば，定量的な企業評価手法としては，過去の業績動向をより長期間にわたって見た上で，それらの成長率を定量的に算出し，その程度による分類を行う方法が考えられる。また，単に増収あるいは増益という基準のみを成長の証左とするだけではなく，保有する技術や事業の特性など非財務的な要素についてもより詳細な分析を行った上で環境変化への適応力を分析し，その数値に基づいて企業の分類を行うことも考えられる。特に今回の調査では，リーマンショックによる景気後退が各企業の売上高や収益性に大きく影響していることが考えられるため，その影響を考慮した上での分類に基づいて分析を洗練することも必要かもしれない。

　第二に，企業を取り巻く経営環境が今後も絶えず変化していくという意味では，経営革新活動と企業の成長力との関係に関する調査・分析は今後も継続的に行われる必要がある。より具体的には，本章の分析結果および後章における複数ケースの事例研究から得られた知見に基づいて，調査項目のさらなる洗練を行い，調査結果の実施・分析を行い続ける必要があろう。これらの点については，今後の検討課題として考察を続けていきたい。

引用文献

南保勝（2005）「福井県における経済・産業の現況」福井県立大学地域経済研究所編『福井

県企業の経営革新とアセスメント基準書活用についての調査研究』: 5-8。
――― (2006)「福井県経済・産業の現状とグローバル化」福井県立大学地域経済研究所編『福井県産業界におけるグローバル化の実態と今後の方向性に関する調査研究』: 5-24。

第6章
セーレンのフルバリューチェーン戦略

篠原巨司馬

1 はじめに(問題意識と研究目的)

　本章の目的は垂直統合によるバリューチェーンの最適化に管理会計がどのような役割を果たすのかをケースの分析によって考察することである。戦略マネジメント上,バリューチェーンのどこに企業の垂直境界を引くのかという問題は悩ましい問題である。この垂直境界を規定するさいに用いられる説明理論のひとつに「取引コストの経済学」がある。Williamson (1975) は市場を介した組織間取引の際に結ばれる契約に伴って発生する費用を取引コスト[1]とし,垂直統合によってこのコストが削減できる場合があると主張している。つまり垂直統合は取引を内部化することで権限関係,企業目的との整合性を担保し取引コストを削減するものである。そのメカニズムの研究や取引コストの経済学を援用した組織間マネジメントの研究は数多く行われている (cf. Anderson and Dekker, 2009)。しかし一方で,単純に垂直統合をすれば取引コストが削減され業績につながるかといえば当然そう簡単な話ではない。まずどのような要素が

---

1) 市場取引の際に生じるコストに注目した Coase (1937) の議論を受けて展開されている。

企業のコスト構造（取引コストを含む）を作っているのかを明らかにしなくてはならない。またその構造を変化させる必要がある場合にはどのように変化させるかを考えなくてはならない。さらに構造が変化した組織では様々な調整を行い最適な体制を構築しなくてはならない。真に組織間の取引コストを削減しバリューチェーンを最適化するためには機能部門の拡張のみならず会計制度の調整，理念の浸透など種々の組織体制の再調整が必要である。このダイナミックな場面においてどのように管理会計が作られ利用されているかを研究することには重要な意義があると考えられる。この分野に関する数少ない先行研究を見てみると吉川（2010）は日本電産の事例を紹介し，M＆A後の企業に3Q6Sという独自の評価技法を導入し業績改善が行われていることを示している。このような企業統合における管理会計の役割についての研究はあまり多くないため，さらなるケースの蓄積や実証的な研究が必要である。そのために本章では垂直統合の例を用い管理会計の役割を探る。

　そこで本章ではカネボウの繊維部門を買収し原材料製造から販売まですべての機能を持つ総合繊維メーカーとなったセーレン株式会社の事例からバリューチェーンの最適化について考察する。特にバリューチェーンを統合する場合にどのような管理会計実践が行われているかに焦点をあてる。次節では先行研究の整理とバリューチェーンの概説を行い，第3節ではセーレンの置かれた繊維産業の特徴を述べ，第4節ではセーレンがフルバリューチェーンを持つに至った経緯を説明する。そして第5節ではセーレンの経営システムとフルバリューチェーンの関係を考察し，第6節でまとめと今後の課題に言及する。

2　バリューチェーンと管理会計研究

　Porter（1985）がバリューチェーンの概念を提唱して以来バリューチェーンに関するさまざまな研究が行われてきた。バリューチェーンとは，製品が材料である状態から，製造工程に入り，製品となり最終的にユーザーの手元に届くま

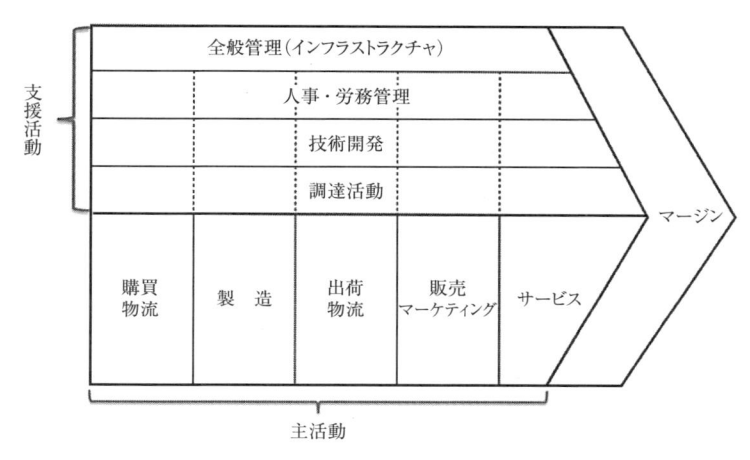

図6-1　バリューチェーンの基本形

（出所）Porter（1985：37）より引用。

での一連の活動のプロセスである[2]。Porterはこのバリューチェーンを意識することでコスト構造を明らかにし，コスト優位または差別化による競争優位の源泉を探ることができると主張している。現代の企業活動においてはグローバリズムの進展やITの発達によりその製品を提供するための経路が複雑化[3]しているため，バリューチェーンを考慮することの重要性は増大している。図6-1はバリューチェーンの基本形の概念図である。

Porter（1985）は，「競争優位は会社を全体として観察することによっては理

---

[2] Porter（1985）によるとバリューチェーンは「コストビヘイビアや既存の，あるいは潜在的な差別化の源泉を理解するために企業を戦略に関係する活動に分解することができる」（Porter, 1985: 33）ツールだとしているが，分析された活動のつながり自体もバリューチェーンと呼んでいる。

[3] サプライチェーンとバリューチェーンは似たような概念だが，サプライチェーンはロジスティクスの面から企業間の連携を捉え，バリューチェーンは企業間に限らず製品の価値の連鎖に焦点をあてるものと本章では分類している。しかしサプライチェーンもバリューチェーンも全体の連鎖を意識しコストダウン，新製品開発などに生かそうという目的は同じであるため，本章の目的からすると分類することにあまり意味がない。なおサプライチェーンに関する詳細な説明はCooper et al.（1997）を参照。

解できない」から，会社が行う「すべての活動とその相互関係を体系的に検討する」必要があり，そのための概念がバリューチェーンだと述べている (33)。この連鎖は企業の競争優位の源泉となっており，競争相手や産業によって形が変わってくる。

　この Porter の戦略論とバリューチェーンの概念が提示されてから，これらを援用した戦略的コストマネジメント論が登場した。Shank and Govindarajan (1993) によると，戦略的コストマネジメントは，バリューチェーン分析，ポジショニング分析，コストドライバー分析によって構成されている。バリューチェーン分析とは企業のバリューチェーンの相互関係をコスト管理の対象とすることである。「企業にとっての価値連鎖とは，基本的原材料や素材から最終消費者が手にする製品までの間で行われる価値の創造（付加価値）関係全体である」と述べている (Shank and Govindarajan, 1993, 訳書：10)。すなわち一企業だけではなく，ある製品に関わるすべての活動の関係を分析することである。ポジショニング分析は「企業がどのような競争を選ぶか」を分析することである (14)。この考え方は，「管理会計も基本的戦略を反映しなくてはならない」(16) という前提に基づいている。Shank and Govindarajan は例として競争戦略を製品差別化戦略とコストリーダーシップ戦略に分類しそれぞれに対応するコスト管理を提示している。最後にコストドライバー分析である。彼らは，コストの動態は伝統的な管理会計で用いられる「産出量」だけで決まるわけではないと主張している (16)。多くのコストドライバーが存在しており，それらを分析する必要があるとしている。その上で彼らはコストドライバーを構成的コストドライバーと遂行的コストドライバーの二種類に分類している。構成的コストドライバーには，規模，範囲，経験，技術，複雑度があり，遂行的ドライバーには，現場の人の参加，総合品質管理，稼働率，工場レイアウトと効率，製品構造，供給者や顧客と共に価値連鎖上での関係を拡大し開拓することが挙げられている[4]。これら3つの分析視角からコストを戦略的に捉えなおし，現状の

---

4) これに関連して登場した活動基準原価計算（ABC）や活動基準原価管理（ABM）は多くの研究関心を集め研究が進められている (cf. Gosselin, 2007) が，Shank and Govindarajan

コストだけではなく将来的な競争優位のために必要なコストをも含めて説明するのが戦略的コストマネジメントであると言える[5]。

また Anderson (2007) は Shank and Govindarajan の指摘を受けて，遂行的コストマネジメント (executional cost management) と構成的コストマネジメント (structural cost management) という領域に分けて戦略的コストマネジメントの研究を体系化しようと試みている。似たような言葉を使っているが，厳密には異なる概念である。Anderson のいう遂行的コストマネジメントは，「伝統的な管理会計ツールを使い競争的なベンチマークとの比較を通じて改善の機会を明らかにするものである」(Anderson, 2007: 482)。一方構成的コストマネジメントとは，「組織デザインや生産デザイン，プロセスデザインのツールを使い戦略と首尾一貫したコスト構造を構築するものである」(482)。つまりバリューチェーンの構成に関する意思決定の問題となる[6]。一方で，Anderson (2007) は「新しいコスト構造を持つ企業の登場に伴って発生している新しいコストマネジメントの理解についてはあまり進んでいない。またこの問題を解決するために管理会計の研究は重要な役割を果たしていない」と述べている (497)。そのような中で管理会計はバリューチェーンの一部分にあるツールを見るのではなく，「他の学問領域の知見で分かっていることと管理会計を統合する責任がある」とも述べている (498)。そして Anderson は構成的コストマネジメントというバリューチェーンの設計に関する意思決定と日々の業務改善によるコストマネジメントの両方を統合して考えるのが戦略的コストマネジメント (strategic cost management) だとしている。

(1993) はあくまでも「ABC は戦略分析の有用な道具だが，主要な道具ではない」(18) としている。

5) これらのコストドライバーに関しては，会計以外の領域（経済学，産業経済学や戦略論など）での研究が盛んにあった。詳しくは Shank and Govindarajan (1993，訳書：17-20) を参照。

6) Anderson (2007) は新製品開発，工程開発やデザインの研究，製造プロセスの研究，取引コスト論による企業境界の研究，顧客関係の研究，サスティナビリティの研究，リスクマネジメントの研究等を取り上げ，それぞれについて構成的コストマネジメント，遂行的コストマネジメントの視点から研究を分類している。

Andersonが言及したように戦略的コストマネジメントの体系を構築するためにはそれぞれの研究を積み重ねていく必要がある。バリューチェーンの部分の研究はもとより，バリューチェーン全体の構成とコストマネジメントの関係性を明らかにすることも重要である。そこで本章では，戦略的コストマネジメントにおけるバリューチェーンの構成と遂行的コストマネジメントの関係に焦点をあてる。すなわち垂直統合をバリューチェーンの統合という面から捉え，その中で管理会計がどのような役割を果たしたかについて分析する。そのために，バリューチェーンの統合を行い，既存の業界のコスト構造を抜本的に変更して好業績を上げているケースを用いる。次節ではケース企業であるセーレン株式会社の歴史と現在の営業形態について説明する。

3　繊維産業におけるセーレンの変遷

3.1　セーレンの概要

　セーレン株式会社は福井県福井市に本社を置く総合繊維メーカーである。2011年3月31日時点での概況は売上高863億，営業利益37億円，従業員数5,277名（単体1,648名）である。事業領域として自動車のシートやエアバッグなどのオートモーティブ事業，パーソナルオーダーシステムであるビスコテックス商品など服飾製品を製造，販売するハイファッション事業，プラズマテレビ等に使われる電磁波シールドなどを製造するエレクトロニクス事業，ハウスラップ材や床養生シートなどのインテリア・ハウジング事業，化粧品や医薬部外品などのメディカル事業がある。売上の比率を見ると，主力事業はオートモーティブ事業で411億円，次いでハイファッション事業で274億円であり，この二つの事業で全体の3/4を占めている。

3.2　セーレンの系譜と繊維産業

　1889年（明治22年），福井県で初めての本格的な精練工場である京越組がセー

レンの前身として創立された(セーレン百年史，1990：15)。この京越組を母体に福井県に乱立していた精錬工場や繊維工場が二度にわたり経営統合され現在のセーレンの原型が生まれた。

　激動する国際経済，二度にわたる石油ショックなど経営環境激変の中で，繊維業界の構造的不況の嵐に耐え，染色の委託加工から脱皮して製品の企画販売へ転換，経営多角化を推進して黒字経営体質をめざしていた。しかし1985年のプラザ合意によって円高傾向が極端に強まったことを契機として，セーレンは黒字と赤字を交互に繰り返すという経営状態に陥り，遂には「存亡の危機」に瀕することになった。そして，満身創痍のセーレンの経営改革を任されたのは，当時末席常務であった川田達男氏であった[7]。川田氏はその後のセーレンの体質を抜本的な変更に着手した。まさに企業体質革命を起こそうとしたのである。

3.3　戦略の策定と企業体質の改革

　およそ1970年までの繊維業界では，川上から川下までの工程ごとに企業が別れており，企業間の資本関係もなかった。また衣料は流行や気候によって大きく左右され経営が安定せず仕掛品を長期間持つ業界でもあった。セーレンはその繊維業界の中でも精錬加工，つまりほぼ染色のみ担当し，完全な受注生産方式であり，染めた量に応じて加工賃が決まっていた。このような賃加工の「川中事業」がセーレン売上高の9割以上を占めていた。この賃加工モデルは，受注すると，その生地を染めた量に応じて加工賃をもらうモデルである。また材料となる生地は発注元から預かるという形であったため在庫リスクは発注元の企業にあり，非常にリスクが少なかった。一見すると非常に安定した収益モデルであった。しかし，先述したとおり日本の繊維産業はグローバル化の波にいち早く突入し苦境に立たされることとなった。セーレンも例外ではなく，発注元に頼り切ったビジネスでは展望が見えなくなっていた。また長年の下請け体

---

7) 川田氏以前のセーレンについては，上總ほか(2008)により具体的に記してあるので参照されたい。

質が組織内に浸透しており，イノベーションとは無縁の硬直的な組織になってしまっていた。

先述したとおりセーレンでも染色事業のみという状態を脱すべく，多角化路線を打ち出したが，その内容は無関連の多角化であり，状況は好転していなかったことが円高の影響で明らかになった。

そのような状況でセーレンのトップに立った川田社長は抜本的にビジネスモデルとともに企業体質を変革することに力を注ぐこととなった。下請けからの脱却と組織の受け身体質をすぐにでも変えなくてはセーレンに将来はないという強い思いとともに様々な施策を打った。

1988年，川田社長は，改革のスタートにあたって，まず「賃加工からの脱却：自らリスクを負って企画製造販売へ」を基本に，次の4つの経営戦略が設定された[8]（川田，2007：4）。

(1) IT化・流通ダイレクト化
(2) 非衣料・非繊維化
(3) グローバル化
(4) 企業体質の変革[9]

以下4つの経営戦略について，簡単に説明しておこう。

(1) IT化・流通ダイレクト化

それまでの賃加工モデルを脱却し，顧客の意見を聞いて生産のビジネスを遂行すること，つまり顧客志向の生産を行う必要があるという認識に立って，「企画製造販売の一貫体制」をより洗練することを掲げている。これをセーレンでは流通ダイレクト化と言った。この流通ダイレクト化を実現するためIT化を展開することになった。「IT化・流通ダイレクト化」とは「ITを活用して，新

---

8) 聞取調査によれば，「セーレンの経営戦略はその重要性にシフトがあるものの，基本的には，当初から現在まで20年近く変わっていない」ということであった。
9) 当初の経営戦略には，(4) 企業体質の変革は含まれていなかったが，1992年のバブル崩壊後，セーレンには利益を生む体質がまだできていない事が明らかになり，企業体質の変革が急務であったことから，1993年に追加されたものである。

しい産業形態の構築に挑戦」することとされ，具体的には，①企画・製造・販売の一貫機能を備え，生活者のニーズ・CS に即座に対応できるビジネスモデルの構築，②デジタルプロダクションシステム「Viscotecs®」と SCM（サプライチェーン・マネジメント）システムを駆使して，「小ロット・短納期・在庫レス・カスタムオーダー・オンネット」ビジネスの展開，③オリジナルブランドの小売り事業（SDPA）と「水着 NAVI」などのパーソナルオーダービジネスの積極的展開である（セーレンインベスターズガイド，2006）。

(2) 非衣料・非繊維化

「オンリーワン技術による高付加価値化」を意味する第二の戦略「非衣料・非繊維化」である。この戦略はコア技術の拡張展開と関連多角化を意味しているが，具体的には，①シールド材「プラット®」における PDP（プラズマディスプレイパネル）事業とガスケット材事業の拡大および次世代戦略製品の開発，②シルクタンパク質「セリシン」における化粧品事業の拡大および医療分野での新展開，③非繊維素材を対象とした次世代ビスコテックスの開発，④ハウスラップ材「ラミテクト®」シリーズの拡販およびニッチマーケットへのオンリーワン高付加価値商品の販売である（セーレンインベスターズガイド，2006）。

(3) グローバル化

第三の経営戦略は「地球規模での生産・販売」をめざす「グローバル化」である。かつてセーレンは海外進出をしていたが不況期に撤退していた。その後，韓国・台湾・中国・ベトナム等の繊維業界が急速に台頭する中で，セーレンとしても改めてマーケットや工場立地を地球規模で考えなくてはならなくなった。とりわけ自動車内装材が主力事業となるに伴い，1994 年以降，自動車メーカーの海外工場にあわせて内装材工場の海外進出が計画された。現在，ヨーロッパ，タイ，中国，北米，ブラジルに生産拠点を持っている。セーレンの海外生産拠点の作り方は単純なコストダウンのためではなく，どこでも同じ品質の製品を生産できる態勢をとるため，コア技術，経営，生産ノウハウをすべてワンセットで現地へ持ち込んで一貫生産体制をつくるというものである。①オートモーティブ海外事業の世界シェア拡大と 6 極体制ネットワーク化，②

「Viscotecs®」のグローバル展開，特に Viscotec EU S. p. A. を再編成し，EU マーケティングおよび販売強化をめざしている（セーレン，2006）。

(4) 企業体質の変革

「変えようセーレン，変わろうセーレン」のもとに経営理念，行動指針を設定した。経営理念としては川田社長の1987年の就任時の社報での言葉にあった「のびのび，いきいき，ぴちぴち～自主性と責任感と使命感を持って～」が設定された。「自主性」とは常に，新たな発想・果敢な挑戦・確かな実行をし，自分の役割を明確化すること，「責任感」とは不可能を可能にし，自分の本当の仕事は問題を解決することであると認識すること，「使命感」とはお客様にどのように貢献できるのか，成果にどのように結びつけるのかを考えることであった（セーレン聞取調査配布資料，2007年7月4日：16）。また「行動指針」は七つの項目からなっており，企業理念がブレークダウンされたものであった。つまり「①新たな発想，果敢な挑戦②不可能を可能に③五ゲン主義④ 3S（シンプル，スピード，執念）⑤私が主役!! 仕事は YES 指向で結果は私の責任⑥やらないのか，できないのか⑦ Do or Die」の7つであった(20)。これらの経営理念，行動指針の浸透と，それを組み入れた様々な管理制度が作られていった。

4　セーレンのフルバリューチェーン戦略と戦略展開

4.1　セーレンの業績推移と戦略の関係

以上見てきたようにセーレンでは川田社長の改革が押し進められた。図6-2はセーレンの改革が始まる直前の1985年度から2010年度までのセーレンの連結売上高，連結売上高営業利益率をグラフ化したものである。

セーレンでは川田社長就任以来，中期的な目標として売上高営業利益率10％以上をかかげている。その利益率は2007年のリーマンショックの影響でここ数年は低迷したがまた回復し始めた。

この目標を達成するためにセーレンではビジネスの構造的な変更をする（戦

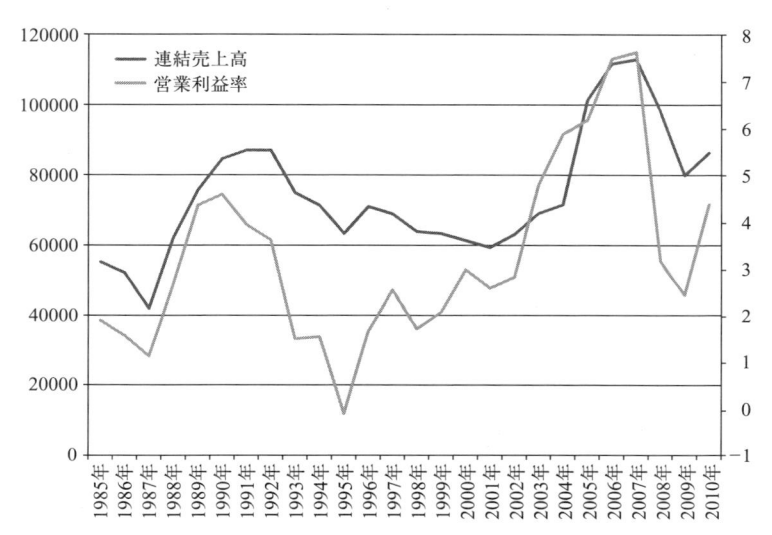

図 6-2 セーレンの業績推移（1985 年度〜2010 年度，単位：百万円，%）
（出所）セーレン財務諸表データより作成。

略）だけではなく，同時にそれを遂行する体制の構築を行ってきた。先述の 4 つの戦略のうち (1)〜(3) はビジネスの構造変更をめざしたものであり，最後の (4) は戦略実行の体制作りを企図しているのである。

図 6-2 によるとバブルの影響はあるにせよ，92 年ごろまでは当初立案された最初の 3 つの戦略による新事業への転換で売上は伸びた。しかしバブル崩壊後に売上の減少以上に売上高営業利益率の下落が目立つ。これはバブル期に新事業による売上の拡大が効果を上げていたが，社内組織の効率化が進んでいなかったために発生した事態であった。そこでセーレンでは 1993 年より第 4 の戦略として企業体質の改革が掲げられ企業体質の改革のために様々な管理制度を導入した。それらの全体像は統合的な戦略マネジメントツールである戦略目標管理制度として上總ほか (2008) によって定義されている。これが奏功したのか，2004 年ごろまでは売上が伸び悩む中，利益率が向上しており，リーマンショック以降の業績回復の際も利益率の上昇率は大きい。

次項ではまず構造的な変更について検討し，その次に内部組織の変革につい

て検討する。

4.2 フルバリューチェーン戦略
4.2.1 フルバリューチェーンの構築

　セーレンのフルバリューチェーン戦略は，もともと繊維産業のバリューチェーンの中で，染色工程しかなかったところから販売と原料生産まで内製化していくことで進められた。これは企業境界の垂直的なバリューチェーンの統合であり，(1)のIT化・流通ダイレクト化や(3)のグローバル化によって企図されている。またそのノウハウと技術を他の領域に展開する水平方向のバリューチェーンの統合として(2)の非衣料・非繊維化がめざされている。表6-1はセーレンの自動車内装材の一貫生産過程の構築過程である。

　この表によると仕上加工から始まり編立，縫製，と徐々に社内機能を広げていったことが分かる。2005年，カネボウから「原糸製造機能」と「天然繊維事業」を譲り受けることにより，一貫生産体制が確立された。その際に川田社長は以下のように述べている。

　　今回の譲受事業と当社がこれまで構築してきた「織・編から製造販売までの一貫機能」とを融合させることによって川上から川下まで完全内製化できる「世界初のビジネスモデル」が可能となりました。このことは今までの繊維業界の常識を一変し，それぞれの加工毎に別々の会社が大きなムダ・ロスを生み出していた繊維業界を「一貫機能」と「Viscotecs®」により，もっとも合理的で安くて良い商品・サービスをお客様にお届けできるようになりました。すなわち「小ロット」「短納期」「在庫レス」「カスタマイズ」「オンネット」で，世界65億人一人ひとりにカスタマイズされた商品を提供するという夢に一歩近づいたことを意味します。今後は，これらの実現と同時に，「生活価値創造企業」をめざして邁進して参ります（セーレン，2006：6）。

　図6-3がセーレンの一貫生産体制の概念図である。

表 6-1　一貫生産体制構築過程（自動車内装材のケース）

		1977〜	1984〜	1989〜	2005〜
商品企画		○	○	○	○
糸（Yarn）	糸（Yarn Making）				○
	糸加工（Texturing）			○	○
	糸染（Yarn Dyeing）			○	○
編立（Knitting）	整経（Warping）		○	○	○
	編立（Knitting）		○	○	○
仕上加工（Finishing）	染色（Piece Dyeing）	○	○	○	○
	起毛（Napping）	○	○	○	○
	プリント（Printing）	○	○	○	○
	融着（Laminating）		○	○	○
	バッキング（Back Coating）	○	○	○	○
	特殊加工（Special Treating）	○	○	○	○
縫製（Sewing）	裁断（Cutting）			○	○
	縫製（Sewing）			○	○

(出所) 聞取調査配布資料（2007 年 7 月 17 日）より引用。

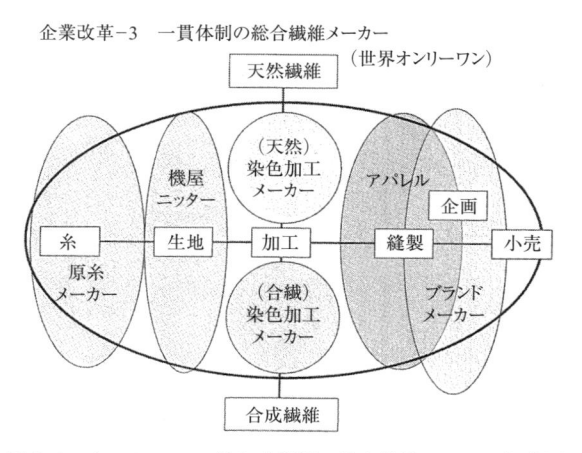

企業改革-3　一貫体制の総合繊維メーカー
（世界オンリーワン）

図 6-3　セーレンの一貫生産体制の総合繊維メーカー概念図
(出所) 聞取調査配布資料（2007 年 7 月 17 日）より引用。

すでに述べたとおり繊維業界では機能別に企業が分化しており，各企業が部分最適的に業務を行っていた。また例に挙げた自動車内装材の場合は，自動車メーカーとの関係特殊的取引の側面が強く，自動車産業の製造過程（例：かんばん方式）に鑑みれば，製造の決定から納期の期間が非常に短く設定されており，それに対応するには在庫を持つか，短納期に対応する生産体制を築くかのどちらかであろう。しかし在庫を持つというのは非常にリスクが高いため部品製造業者はリードタイムを短縮しようとする。そのためには，繊維産業の従来の構造のように各工程が分かれていると生産計画の調整に時間がかかり納期の達成が難しくなる。またコスト削減の面からも社外にあるムダを削減するためには内製化をすることで社内の生産管理の技術を移転することで可能となる。つまり多企業の協働による取引コストが非常に大きかったのでその取引コストを削減するために一貫生産に踏み切ったと言える。バリューチェーンの構成に関する意思決定としては理論的には分かりやすい。一方で先にも述べたように統合には複雑な工程を管理する技術の構築，企業文化の違いによる軋轢の回避，ムダの削減のための仕組みの構築など様々な問題がある。これらを問題を解決するために，先述した4つ目の戦略である「企業体質の改革」の中で様々な仕組み作りが行われた。聞取調査によって明らかになった改革の中身としては「五ゲン主義」(1995年導入)「整流生産管理」(2000年導入)「見つけましたね運動」「革命的VA」(2000年導入)「Viscotecs®」「戦略目標管理制度」など多くある。本章ではバリューチェーンの統合という視点から特に関係の深いViscotecs®と整流生産管理および，戦略目標管理制度について簡単に紹介し，それがどのように取引コストの削減を可能にしたかを考察する[10]。次項ではViscotecs®と整流生産管理について分かりやすいハイファッション事業の例について説明する。

---

10) その他の取り組みに関しては上總ほか（2008）で網羅的に取り上げているので参照されたい。

4.2.2 Viscotecs® と整流生産管理

ファッションアパレル業界では，季節の移り変わりとともに商品が変わっていく。季節毎に開催されるバーゲンセールを見れば分かるように，販売価格の低下も非常に早く，売れ残りのリスクも高い。それならば，需要予測を正確にし売れる分だけ作れば良いとも考えられるが，実際にはそう簡単な問題ではない。そもそも流行の予測が難しいことは言うまでもない。それ以上に，生地の取引は一反いくらという単位でなされるために，採算を得るためには最少ロットが一定量必要となる問題がある。一般的にはコストを削減しようとすると大量生産しある程度を正規価格で販売したあと，売れ残りを値引き等でさばき，固定費を回収するという手法がとられていると考えられる[11]。これは博打に近いものがあった。また型紙のデザイン次第では切れ端が多く出てムダが生まれていた。セーレンの起源である染色においても従来は特定の柄の布を一定量染め，それを裁断，縫製という工程から同じ柄の製品が一定量できてしまうという特徴があった。以上のようにファッションアパレル業界では，市場の特性に加えて製造における制約が多かったためにコストマネジメントが難しかった。そのような状況の中，セーレンはこのモデルを変えるために，Viscotecs® を開発した。表6-2 は Viscotecs® と従来の方式を比較したものである。

この表6-2 によると，夢のような技術であるが，これを可能にしているのは簡単に言ってしまうと超高性能な染色用プリンター[12]と IT システムを組み合わせたものである。Viscotecs® の捺染はインクジェットプリンターをイメージすると分かりやすい。コンピューターでインクを制御し紙ではなく布に染料を飛ばし色をつけるのである。布は紙と違い色がにじむため技術的に非常に難しいが，セーレンは長年の染色技術の蓄積を利用し，この色のにじみを計算して染料を制御することで可能としている。一方でビスコテックスシステムでは，

---

11) 大量生産を追求し規模の経済性を生かして利益を上げている企業もある。ユニクロをはじめとするファストファッション企業である。
12) このプリンター方式の染色は実際には捺染と呼ばれる。一方染剤につけて染める方式を浸染という。

表6-2 Viscotecsと従来生産方式との比較

	これまでの生産方式	Viscotecs
表現力	10〜20色 1レピート1×2m	1677万色 50m×40m
ロットサイズ	2000m/ロット	1m〜1着分/ロット
時間の概念	6か月〜1年	5時間〜2週間
資源	膨大な用水 膨大なエネルギー 在庫ロス 人	1/20 1/20 バーチャル在庫（データ在庫） 自動化
環境	公害	無公害
職場	水と蒸気・臭気・長靴	ホテルファクトリー

（出所）セーレン株式会社ホームページ（a）より引用。

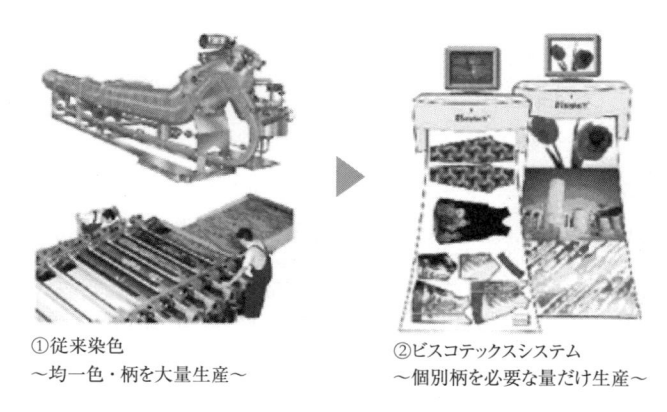

①従来染色
〜均一色・柄を大量生産〜

②ビスコテックスシステム
〜個別柄を必要な量だけ生産〜

図6-4 従来染色とViscotecs®のイメージ
（出所）セーレン株式会社ホームページ（b）より引用。

型紙上のデザインをそのまま布にプリントが可能なため極端に言えば一着から作ることができる。図6-4はビスコテックスシステムのイメージ図である。

　需要動向を見ながら徐々に生産するという革新的な製造方式にするにはこれに加えて，前後の工程を同期化する必要がある。そのために整流生産方式という生産管理システムが導入されている。整流生産方式は，各工程の各作業者ま

でいつ誰が何をすべきかの製造順序まで含めた詳細な日々の製造計画である「整流日程計画」を作成し，計画どおり，指示どおり，基準どおりに作業をするための計画重視型の管理方式である[13]。これにより，繊維業界では難しかった短納期が実現されることとなり，必要なときに必要な分だけ製造することができるため需要予測の失敗を最小化し，需要にあわせて製品種を変更していくことが可能となった。さらには，最終顧客が直接コンピューター上でデザインを選び，一着から購入できるという VISCONAVI® がすでに実現している。IT インフラがさらに高度化し，通信量が増えれば究極的には顧客が PC 上でデザインをし，そのデザインシートをそのまま製品化できるという画期的なシステムが実現可能だということであった。

4.3 戦略の展開とバリューチェーンの統合

セーレンの戦略の内容のひとつは以上のとおり，部分最適的な個別工程で構成されたバリューチェーンをすべて内製化することと全体最適をはかることであった。それによって更なるコストダウン，納期の短縮化，さらに製品開発の自由度の向上が可能になっている。

さて，この全体最適のモデルを動かすためにセーレンでは戦略展開の工夫がなされている。中期経営計画をベースに整流管理やその他の管理制度を展開される独自の目標管理制度が展開されており，その設定の中で様々な制度が結びついている。以下では簡単に戦略の展開について説明する。

セーレンでは経営計画を策定する際に毎年経営方針を見直している。図6-5はセーレンの経営方針に関する実際に使用されていたシートである。

簡単に説明するとシートの右側で先述の4つの戦略をより細かな重点施策に分解し，外部環境や社内の課題などを考慮した上で，複数ある重点施策をその重要度に従って順位づけし左側に表示されている。この経営方針の更新とともに，毎年3年分の中期計画と単年度計画が同時並行的に作られる。つまり3

---

[13] 詳細な検討は上總ほか（2008），他の現場管理や利益責任の仕組みとの関係は足立（2011）を参照。

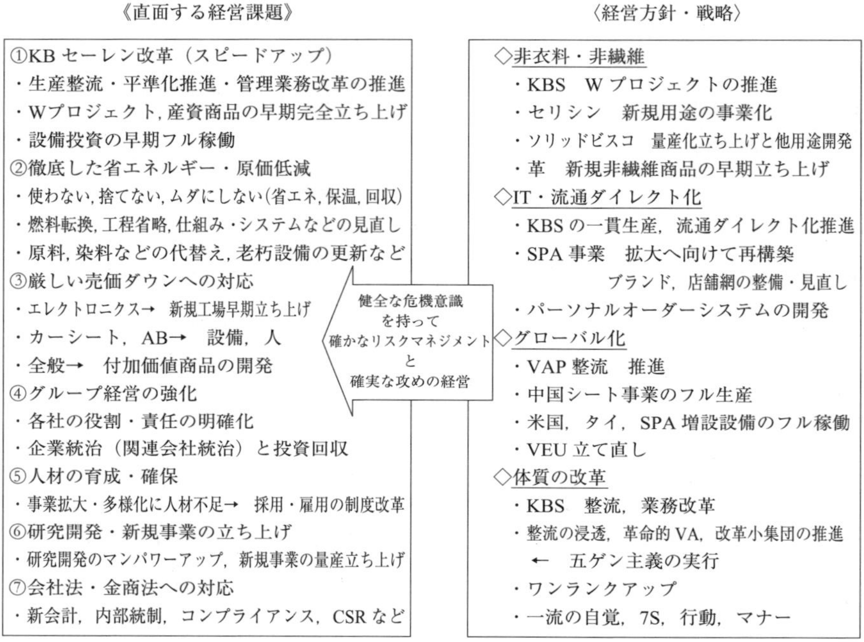

《直面する経営課題》

①KBセーレン改革（スピードアップ）
・生産整流・平準化推進・管理業務改革の推進
・Wプロジェクト，産資商品の早期完全立ち上げ
・設備投資の早期フル稼働

②徹底した省エネルギー・原価低減
・使わない，捨てない，ムダにしない(省エネ，保温，回収)
・燃料転換，工程省略，仕組み・システムなどの見直し
・原料，染料などの代替え，老朽設備の更新など

③厳しい売価ダウンへの対応
・エレクトロニクス→　新規工場早期立ち上げ
・カーシート，AB→　設備，人
・全般→　付加価値商品の開発

④グループ経営の強化
・各社の役割・責任の明確化
・企業統治（関連会社統治）と投資回収

⑤人材の育成・確保
・事業拡大・多様化に人材不足　採用・雇用の制度改革

⑥研究開発・新規事業の立ち上げ
・研究開発のマンパワーアップ，新規事業の量産立ち上げ

⑦会社法・金商法への対応
・新会計，内部統制，コンプライアンス，CSRなど

〈健全な危機意識を持って
確かなリスクマネジメント
と
確実な攻めの経営〉

〈経営方針・戦略〉

◇非衣料・非繊維
・KBS　Wプロジェクトの推進
・セリシン　新規用途の事業化
・ソリッドビスコ　量産化立ち上げと他用途開発
・革　新規非繊維商品の早期立ち上げ

◇IT・流通ダイレクト化
・KBSの一貫生産，流通ダイレクト化推進
・SPA事業　拡大へ向けて再構築
　　　　　　　ブランド，店舗網の整備・見直し
・パーソナルオーダーシステムの開発

◇グローバル化
・VAP整流　推進
・中国シート事業のフル生産
・米国，タイ，SPA増設設備のフル稼働
・VEU立て直し

◇体質の改革
・KBS　整流，業務改革
・整流の浸透，革命的VA，改革小集団の推進
　　← 五ゲン主義の実行
・ワンランクアップ
・一流の自覚，7S，行動，マナー

図6-5　セーレンの経営方針・戦略と直面する経営課題（2007年）
（出所）2009年2月19日の聞取調査配布資料より引用。

年の中期計画の1年目として単年度計画が作られ，毎期3年分を見直して作っていくいわゆるローリング方式である（2009年2月19日聞取調査）。図6-6は聞取調査で入手した資料で，セーレンの中期計画の策定プロセスを示したものである。

　中期計画の作られるプロセスは，図6-2で示されているようにマクロ経済の見通し，事業別の中期見通しを前提に重点施策を考慮して部門ごとに1年目，2年目，3年目の売上目標，利益目標が計算され，具体的な行動計画もセットで立案される。また3年目になると予測の割合が大きいが1年目はかなり精度の高い値がでてくる（2009年2月19日聞取調査）。また，重点施策の中でも重要で，計算が可能な事業については個別の損益計画を作って，部門の売上計画，利益計画に反映される。この中期計画（案）は事前に社長とのすり合わせ

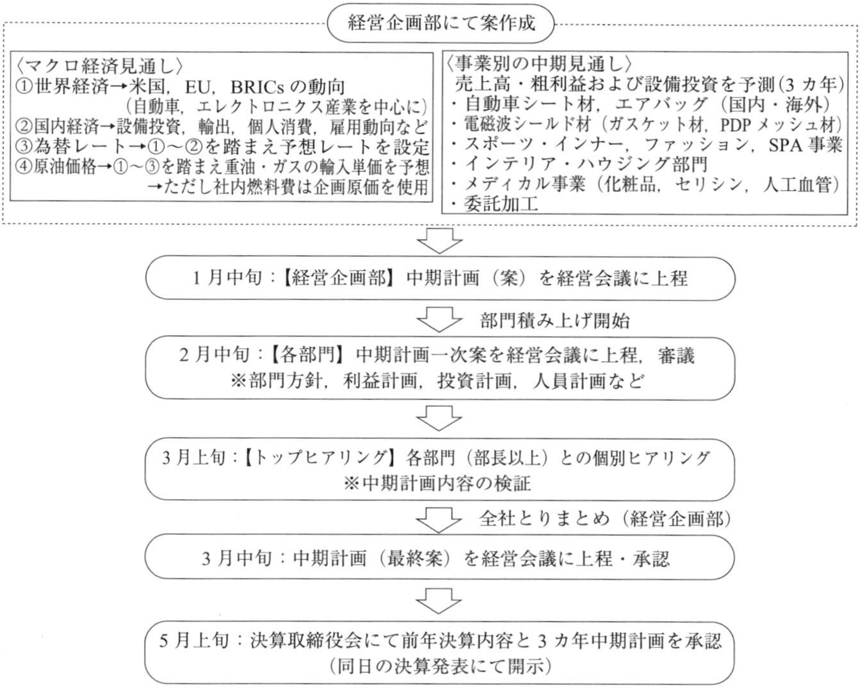

第6章 セーレンのフルバリューチェーン戦略　159

```
┌─────────────────────────────────────────────────────────────┐
│                    経営企画部にて案作成                       │
│ 〈マクロ経済見通し〉           〈事業別の中期見通し〉          │
│ ①世界経済→米国，EU，BRICs の動向  売上高・粗利益および設備投資を予測(3カ年)│
│       (自動車，エレクトロニクス産業を中心に) ・自動車シート材，エアバッグ（国内・海外）│
│ ②国内経済→設備投資，輸出，個人消費，雇用動向など ・電磁波シールド材（ガスケット材，PDP メッシュ材）│
│ ③為替レート→①～②を踏まえ予想レートを設定  ・スポーツ・インナー，ファッション，SPA 事業│
│ ④原油価格→①～③を踏まえ重油・ガスの輸入単価を予想 ・インテリア・ハウジング部門│
│       →ただし社内燃料費は企画原価を使用   ・メディカル事業（化粧品，セリシン，人工血管）│
│                              ・委託加工                      │
└─────────────────────────────────────────────────────────────┘
                            ⇩
   1月中旬：【経営企画部】中期計画（案）を経営会議に上程
                            ⇩ 部門積み上げ開始
   2月中旬：【各部門】中期計画一次案を経営会議に上程，審議
          ※部門方針，利益計画，投資計画，人員計画など
                            ⇩
   3月上旬：【トップヒアリング】各部門（部長以上）との個別ヒアリング
                  ※中期計画内容の検証
                            ⇩ 全社とりまとめ（経営企画部）
   3月中旬：中期計画（最終案）を経営会議に上程・承認
                            ⇩
   5月上旬：決算取締役会にて前年決算内容と3カ年中期計画を承認
          （同日の決算発表にて開示）
```

図 6-6　セーレンの中期計画策定プロセス

(出所) 2009年2月19日聞取調査配布資料より引用。

を経て経営会議にかけられる。経営会議で検討された中期計画（案）は各事業部門に持ち帰られ，部門方針，利益計画，投資計画，人員計画などが検討される。ここで，各下位部門との調整が行われ，各部門の中期計画が積み上げられ中期計画一次案が経営会議にかけられる。その後トップと各部門とで中期計画の内容が検証される。それが終わると，全社の中期計画が経営企画部によってとりまとめられ最終案が作られ，経営会議での承認を受けた後に5月の決算取締役会にて承認される（2009年2月19日聞取調査）。

　このようなプロセスによって，既存の事業部に関する重点施策は具体的な行動計画と数値目標を含む中期計画に展開されている。このあと，中期計画の中の一年目である単年度計画は業績管理制度で組織単位に展開され，目標管

理制度と結びついて従業員個人単位まで展開されている[14]。この設定プロセスのポイントは全社的な意思決定とその計画の中での個々人の役割と予算が明確に結びついていることである。次節では以上のシステムがどのようにバリューチェーンの構築を助けているかを考察する。

5　考察

　ここまで説明してきたセーレンのバリューチェーンの統合プロセスをもう一度整理しておく。セーレンはまず，創業以来の本業であった染色加工の下請け事業からの脱却をはかろうとした。1989年までに原糸以外の工程の内部化を完了していた。これによって下請けからの脱却を図り，自社でリスクをとって企画製造販売していくという体制構築ができた。その後，バブルの煽りを受け，売上が減少したがそれ以上に利益を確保できるような社内能力が身に付いていないということが明らかになったため，その後第四の戦略として「社内体質の改革」を設定しそれまでにでき上がったバリューチェーンの最適化のために社内制度を再構築していった。具体的には戦略展開システム，整流生産管理システム，本稿では扱わなかったが「五ゲン主義」の浸透や，「見つけましたね運動」等の管理システムが導入された。その後，2005年に倒産したカネボウの繊維部門を買収し，セーレンの経営システムを導入していった。この一連の流れをバリューチェーンの図を参考に図に描いてみると次頁の図6-7のようになる。

　ここで補足しておくと，1993年より社内改革が始まり随時様々な制度が導入されていたが目標管理制度が全社員対象になり，統合的なシステムができあがったのは2004年であるとの理解から2004年よりこの形にしてある。この図によると，統合的なシステムが導入されるまでは各機能部門がばらばらであった。各機能部門がそれぞれ最適に活動していたとしても，横断的に存在す

---

[14] セーレンの目標管理制度や業績評価制度については上總ほか（2008），拙著（2010）で詳細に扱っているので参照されたい。

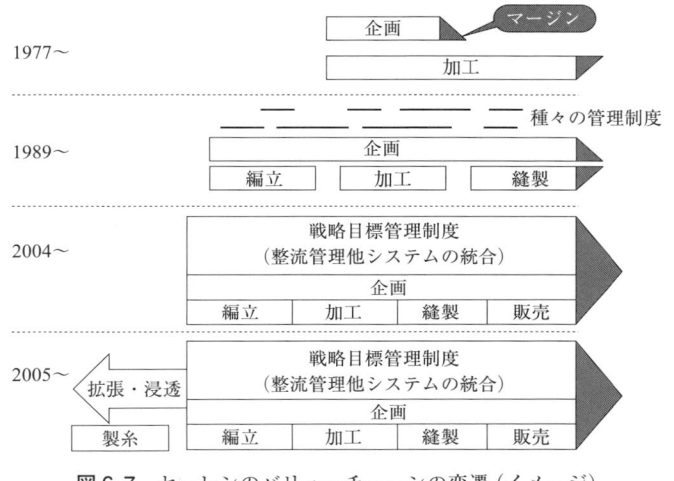

図 6-7　セーレンのバリューチェーンの変遷（イメージ）

1977〜　企画／加工（マージン）

1989〜　種々の管理制度／企画／編立・加工・縫製

2004〜　戦略目標管理制度（整流管理他システムの統合）／企画／編立・加工・縫製・販売

2005〜　拡張・浸透　戦略目標管理制度（整流管理他システムの統合）／企画／製糸・編立・加工・縫製・販売

（出所）著者作成。

る無駄の発見や改善は難しく，その部分にマージンを増やす余地が残されていた。整流管理をはじめとする統合的な戦略目標管理制度の完成によって，各部署の連携が改善され同期化がはかられ，無駄の削減が可能となった。また，全工程が自社内にあることによってより柔軟な製品企画開発が可能となっている。これは Viscotecs® に最も現れている利点である。このことから，M＆A等を行いバリューチェーンの拡張をする場合は新しい機能部門を統合するために計画設定プロセスへの統合，生産がよどみなく流れる仕組み，さらには工程間に横たわる問題を解決するための仕組みが必要であることが分かる。その中で個々人の具体的な行動計画と結びつけられた数値計画（予算）が統合に非常に重要な役割を果たしている。すなわち各従業員まで戦略のどの部分に貢献するのかが明確になった上に，各自の目標を持ってコミットできるのである。

また時系列に見てみると，セーレンのフルバリューチェーン戦略の成功は戦略目標管理制度という統合的なシステムを構築できたことが大きいと考えられる。当初の脱繊維・脱染色戦略の実行の際には機能部門を拡張し売上は伸びたものの，それを統合しうまく動かすための仕組みがなかったために利益が得ら

れる体制になっていなかった。そのため，時間をかけて利益を得られる体制作りが行われた。また一度完成したシステムであれば新たな機能部門への移転はノウハウの共有によりかなりの時間短縮が可能になっていることが示唆されている。事実，合併前のカネボウは典型的な大企業病とも言える組織であったが，その赤字部門を引き受けたにも関わらず，わずか数年のうちにシステムの浸透が進んでおり，利益率が向上している。

最後に，Viscotecs® の示唆するところは，顧客と製造，企画，技術開発との距離を縮めるためにはフルバリューチェーンを自社で持つ必要がどうしてもでてくるという点である。その結果として，短納期，在庫レス，高品質，開発力を得ることができるのである。Shank and Govindarajan が指摘するようにバリューチェーン内の会計的な分析で非効率で価値を生み出してない部門は外注にまわすというのはひとつの考え方である。しかし，セーレンのように自社の経営改善を信じて，そのための仕組みや文化を作り上げれば，そこで生まれているはずのシナジーが有効になりうるのである。そのためにはスポットで見るのではなく，将来性を加味し総合的に判断する必要があるのである。

6　まとめと課題

以上見てきたように，セーレンはフルバリューチェーンの構築に成功し，利益を上げる企業体質を作り上げていた。その中で明らかになったことは，以下の5点にまとめることができる。

1. バリューチェーンの統合においては機能部門を拡張するだけではうまくいかない。
2. 生産のよどみない流れの構築（整流生産管理）とそれを可能にするための改善活動によってバリューチェーンの統合は進む。
3. バリューチェーンの統合とともに戦略を展開し誰が何をやるのか，目標となる予算はいくらかを明確にするシステムがあることによって統合は進ん

だ。
4. バリューチェーンの構成を考える際に，その時点での各機能部門の能力のみならず将来にわたる改善余力を考慮する必要がある。
5. さらにアパレル業界のビジネスモデル変えるためにはバリューチェーンをすべて内製化した上で，顧客と製造，開発の距離を縮める必要があった。

　このケースから管理会計研究の側面から見ればバリューチェーンを統合する際に，戦略の展開に予算を結びつけ各人の役割分担を明確にすることでバリューチェーンの最適化に貢献できるということが言える。また従来の戦略的コストマネジメントの文脈ではコストドライバーを分析してコストの構成を変更したり改善余力を探すというのが基本的な考え方である。しかし，構成変更にせよ，改善余力にせよバリューチェーン全体のつながりが大きな影響を持っているため，そのつながりをよく考察する必要があるということがこのケースから示唆できる。
　一方で本章には多くの課題が残されている。まずシングルケースであること。理論化のためにはさらなるケースの積み上げや実証的な研究を行う必要がある。次にバリューチェーンという企業全体の大きな分析対象を扱っているがゆえに細部の分析が荒い点である。これに関してはすでに共著を含めいくつか発表しているが，それらを整理しまとめていく必要がある。最後に，企業の統合において問題になるもののひとつとして企業文化があるが，企業文化と今回考察したシステムの関係についてはさらなる研究が必要である。

謝辞
　本章の作成にあたっては，セーレン株式会社川田達男社長，北川修一経営企画部企業情報担当常勤顧問をはじめセーレンのスタッフの方々には，お忙しい中でも聞取調査や資料提供等を通じ，多大なるご理解とご協力を賜った。記して深甚の謝意を表する次第である。

引用文献

Anderson, S. W. (2007)"Managing costs and cost structure throughout the value chain: research on strategic cost management," in Chapman, C. S, Anthony, H. G. and Shields, M. D., *Handbook of Management Accounting Research vol. 2*: 481-506.

Anderson, S. W. and Dekker, H. C. (2009)"Strategic cost management in supply chains, part 1: structural cost management," *Accounting Horizons* vol. 23, No. 2: 201-220.

―――― and ―――― (2009)"Strategic cost management in supply chains, part 2: executional cost management," *Accounting Horizons* vol. 23, No. 3: 289-305.

Coase, R. H., (1937)"The nature of the firm," Economica N. S., vol. 4, No. 16: 386-405.

Cooper, M. C., Lambert, D. M., Pagh, J. D. (1997)"Supply chain management: more than a new name for logistics," The International Journal of Logistics Management, vol. 8, No. 1: 1-14.

Gosselin, M. (2007)"A review of activitiy-based costing: technique, implementation, and consequences," in Chapman, C. S, Anthony, H. G. and Shields, M. D., *Handbook of Management Accounting Research vol. 2*: 641-672.

Porter, M. E. (1985) *Competitive strategy*, Free Press, New York, 1980.（土岐坤・中辻萬治・小野寺武夫訳『競争優位の戦略―いかに高業績を持続させるか―』ダイヤモンド社，1985 年）

Shank. K. and V. Govindarajan (1993) *Strategic cost management: the new tool for competitive advantage*, The Free Press.（種本廣之訳『戦略的コスト・マネジメント－競争優位を生む経営会計システム－』日本経済新聞社，1995 年）

Williamson, O. E. (1975) *Markets and hierarchies*. New York, NY: The Free Press.（浅沼萬里・岩崎晃訳『市場と企業組織』日本評論社，1980 年）

足立洋（2011）「製造部門における利益責任の付与と原価改善システム―セーレンの事例検討を通じて」『企業会計』第 63 巻第 3 号：88-95。

上總康行・足立洋・篠原巨司馬（2008）「総合繊維メーカー「セーレン」の戦略目標管理システム」『福井県立大学経済経営研究』第 20 巻第 3 号：31-55。

篠原巨司馬（2009）「総合繊維メーカー『セーレン』の戦略マネジメントシステム」『ふくい地域経済研究』第 8 号：77-93。

吉川晃史「日本電産の M＆A 戦略と限界利益管理会計」『メルコ管理会計研究』第 3 号：65-74。

セーレン（2006）『インベスターズガイド』2006 年度版。

セーレン聞取資料　2007 年 7 月 4 日，2007 年 11 月 23 日，2009 年 2 月 19 日，2009 年 2 月 20 日。

セーレン株式会社百年史編集委員会編（1990）『セーレン百年史　新たな飛躍・新たな挑戦』セーレン株式会社。

セーレン株式会社ホームページ (a)「ビスコテックスとは？」
　http://www.viscotecs.com/about/index.html（2012 年 3 月 20 日参照）。
セーレン株式会社ホームページ (b)「究極の多品種少量生産」
　http://www.viscotecs.com/about/feature/various.html（2012 年 3 月 20 日参照）。

第7章
脱賃加工戦略と中国進出
── カーテン製造業㈱カズマの成長戦略 ──

上總康行

1　カズマの概要と沿革

　2006年のリーマンショック，2011年の東日本大震災と原発事故，ヨーロッパ債務問題，さらにはタイ大洪水の被害など天災人災などが重なって，日本経済は長く低迷を続けているが，同様に福井県経済もまた低迷を続けている。そのような苦境の中にあっても，際立って成長を続けている「福井の元気企業」が少なからず存在する。そのひとつが本章で取り上げる株式会社カズマである。

　株式会社カズマ（本社：福井市八重巻町，社長：数馬國治氏。以下，カズマと略称する）は，1964年，福井県丹生郡国見村鮎川に数馬勘蔵氏（現社長の父）によって創業され，1995年，カズマの前身である数馬繊維株式会社（1984年設立）を社名変更して，福井市八重巻町に現在のカズマが設立された。カズマはカーテンを中心としたホームファッション商品の企画製造販売会社である。福井工業専門高等学校の第一期生であり，繊維技術に強く，行動力溢れる経営者である。

　現在，カズマは，社是「全社員が一丸となって精励し，モットーは"早く，正しく，適正価格"とする」を掲げて，子会社6社，協力会社30社を擁して連結売上高52億円（2011年6月期）に達する福井を代表する中堅企業である。

表 7-1　カズマの沿革

年月	事　項
1964	数馬勘蔵氏（現社長の父，当時55歳）が，福井県丹羽郡国見村鮎川で水産業の副業として創業。
1973	数馬アミオリの代表に就任するとともに，鮎川第一工場を建設する。
1979	鮎川第二工場を増設し，カーテンレースの生産に特化する。
1984	数馬アミオリを法人設立登記して，数馬繊維株式会社とする。
	カーテン大手K社と決別し，脱賃加工への道を選択する。
1988	鮎川第三工場を増設する。
1990	株式会社カズマサプライを福井市八重巻町に設立する。本社工場第一期工事。
1995	数馬繊維株式会社から株式会社カズマに社名を変更する。
	本社社屋を八重巻町に建設し，本社機能を鮎川町から移転する。
	大手スーパーD社と決別し，小売量販店への販売を断念する。
1997	社是の制定。経営計画書を作成する。
1998	専門小売店チェーン大手のカーテンじゅうたん王国との取引を開始する。
1999	全ての商社および問屋と決別し，直接販売体制を構築する。
	中国人研究生の受入れを開始する（現在まで継続）。
2001	本社工場第二期工事。
2002	社是の変更。東京営業所開設。
2003	中国浙江省杭州市に中国子会社の杭州数馬装工芸品有限公司を設立する。
2004	本社工場第三期工事。本社工場内にカーテン直販店を開設・営業する。
2006	株式会社カズマサプライを株式会社ループに社名を変更する。
	（社名は，編織がループと呼ばれる輪をつなぎ合わせて作られることにちなんだものである。）
2007	鮎川工場を株式会社カズマテキスタイルとして分社化する。
2008	中国浙江省富陽市に二番目の中国子会社の富陽数馬装飾工芸品有限公司を設立する。
2009	進化経営（アメーバ経営の一種）を導入して，経営改革に着手する。
2010	杭州市に中国拡販拠点として杭州維布貿易有限公司を設立，営業を開始する。
2011	株式会社ループの工場の一部を分社化して，株式会社ウェーブとする。

(出所) 数馬（2010a：5-6）より作成。

　表 7-1 は，カズマの沿革を示したものである。

　1990 年に株式会社カズマサプライを福井市八重巻町に設立し，さらに 1995 年に数馬繊維株式会社を株式会社カズマに社名を変更するとともに，本社社屋も同じ場所に併設して，事業活動の拠点をそれまでの鮎川町から福井市八重巻町へと移転し，1990 年を契機として，カズマの大躍進が始まることになる。図 7-1 は，カズマの業績推移を示したものである。

　このグラフを一見すれば，1990 年以降，一貫して右上がりの成長を続けていることが分かる。とりわけ，2000 年には売上高 20 億円を達成し，その後も

図7-1　カズマの業績推移

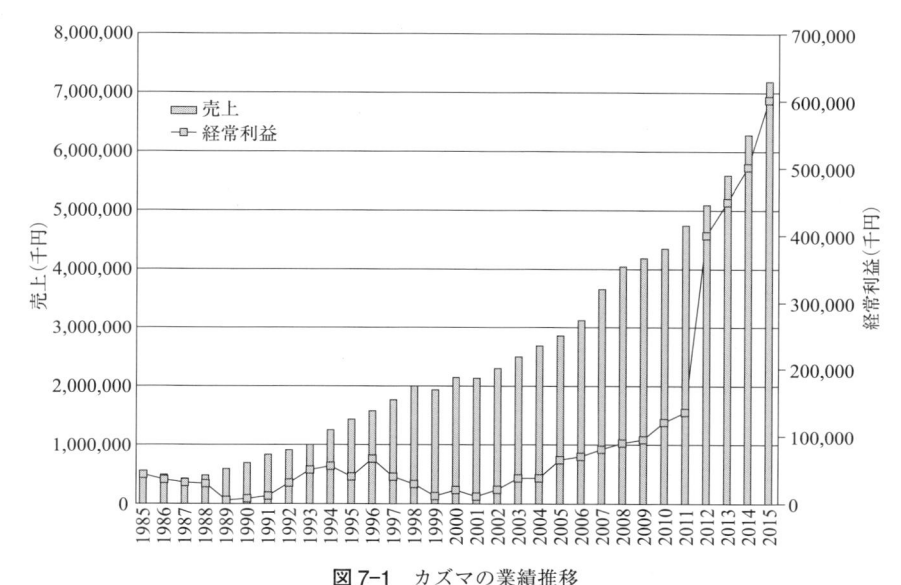

(出所) カズマより入手 (2012年1月28日)。

　売上高と経常利益の増加が顕著である。2012年以降は，マスタープラン（年次予算）に示された計画値であるが，現時点でも，順調に業績を延ばしている。また中期目標として，2014年に連結売上高100億円，経常利益10億円（経常利益率10％）を達成することが社員に提示され，進化経営（アメーバ経営の一種）による経営改革が進んでいる。

　以下，本章の2節では，カズマの成長を可能にした脱賃加工戦略＝フルバリューチェーン化戦略を取り上げ，さらに3節では，成長戦略のための中国進出を検討し，4節では，アメーバ経営の一種であるカズマの進化経営の導入について検討することにする。

2 カズマの一貫生産販売体制の確立と競争優位性

2.1 賃加工からの脱却と一貫生産販売体制の構築

　周知のように，糸を加工して生地が生産される。一般に生地は織物（おりもの）と編物（あみもの）に分類される。織物は，経糸（たていと）と緯糸（よこいと）を交差して作られる生地であり，直線的に糸が走っているので伸びが少なくしっかりした生地である。他方，編物は経編（たてあみ）と緯編（よこあみ）に分類される。編物は織物と違い，一本の糸から網目を作りながらループと呼ばれる輪をつなぎ合わせて作る生地であり，一般的に織物に比べて伸縮性があり，柔らかい生地を作ることができる。経編ではトリコット，ダブルラッセルなどの生地が作られ，肌着，ウールセーター，トレーニングウェア，ストッキングなどの製品となる。緯編ではニット，ジャージ，天竺などの生地が作られ，ランジェリー，自動車用椅子張り，カーテン，シューズなどの製品に加工される（八田経編株式会社ホームページ）。

　1968年，カズマは国産編レース機2台で，編織業者として創業した。1979年には，鮎川第二工場を増設し，カーテンレースに特化していった。売上高を順調に増加させていき，1984年には数馬繊維株式会社として法人登記を行った。しかし，カズマの事業は，福井県の大多数の企業と同様に，後工程を担う縫製業者，さらには商社や問屋から賃加工で注文を受ける下請賃加工であった。自ら市場に対峙しないので，その分リスクは少ないが，縫製業者，商社，問屋からは厳しい加工賃率と不合理な品質を要求された。当時，売上高の60％を依存する中で「孫請けの悲哀」（数馬，2010a）に難渋していた数馬社長は，賃加工からの脱却を決意し，ついにK織物と決別した。これ以降，カズマの歴史は賃加工からの脱却と自社製品の生産・販売を実現するフルバリューチェーン戦略の展開であった。

　カーテン業では，一般に，糸→生地（編織と製織）→刺繍→染色→縫製→物流→小売というプロセスで展開される。1984年当時，カズマは，糸を購入し，

これを経編して生地を作るカーテンレースの編織業者であったが，1990年，福井市八重巻に株式会社カズマサプライを設立し，本格的に縫製業に進出した。数馬社長が掲げる「一貫生産販売体制」（数馬，2010a）の構築，つまりフルバリューチェーン戦略を展開する第一歩であった。しかし，縫製業への進出は，それまで注文主であった既存の縫製業者が競争相手となることを意味していた。カズマはカーテンレースの「編織のプロ」であっても，「縫製の素人」にすぎなかった。当時の様子を数馬社長は，次のように述べている。

　　縫製会社を森田，八重巻に進出することになりました。その時に私は病気になりました。……声が出なくなりました。夜寝られなくなりました。もう息苦しくて。まあ，これはプレッシャーですね。鮎川から森田への進出は大変なことなんですよ。というのは，福井の産元さん……非常に素晴らしい産元のお世話になっていました。うちが縫製をやるということは，競争相手になるということなんですね。そのプレッシャーですね（数馬，2010b）。

　福井市八重巻に進出したカズマでは，工場建設，機械の導入，作業者の雇用，教育訓練，編織と縫製との一元管理などを展開する必要があった。当初はコスト，品質，納期のあらゆる面において思うに任せなかったが，従業員や管理者と一緒になって問題点を克服し，やがて既存縫製業者と互角に戦えるまでに競争力を高めていった。さらにカズマサプライ（現ループ）において同様の方法で刺繍業にも参入していった。
　染色と物流に関しては，日本では，品質やコスト，資本効率などの理由からカズマ自らがこの業種には進出にはしていない。染色に関しては，福井県坂井市春江町に位置し，「日本一の規模を誇るレースカーテンの専門染色工場」（福井カーテン産業協同組合〔以下，FCSと略記〕ホームページ）であると自認するFCSにカーテンの染色を全面的に委託した。また在庫管理，出荷仕訳（ピッキング），客先配送を担う物流に関しては，協力会社のアップル物流株式会社（本社：福井県坂井市丸岡町，以下アップル物流と略記）にこれまた全面的に委託した。

アップル物流のホームページでは,「物流をフルアウトソーシングして,本業に専念したい」というカズマの要求に応じた事例として,カズマは,「ホームファッション商品の企画・製造・販売を行うお客様です。リアルタイムな在庫管理やロスの把握も難しかった当時の状況に対して,外注先からの運搬,検品・検針,パッケージング,欠品時の引当処理,協同梱包・配送,さらには物流面から見た戦略のご提案まで行わせていただいたフルアウトソーシングのソリューションケースです」(アップル物流ホームページ)と紹介されている。残るは,小売業の攻略である。

　1995年,数馬繊維株式会社を株式会社カズマに商号変更するとともに,本社社屋の完成に伴い,本社機能を創業の地・鮎川から福井市八重巻へ移転した。他方,それまで大手スーパーとの取引を行ってきたが,家電製品やインテリア家具などの大型専門小売店が台頭する中で,一段と厳しい価格引下げと不合理な品質を要求されていた。今後,カーテンの顧客ニーズは大型専門小売店に向かっていくと判断した数馬社長は,スーパー大手D社との取引に自ら幕を引いた。それに代わって,1998年には,カーテンじゅうたん王国と取引を開始し,2002年には北海道から全国へ飛び出したベンチャー企業のニトリとの取引を開始した。東京神田に東京営業所を設置するとともに,福井市八重巻の本社には直営店も併設した。他方,創業以来,カーテン専業メーカーとの取引を仲介してきた全ての商社や問屋との取引を停止した。ここにカズマ独自の小売直販システムが完成したのである。そのことは同時に数馬社長が強調する「一貫生産販売体制」が完成したことをも意味していた。表7-2は,カズマの一貫生産販売体制の展開を示したものである。

　この表によれば,2003年以降,中国杭州市に設立された杭州数馬有限公司で製織を,また2008年以降富阻数馬有限公司で染色を行うようになり(次節で詳述),協力工場に委託した「物流」を含めて,カズマでは,念願の「一貫生産販売体制」が完成したのである。

表 7-2　カズマの一貫生産販売体制の展開

	1979 年～	1990 年～	1998 年～	2003 年～	2008 年～
経編	○	○	○	○	○
製織				○	○
刺繍				○	○
染色		△	△	△	○
デジタルプリント					○
縫製		○	○	○	○
物流		△	△	△	△
小売			○	○	○
商品企画				○	○
研究開発					○

(注) ○は自社事業，△は協力会社への委託事業。
(出所) 数馬 (2010a：5-6) および聞取調査より作成。

2.2　カズマが確立した白地レースカーテン生産の競争優位性

　カズマは，賃加工から脱却し，製造販売の総合カーテンメーカーとなった。その販売戦略は，従来の商社・問屋を通じてカーテン専業メーカーへ販売するのではなく，カーテンじゅうたん王国，ニトリなどのインテリア総合大型小売店への直販であった。特に，カズマが創業以来最も得意とする白地レースのオーダーカーテンに関して，コスト管理，品質管理，納品管理を徹底することにより，受注から納品までを1週間以内で十分とするマーケティングを展開した。その結果，ニトリの全国出店計画の展開に伴ってオーダーカーテンの受注が急激に増加した。

　レースカーテン市場は安価な既製品カーテンと比較的高価なオーダーカーテンに区分できる。レースカーテンの場合も，他の製造業の製品と同様に，同一種類の既製品カーテンを大量に生産すれば，量産効果により製品の原価は下がる。かつて福井県はレースを含む繊維製品の日本における一大生産地であった。しかし，低価格と高品質が厳しく要求されたので，福井県繊維企業の多くは競争から脱落し，倒産や廃業へと追い込まれていった。「安価で良い製品」を実現することが極めて困難であったからである。代わって市場を席巻していったのは安価な中国製品であった。

数馬社長はこの難局を経営持論のひとつである「ピンチはチャンス」(数馬, 2010a：58)として捉え，果敢にも「安価で良い」レースカーテンの生産に挑戦していったのである。当時，確かに市場を席巻した中国製品ではあったが，それは既製品のレースカーテンについてであった。もともと中国製のオーダーカーテンは，受注から納品までのリードタイムを1週間とする日本のカーテン市場では，地の利が無く，いわんや品質の点では中国製品は遠く日本製品には及ばなかった。そればかりではない。中国製の白地レースカーテンは，価格こそ安かったが，生地汚れ，裁断ミスや縫製ミスなど，品質に多々問題があった。数馬社長は競合する中国製品の弱味である「悪い品質」のレースカーテンに対して，カズマの強味である「良い品質」のレースカーテンを対峙させたのである。まさに経営戦略論を地で行く正攻法である(上總，1993：75)。

　すでに説明したように，カズマは，創業以来得意とする白地レースに特化し，決死の思いで作り上げた「一貫生産販売体制」の下で，コスト管理，品質管理，納期管理を徹底することにより，白地レースの既製品カーテンとオーダーカーテンの両方において，低コストと高品質，さらには受注から納品までのリードタイムを1週間以内とする短納期を実現し，白地レースカーテン市場において圧倒的な競争優位性を獲得していた。その結果，インテリア総合大型小売店から白地レースの既製品とオーダー両方のカーテンを大量に受注することに成功したのである。

　レースカーテンの場合も，他の製造業の製品と同様に，同一種類の既製品カーテンを大量に生産すれば，量産効果により製品の原価は下がる。しかし，白地レースのオーダーカーテンを生産すれば，ごく少量注文生産となり，製品コストは高くなる。ニトリ他の得意先がカズマのコストアップを加味した希望価格を受け入れてくれれば，会社全体の利益が大きく損なわれることはない。しかし4大得意先が簡単にそうした価格交渉に応じてくれるはずもない。他方では，カーテンの受注量は着実に増加している。福井市八重巻にある本社工場では既製品カーテンだけではなく，オーダーカーテンにも生産能力を割り当てなければならない。オーダーカーテンの場合，月曜日午前中に注文が入って，金曜日

午後に出荷という厳しい短納期を要求される。オーダーカーテンに工場生産能力を手当てすればするほど，既製品カーテンの生産に割り振り可能な生産能力が減少する。その結果，既製品カーテンの生産能力をいかに確保するかが重要な経営課題となった。これまた経営持論のひとつである「量産品と少量高付加価値製品の棲み分け」(数馬，2010a：58) の問題である。数馬社長が下した結論は，既製品レースカーテンの中国生産であった。

3　カズマ成長のための中国進出戦略

3.1　既製品カーテンに特化した中国製造子会社の設立

　浙江省と福井県は1970年代から積極的なつながりを続けている。中でも福井市と杭州市は，ともに繊維や紡績産業の集積地であることから1989年に友好都市となり，以来，文化・産業両面での交流が特にさかんに行われてきた (SMBCコンサルティング〔以下，SMBCと略記〕，2010：7)。

　1988年10月，数馬社長は福井県編レース工業組合主催の中国視察団の一員として初めて中国を訪れた。浙江省杭州市郊外の蕭山で稼働しているドイツ大手編機メーカー・カールマイヤーの中国合弁会社を視察したが，汚い街に来たという印象が強く，後日，中国子会社設立のため，この地を再訪することなど夢にも思っていなかった (数馬，2010b)。しかしカズマの中国進出は急展開することとなる。転機は中国人研修生の受け入れであった。

　1999年，数馬社長は中国人研修生を受け入れた。「それまでカズマ社長は中国進出に積極的ではなかったが，……取引先の要請もあって浙江省から6人の研修生を本社工場へ受け入れた。社長はその6人をレースカーテンづくりの初歩からカズマ流の決して妥協しない品質意識まで徹底的に鍛え上げ」(SMBC，2010: 7) ていった。その後，取引先が上海カーテン工場を立ち上げる際に協力依頼を受けて，数馬社長は「研修生6人の中で最も若く，きわだって有能ぶりを発揮していたひとりの女性」を同行して上海へ渡った。その女性・胡宇菲は

「現地スタッフの指導など上海でも目を見張るマネジメント能力を発揮し，数馬社長をして『この人に任せれば，自社の生産拠点ができる』と確信させ，中国進出を決意させた」(SMBC, 2010: 7)。

かくして，数馬社長は，国内の福井本社工場をオーダーカーテンの生産に振り当て，既製品カーテンに関しては，低コストを実現するために中国工場の建設を決断した。2003年8月21日，中国浙江省杭州市に杭州数馬装飾工芸品有限公司を設立した。

当時，中国ではSARSが発生し，一大騒動になっていたが，数馬社長は，「これはビッグチャンスだと思いました。……確率論から言うと……そんなもんSARSにかからんに決まっているんですよ。〔マスクをしていたのは〕案の定，上海空港だけでした。……杭州では全く使っていませんでした」(数馬, 2010b)。強靱な精神力と頑健な体力に後押しされて，中国子会社設立に向けて，数馬社長は杭州市へ乗り込んだのである。数馬社長は胡宇菲と二人で，「浙江省〔杭州市〕近辺の地場工場をめぐり，紡績や刺繍，染色などの協力工場を開拓。やがて工場内に縫製工場をも加え，カーテンづくりの全工程を中国で行える体制を整備した」(SMBC, 2010: 7)。数馬社長は，当時の状況を次のように振り返る。

　　繊維産業の集積する浙江省を中心に数多くの関連を見て歩き，現場や製品を確かめたものの，『正直いって，全部失格』。品質や技術にカズマ基準で合格点を出せることなかったのだ。〔改行〕『これは全力をあげて彼らを育て，一緒に成長して品質をあげていくしかないな，と』，小さくても技術工場に前向きな会社，経営者のビジネス姿勢や人柄に信頼が置けると見た会社を選び，技術指導や情報的伝授を惜しまずに行った (SMBC, 2010: 12)。

　　『小さく出て大きく育てる』。それが私の中国進出の基本でした。そして染色や縫製工場がたくさん集まる杭州を選び，借り工場に可動式の設備をそろえて30万ドルの初期投資でスタートしたのです (SMBC, 2010: 15)。

杭州数馬装飾工芸品有限公司は，杭州市蕭山区衛前鎮環鎮南1号に設立され，資本金30万ドル（現在50万ドル），従業員10名（現在38名），董事長は数馬國治，総経理はもちろん胡宇菲であった。

3.2　中国生産子会社の拡充とグローバル販売拠点の設置

杭州市で協力工場を組織して杭州数馬装飾工芸品はレースカーテンの生産を始めたが，「染色や縫製など外注ではどうしても歩留りが悪いことも多い。協力会社をネットワークする中核工場が不可欠と，〔杭州市〕郊外の富阻に自前の工場を立ち上げました」（SMBC, 2010: 15）。それが，2006年11月14に富阻市環山郷埠村322郷に設立された富阻数馬装飾工芸品有限公司である。資本金301万ドル（現在522万ドル），従業員280名，（現在280名），工場床面積17,300m^2，経営陣は，杭州数馬と同じで，董事長は数馬國治，総経理は胡宇菲であった。

富阻数馬には，編立，刺繍，染色，縫製の各工程が完備しており，年間生産量は，編立500万m^2，染色800万m，セット1,200万m，刺繍430万m，縫製250万枚に達している。図7-2，図7-3，図7-4，図7-5は，富阻数馬の整経工程，編立工程，刺繍工程，縫製工程の現場をそれぞれ示したものである。

紙面の都合もあって図に関する詳細な説明は省略する。それでも一言付言しておけば，富阻数馬に設置された機械はほとんど中国製である。40年の熟練技術者でもある数馬社長が中国製品の中から吟味・厳選したいずれも逸品である。不具合部品や低性能部品を高性能の日本製と取替え，見事に最新鋭機械に変身させている。投資コストは日本製の五分の一と聞いている。この辺りにも，カズマ製品の低価格かつ高品質の秘密が隠されている。

かくして，富阻数馬装飾工芸品は，「これまで築いてきた協力会社のネットワークを生かしながらレースの編み立てから染色，刺繍，縫製という全てを総合的に行う〔一貫生産工場であり〕，日本への一大輸出基地となっている」（SMBC, 2010: 15）。

そればかりではない。2010年には，杭州市街のど真ん中に杭州維布貿易有

図 7-2　整経工程

(出所) カズマ提供。

図 7-3　編立工程

(出所) カズマ提供。

図 7-4　刺繡工程

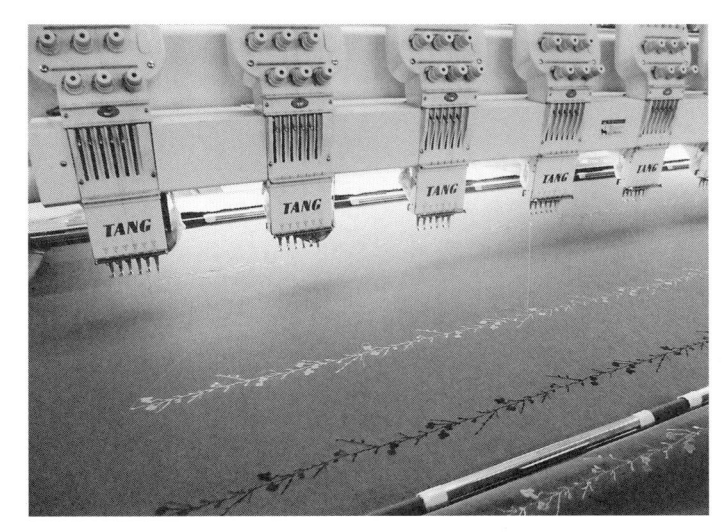

(出所) カズマ提供。

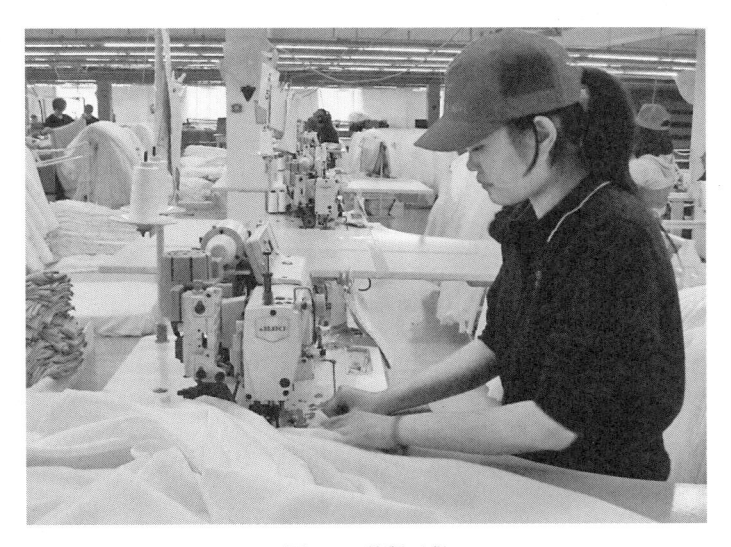

図 7-5　縫製工程

(出所) カズマ提供。

限公司（以下，杭州維布と略記する）を設立した。ここを拠点にして，もちろん中国の国内販売を展開する。当面，国内販売する「主力製品は，活況を呈するマンション開発プロジェクトやホテル，病院，公共施設などへ向けた防煙やUVカット，遮光などの機能カーテン」（SMBC, 2010: 15）である。しかし，「この会社の真の目的は世界への売り込み」（SMBC, 2010: 9）である。これまで胡宇菲総経理がこの会社も切り盛りしていたが，2012年6月以降，胡宇菲氏は杭州数馬と富阻数馬の工場運営に専念することになった。彼女に代わって，富阻数馬の設立時から会社経営に深く関わってきた数馬社長の長女・数馬亜季子氏が総経理となり，杭州維布を指揮することとなった。数馬社長が杭州維布で展開するグローバル戦略は，次のとおりである。

　　ヨーロッパに流通している中国製カーテンは品質のバラツキが多く信頼性に欠ける。そこに品質の安定した，上質なカーテンや生地を売り込む訳です。日本工場は高付加価値の機能カーテンやインテリア製品へ多角化し，それを垂直展開する。一方で中国からは協力会社ともインターフェイスしながら，数馬がプロデュースするかたちでカーテン生地素材をBtoBで売っていく。いわば専業国際化の水平展開。メイド・イン・ジャパンとメイド・イン・チャイナの『バイ・カズマイズム』。それをうまく補完・両立させ世界にカズマ・ブランドを売り込むんです（SMBC, 2010: 15）。

杭州市中心街に設置した杭州維布は，カーテンの国内販売拠点であるばかりでなく，ヨーロッパ諸国へカズマのレース生地やカーテンを販売するグローバル戦略拠点でもある。中国もヨーロッパも一筋縄ではいかないだろうが，大いに期待できるビジネス戦略である。

　かくして，カズマの屋台骨が整ったのである。図7-6は，カズマグループの一貫生産・販売体制を示したものである。

　この図によれば，国内外の原糸メーカーから原糸購入し，中国の富阻数馬と創業の地鮎川にあるカズマテキスタイルで編織を行い，さらに富阻数馬とカ

第 7 章　脱賃加工戦略と中国進出　　181

カズマ一貫生産・販売体制

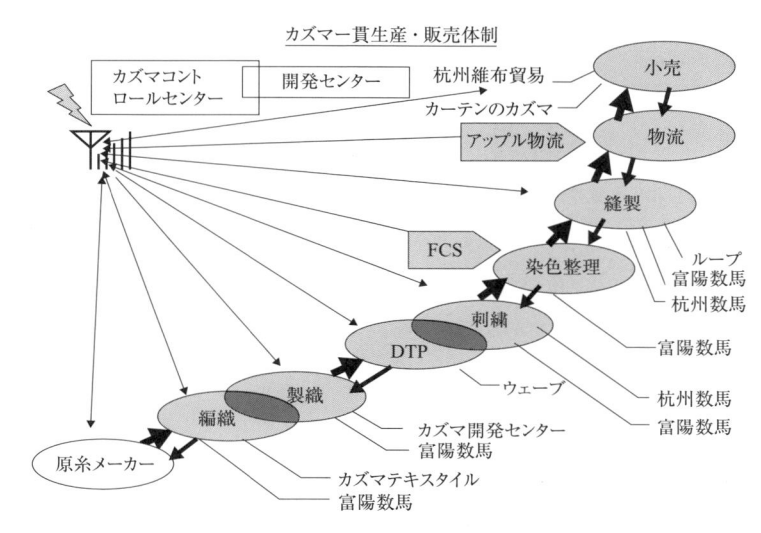

図 7-6　カズマグループの一貫生産・販売体制
(出所) 数馬 (2010a：9)。

ズマ開発センター (本社工場内) で製織を行い，生機を生産する。DTP では基布にデジタルプリント加工を行い，刺繍は杭州数馬と富阻数馬において高速機械で文字どおり刺繍する。染色整理に関しては，中国では富阻数馬，日本では FCS が担当する。縫製は，中国の杭州数馬と富阻数馬，日本のループ，最近ではウェーブが担当する。そしてアップル物流が全国の得意先に向けてピッキングや配送を行う。本社直営店，東京営業所，数馬生活館を通じて顧客ニーズを取り込み，販売戦略を展開している。そして，このようなグループ活動の全体を集中コントロールしているのが数馬社長率いる株式会社カズマ本体である。

　かくして，カズマの中国進出の結果，現在のカズマグループができ上がった。表 7-3 は，カズマグループの概要を示したものである。

　かくして急成長を遂げてきたカズマは，資本金こそ小さいが，日中両国に多数の子会社・工場を保有する中堅企業になった。しかし，カズマがより競争力を強化するためには，これまで築いてきた「一貫生産管理体制」をより磐石な

表 7-3　カズマグループの概要（2011 年 6 月現在）

カズマグループ概要（2011. 6 現在）

企業名	㈱カズマ	㈱ループ	㈱ウェーブ	㈱カズマテキスタイル	杭州数馬装飾工芸（有）	富陽数馬装飾工芸（有）	維布貿易有限公司	計
所在地	福井市八重巻町105	福井市八重巻町105	福井市八重巻町105	福井市鮎川町95-32	浙江省杭州市	浙江省富陽市	杭州市中山北路	—
設立年/進出形態	1990 年	1990 年	2001 年	1973 年	2003 年独資	2008 年独資	2010 年独資	
資本金	3,000 万円	2,000 万円	1,000 万円	1,000 万円	50 万ドル	301 万ドル	20 万ドル	4 億円
従業員	45 名	150 名（中国人38 名）	25 名	28 名	36 名	255 名	4 名	523 名
事業内容	開発, 営業, 販売, 管理	縫製	縫製	編レース	縫製, 刺繍	編レース, 染色, 縫製, 刺繍	小売, 貿易	—
売上（2011.06期）	47 億円	7 億円（カズマ委託加）	0.7 億円（カズマ委託加）	5 億円（販売先カズマ）	5 億円（販売先カズマ）	10 億円（直貿 4 億円）	—	52 億円
経常利益	137 百万円	6 百万円	7 百万円	7 百万円	20 百万円	77 百万円	—	
販売先	カーテンじゅうたん王国，ニトリ，無印良品，JH etc							

（出所）数馬（2010a：4）の表を一部修正加筆。

ものとし，その上でグローバル市場を見据えた経営戦略の展開が必要とされている。

4　カズマ進化経営の導入

4.1　カズマ進化経営の導入

2008 年 12 月 11 日，筆者は，福井市の繊協ビルにおいて福井県経営品質協議会主催の講演会で「経営の質の高い企業の管理会計 ── 京セラのアメーバ経営と利益連鎖管理（PCM）を中心に ──」と題する講演を行った。会場が満員となる盛況であったが，講演後，多くの来場者と名刺交換を行った際に，数馬社長に初めてお会いした。1 週間後，福井県立大学の研究室に，本学経済学部

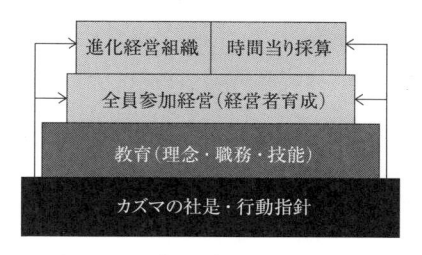

第 7 章　脱賃加工戦略と中国進出　　183

```
    ┌─ 進化経営組織  時間当り採算 ─┐
    │       全員参加経営（経営者育成）       │
    │         教育（理念・職務・技能）         │
    │         カズマの社是・行動指針         │
```

図 7-6　カズマの進化経営の概念図
（出所）数馬（2010a：9）。

を卒業した牧野康一氏（現総務課長）を伴って数馬社長がお越しになった。用件は，カズマでアメーバ経営を導入したいので，相談に乗って欲しいというものであった。当時，中国進出を果たしたカズマは，5つの子会社を擁してカズマグループを形成していたが，企業成長が速すぎた事もあって，内部管理ないし管理会計が不十分であった。特に各子会社がどれだけの利益を獲得しているのかを正確に把握して経営をしたいというのが数馬社長の要望であった。

その後，いくつかの経緯があったが，2009年7月，元京セラ社員の経営コンサルタントによってカズマにアメーバ経営が導入さることになった。当初，カズマではアメーバ経営と呼んでいたが，3か月後には，社是で「SHINKA」「新化」「深化」「進化」を掲げているので，これにちなんで進化経営という呼び名に変更された。進化経営の詳細な分析に関しては，別稿を予定しているので，ここでは，簡単に進化経営の仕組みを説明しておきたい。まずカズマの進化経営を概念図で示せば，図 7-7 のとおりである。

この図によれば，カズマの進化経営は，本家本元の京セラ株式会社で実践されているアメーバ経営の仕組みと全く同じである（上總，2010：62）。2012年7月で進化経営が導入されて3年を経過することになるが，第2層の「教育（理念・職務・技能）」と第3層の「全員参加経営（経営者育成）」に関しては，残念ながら，いまだ発展途上にある。以下，順次，第1層から第4層までカズマの進化経営の仕組みを簡単に説明しておこう。

(1) カズマの社是と行動指針

　1997年、カズマの社是が初めて制定された。2002年と2011年に社是の変更が2回行われ、現在に至っている。現在の社是は次のとおりである（数馬、2010a：17）。

　社是は「豊かさの創造」である。これに「我が社は、インテリア産業流通の進展に貢献することを使命とし、「正義の経営」をして世界で卓越した企業へとSHINKAします」という文言が続く。さらに社是で定義されるSHINKAについて、具体的に3点が定義されている。

1. 私達は、自己研鑽に励み、仕事を通して一人一人が新化します。
2. 私達は、部分最大化と全体最適化を旨に、業務改革して深化します。
3. 私達は、堅実な成長・利益増大をつづけ進化します。

　カズマでは、全社員が一同に集まって、おおむね7月初旬に経営計画発表会、1月下旬に進化経営発表会がそれぞれ開催される。各発表会の冒頭で、上記の社是の全文言について全社員によって順次「指差し唱和」が行われる。会場の中で聞くと大迫力である。それだけではない。発表会は、全員起立して次の文言を指差し唱和して終わる。

　「元気で挨拶、よし。整理・整頓・清掃、よし。」

　京セラのフィロソフィの中に、「ベクトルを合わせる」（京セラホームページ）というのがあるが、この指差し唱和は、その具体的手段のひとつであろう。さらに、「カズマ行動指針」が次のように決められている（数馬、2010a：19）。

1. "進化経営、実践"
2. "一人一人が主役、一日一日が勝負"
3. 3現即（現場、現物、現在）
4. 全てをスクリーン化（前始末、源流管理、整流化）
5. 日報メールで自己発信（数値化、見える化、共有化）

　数馬社長は、経営会議や進化経営会議の中で、社是やカズマ行動指針をしょっちゅう口にされる。社員の会話の中にも、社是や行動指針の文言が自然に登場する。それが具体的な行動に現れるか否かが勝負の分かれ目である。まさに「言

うは易く，行うは難し」である。それにしても，数馬社長は造語が上手である。例えば，社是のしんかも SHINKA，新化，深化，進化と変化する。3原則ではなく「3現即」，後始末に対応する「前始末」などである。いずれも良く考え抜かれた造語である。

(2) 教育と全員参加経営

　京セラでは，もちろんフィロソフィ教育が重視されている。京セラの教育研究制度が定着しており，①フィロソフィ教育（国内，国外），②マネジメント教育，③職能別教育，④技術教育，⑤職種別教育という教育項目について，経営幹部，中堅社員，社員，パートタイマーに区分される京セラ社員が教育を受けることになる。例えば，2008年度の社員教育受講者数は述べ117,243名であり，その内，フィロソフィ教育は，日本国内44,232名，海外51,032名で，全体の81・3％にも達していた。この時のグループ従業員が66,606名であったので，従業員一人につきおよそ2日のフィロソフィ教育が行われていたことになる（上總，2010：62-65）。おそらくこれほど徹底したフィロソフィ教育を行っている企業は内外企業を通じて皆無に近いだろう。したがって，京セラと同様のフィロソフィ教育を今のカズマ，いやいや京セラ以外の企業に望むことは無理だろう。

　とはいえ，カズマでも社員教育は徐々に進展している。京セラの教育研修制度のうち，①フィロソフィ教育を除いて，②マネジメント教育，③職能別教育，④技術教育，⑤職種別教育に関しては，外部の経営コンサルタント会社のプログラムを利用しながら進んでいる。英語教育，中国語教育，MBAの取得などにも社長の檄が飛んでいる。

　現時点でカズマにとって最も重要な「教育研修制度」は毎年冬と夏に開催される進化経営発表会と経営計画発表会であろう。カズマの会計期間は7月1日から翌年6月31日までである。このため，7月初旬に芦原温泉のホテルに全従業員約250名が集結して，「指差し唱和」を皮切りに，社長の方針説明から順次経営計画発表会のプログラムが進行する。表7-5は，第27期（平成22年度）の経営計画発表会のプログラムを示したものである。

　この経営計画発表会に実際に参加させていただいたが，朝8時30分から経

表7-5　カズマの第27期経営計画発表会プログラム

第27期（平製22年度）
経営計画発表会

1. 会議名称，開催日時・場所
   　第27期　経営計画発表会
   　開催日時　平成22年7月3日（土）8:30～20:30
   　開催場所　グランディア労泉（グランディアホール）
2. 会議次第

　　　　　　　　　　　　　　　　　　　　　　　　　　司会　藤田部長

時　間	発　表　者	発　表　内　容
8:00～8:20	―	受付，入場
8:20～8:25	―	着席
8:30～9:30	社長	第27期経営方針 グループ背景，役割等の説明
9:30～9:45	大村	営業部方針
9:45～9:50	斎藤	営業部門サークル
9:50～10:00	―	休憩
10:00～10:05	山口	直営店方針
10:05～10:10	豊嶋	DTP方針
10:10～10:20	中村	テキスタイル方針
10:20～10:30	リーダー	テキスタイル各部門サークル（市野，岩本，武田）
10:30～10:40	川畑，森本	ループ方針
10:40～11:10	リーダー	ループ各部門（10人）
11:10～11:25	胡宇鋒	冨陽，杭州数馬方針
11:25～11:35	数馬亜，胡宇菲	杭州SHOP運営方針
11:35～11:45	浅井	開発，国際販売
11:45～11:55	細川	カズマ統合管理システム
11:55～12:05	中川	カズマ品質統合管理
12:05～12:10	藤澤	5S，労務管理
12:10～12:15	牧野	人材育成
12:15～12:25	専務	表彰（功労賞，社長賞）
12:25～12:55	講演	上坂先生
12:55～13:00	社是唱和 指差し唱和	
13:00～13:30	―	昼食
昼食時	社長	定年者表彰（西出，森田賢，中村公）
13:30～13:45	―	移動
13:45～17:00	懇親会	ミニ運動会，観光等
17:00～18:30	―	移動，休憩
18:30～20:30	懇親会2	懇親会 乾杯～上総先生 締め～常務
宴会開始後		中国DVD・会社全体DVD鑑賞，余興（KZT，本社男子，女子2，研修生）

【指差し唱和】
　　　元気で挨拶　ヨシ！
　　　　　整理，整頓，清掃　ヨシ！
（出所）カズマ提供。

営計画発表会が始まり，途中の昼食とレクレーション（運動会，陶芸，スポーツなど）を鋏み，懇親会が終了するのが午後8時30分である。これだけ長時間，全社員が行動を共にすれば，「全員参加経営」に多大の効果があることは疑いないところである。

1月下旬に開催される進化経営発表会も，昼食とレクレーションを除けば，基本的には，経営計画発表会の内容と同じである。午後1時30分から始まり，午後6時10分に会議を終了し，その後懇親会で盛り上がって，午後7時30分に閉会となる。若い社員，とりわけ女子社員が多いだけに，発表会のプログラムや進行には気を遣うことが多いと思われるが，その分だけ効果も期待できるということだろう。

4.2 カズマの進化経営組織と時間当たり採算

京セラで実践されているアメーバ組織の編成原理は，次のとおりである（KCCS [2004] p. 47）。

① まずアメーバ組織はライン・スタッフ制組織として編成される。ライン部門は利益を生み出す「採算部門」であり，プロフィットセンターと位置づけられる。スタッフ部門は利益を生まない「非採算部門」であり，コストセンターである。

② 次にライン部門が製造部と営業部とに分離される。それらはそれぞれ製造アメーバと営業アメーバと呼ばれるが，もちろん両者はともに利益を生み出す「採算部門」であり，プロフィットセンターである。他方，スタッフ部門は利益を生まない「非採算部門」であり，コストセンターであるが，必要に応じて，経営管理部や研究開発部などに分離される。

③ さらに製造部や営業部が採算可能な範囲で，より小さなプロフィットセンターである下位アメーバに分割される。逆にアメーバが統合されることもある。

ここで，①と②はアメーバ組織の組織編成原理であり，③その分割統合原理である。第一原理の組織編成原理は，基軸ライン部門である製造部と営業部

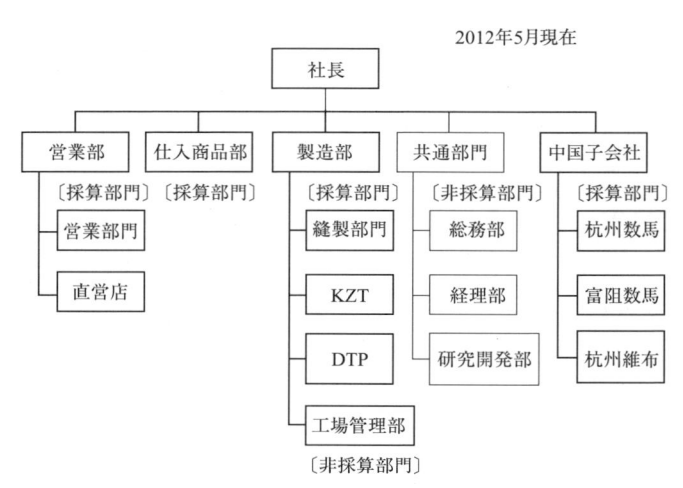

```
                                    2012年5月現在
                         社長
    ┌────────┬────────┼────────┬────────┐
  営業部   仕入商品部  製造部   共通部門  中国子会社
  〔採算部門〕〔採算部門〕〔採算部門〕〔非採算部門〕〔採算部門〕
   営業部門              縫製部門   総務部      杭州数馬
   直営店               KZT      経理部      富阻数馬
                       DTP      研究開発部   杭州維布
                       工場管理部
                      〔非採算部門〕
```

備考）(1) ━ : 採算部門　　━ : 非採算部門
　　　(2) 中国子会社には進化経営は未採用である。

図7-8　カズマの進化経営組織の概要

がそれぞれ採算部門として編成されることをいう。この原理のもとで，アメーバ組織はライン採算制組織（line profitable organization: LPO）として編成される。第二原理の分割統合原理とは，すべてのライン部門が連続プロフィットセンターとして分割または統合されるというものである（上總，2008：8-9）。

　カズマは5つの子会社から構成されているが，それらをひとつの進化経営組織として捉えて，そこにアメーバ組織の編成原理が適用された。試行錯誤の期間が長く続いたが，現時点では，問題を残しながらも着実に運営されている。図7-8は，カズマの進化経営組織の概要を示したものである。

　この図によれば，ライン部門（採算部門）は営業部，仕入商品部，製造部である。中国子会社に進化経営が採用される場合には，もちろん杭州数馬，富阻数馬，杭州維布のいずれも採算部門となる。通常のアメーバ組織からみれば，カズマの仕入商品部が採算部門として取り扱われることに違和感があるかもしれない。仕入商品部については，進化経営を導入したときから議論が続いており，他の部門の進化経営が一段落してから，この部門の本格的な再検討が行わ

れるものと推察される。

　カズマの進化経営組織に対応して，部門ごとに部門別採算表が作成される。部門別採算の計算方法は，基本的には，次のとおりである。

　　製造部門の部門別採算＝工場生産高－経費
　　営業部門の部門別採算＝売上高－仕切価格－経費
　　仕入商品部の部門別採算＝仕切価格－製造生産高－経費

　アメーバ経営では，各アメーバ間で取引が行われる場合には，営業口銭方式と仕切価格方式の2方式が使われる。カズマの進化経営では，仕切価格方式を採用し，製造部と仕入商品部間，そして営業部と仕入商品間で値決めが行われる。したがって，製造部門の「縫製部門」に含まれる裁断，縫製，形状加工，シェードの工程間では値決めは行われない。表7-6は，カズマで現在利用されている部門別採算表である。

　昨今では，どこの企業でも内部情報の漏洩に厳しい監視がなされているが，カズマも例外ではなく，一級品の内部機密情報に属するので，部門別採算表の数値は除いてある。

　カズマでは，各部門責任者を集めて月2回，進化経営会議が開催される。当初は，部門別採算の理解もままならず，計算間違いも頻発し，議論にならないこともあった。進化経営を導入して3年を経過し，初期のトラブルから脱して，部門別採算表を見ながら時間当り採算を巡って積極的な議論ができるようになった。大なき数値の差異に対する原因究明とその対策にも議論が及ぶようになった。その結果，各部門の時間当り採算は少しずつではあるが改善されている。7月初旬に開催される経営計画発表会でその年度の目標数値が発表され，それを基にしたマスタープランが作成され，さらには毎月の「予定」に落とし込んで進化経営会議を運営できるところまで到達した。

2012 年 5 月現在

表 7-6 カズマの

営業・共通部門別採算実績 表

月　　　　　　　　　　　　　　　　　単位:円

		営業	直営	営業部門計	共通部門	合計
1	売 上 高					
2	仕 入 高(3～4)					
3	外部仕入					
4	内部仕入					0
5	総 収 入(1−2)					
6	粗利率(5÷1)					
7	経費合計(8～24)					
8	減価償却費					
9	業務手数料					
10	消 耗 品 費					
11	支 払 運 賃					
12	広告宣伝費					
13	旅費交通費					
14	接待交際費					
15	通 信 費					
16	リ ー ス 料					
17	賃 借 料					
18	水道光熱費					
19	顧 問 料					
20	保 険 料					
21	開 発 費					
22	委託物流費					
23	福利厚生費					
24	その他経費					
25	共 通 経 費					
26	差引収益(5−7)					
27	総 時 間(28～30)					
28	定 時 間					
29	残業時間					
30	振替時間					
31	時間当り(26÷27)					
32						
33	人 員					
	配分比率					
34	在庫増減(副資材)					
35	在庫増減(生地)					
36	在庫増減(製品)					
37	在庫含む時間当り					
38	在庫含む粗利率					

部門別採算表

製造部門別採算実績表

作成日 2012/6/19

		縫製部門	KZT	DTP	製造部門計	仕入商品計
1	営業出荷					
2	製 造 売					
3	製 造 買					
4	－					
5	総生産(1+2-3)					
6	－					
7	経費合計(8～24)					
8	材料費(糸、生機、副資材)					
9	外注費(整経、染色、縫製)					
10	生地,製品仕入					
11	消耗部材					
12	機料費					
13	修繕費					
14	消耗品費					
15	水道光熱費					
16	支払運賃					
17	賃 借 料					
18	減価償却					
19	リース料					
20	通信費					
21	顧問料					
22	保険料					
23	福利厚生費					
24	その他経費					
25	共 通 経 費					
26	差引収益(5-7)					
27	総 時 間(28～30)					
28	定 時 間					
29	残業時間					
30	振替時間					
31	時間当り(26÷27)					
32	時間当り生産高(5÷27)					
33	人員					
34	在庫増減(材料費、副資材)					
35	在庫増減(生地)					
36	在庫増減(製品)					
37	在庫含む時間当り					
38						

5　グローバル経営と進化経営の課題

　カズマにおける進化経営の導入当初からほとんど全ての会議に参加させていただいて，進化経営の進捗状況を目の当たりにしてきた。時間は少し多くかかっているように思われるが，着実に進化経営が「進化」しているように思う。

　アメーバ経営に強い関心を持って研究してきた研究者の立場から言えば，アメーバ経営は，成長戦略の下で有効に機能すると思われる。何故なら，製造部門における時間当り採算の向上は，生産能率向上の必然的な結果であり，そこには，生産能力の余裕が発生している。あるいは，機会損失が発生していると言い換えても良い。この生産能力の余裕（機会損失）をそのまま放置すれば，結果として，まさに利益を獲得する機会を失って，全社利益は増大しない。しかし，営業部門が追加注文の獲得に成功するならば，その注文によって生産能力の余剰が解消され，製造部門は活気づく。機会損失がなくなり，製造部門も営業部門も時間当り採算を増大できる。結果として，全社利益も最大化できることになる。つまり，生産能力の余裕を解消する売上高の増大こそがアメーバ経営の決め手なのである（上總，2010：77-79）。

　国内需要が低迷を続ける中でも，企業は生き残りを賭けて市場で競争しなければならない。国内市場だけにとどまっていては，生き残ることは難しいかもしれない。カズマは，レースカーテンの低価格，高品質，短納期を実現し，国内市場では，競争優位性を獲得した。さらにカズマは中国に進出して，3つの子会社，杭州数馬，富阻数馬，杭州維布を経営するところまできた。中国市場はもとよりヨーロッパ市場を視野に入れたグローバル戦略が始まろうとしている。

　グローバル戦略の展開は，結果として，売上高の増大をもたらすはずであるので，成長戦略を志向する進化経営とが相互に補完しあって，この先もカズマが大きく成長することだろう。われわれは，「世界のカズマ」が誕生することを大いに期待したい。

謝辞

本論文の作成に際して，株式会社カズマの数馬國治社長，小寺隆治専務，浅田俊幸常務，春名正康社長室長，高市純治経理部長，藤田敬義総務部長，白川秀司東京営業所長，牧野康一総務課長を始め，多数のカズマ関係者のご理解とご協力を賜った。経営委員会，経営計画発表会，進化経営発表会，進化経営会議工場や事務所などには，ほとんど制限無く出入りを認めていただいた。アンケート調査も数回にわたって実施させていただいた。これらのカズマ関係者の献身的なサポートがなければ，本論文は微塵だに完成しなかっただろう。ここに深甚の謝意を表する次第である。

引用文献

アップル物流株式会社ホームページ http://www.web-apple.jp/category/works/（2012年5月11日参照）。

SMBCコンサルティング（2010）「特集・『絆』経営で育つ，中国人総経理と協力会社」『中国ビジネスクラブ』第84巻：4-15。

上總康行（1993）『管理会計論』新世社。

───（2008）「GMと京セラの管理会計比較研究」『立教経済学研究』第61巻第4号：1-25。

───（2010）「アメーバ経営の仕組みと全体最適化の研究」アメーバ経営学術研究会編『アメーバ経営学─理論と実証』第2論文，KCCSマネジメントコンサルティング，丸善。

数馬國治（2010a）「カズマの中国戦略─高品質，短納期を実現するために─」上坂会計事務所講演会，2010年4月20日，配布資料。

───（2010b）「カズマの中国戦略─高品質，短納期を実現するために─」上坂会計事務所講演会，2010年4月20日，講演記録。

京セラ株式会社ホームページ http://www.kyocera.co.jp/inamori/management/philosophy/05.html（2012年5月11日参照）。

京セラコミュニケーションシステム（KCCS）（2004）『京セラアメーバ経営ゼミナール』2004年10月11日，配布資料。

八田経編株式会社ホームページ http://www.8ta.co.jp/2009/tateami/index.html（2012年5月11日参照）。

福井カーテンレース産業協同組合（FCS）ホームページ http://f-c-s.jp/pro.html（2012年5月12日参照）。

第8章
地方アパレル卸売業からレディースカジュアルウェア専門店へ転進
―― 株式会社アイジーエーの事例 ――

境　宏恵

1　はじめに

　本書第Ⅱ部は福井県企業の経営革新事例を紹介し検討するものであるが，本章では株式会社アイジーエーを取り上げる。
　アイジーエーは，「axes femme」（以下ではアクシーズファムと記す）ブランドを全国に展開するレディースカジュアルウェア専門店チェーンを営む企業である。アイジーエーの近年の業績の好調ぶりやそれを成し遂げた経営のあり方は福井県内や業界内のみならず幅広い方面から注目を集め，これまでにもすでに新聞や雑誌等で頻繁に紹介されている[1]。また，2010年には，全国の優れた中小企業を表彰するグッドカンパニー大賞においてグランプリを受賞してい

---

1) 例えば，帝国データバンク福井支店による県内企業売上高伸び率調査において売上高伸び率が4.9倍で4位（福井新聞，2011年8月19日）に，日経MJによる主要小売業の2010年度総売上高営業利益率ランキングにおいて10.4％で13位（日経流通新聞，2011年6月29日）に，日経流通新聞による第37回日本の専門店調査において総資本経常利益率が27.4％で3位（日経流通新聞，2009年7月8日）になるなど，さまざまな調査で上位にランクインしている。また，繊研新聞による専門店ランキング調査でも毎年のように好業績企業として紹介されたり，各種媒体で特集されたりするなど，記事は多数ある。

る[2]。このグッドカンパニー大賞においてアイジーエーが評価された点は、「卸売から小売に業種転換した刷新力、ひとつのブランドで成長したブランド充実力、社内表彰制度を設けるなどの人材育成方法など」（福井新聞、2010年11月20日）であるが、これらはいずれも現在のアイジーエーの躍進を考える上で重要な要素であろう。そこで以下では、本章の目的に鑑み、卸売から小売への業種転換という経営革新について特に焦点を当てて紹介し、若干の検討を行いたい。

なお、本章の構成は以下のとおりである。第II節で、ケースとしてのアイジーエーをとりまく環境をより深く理解するために、アパレル産業全体の状況を確認した上で、第III節でアイジーエーが業種転換という経営革新を行うまでの沿革や業績の推移を示す。続く第IV節でアイジーエーのブランド展開における特徴について検討し、第V節にて総括を行う。

2 日本のアパレル産業

2.1 日本のアパレル産業の現状と特徴

次節以降でアイジーエーの沿革や業種転換について紹介するのに先立ち、まず日本のアパレル産業の現状や特徴について簡単に確認しておきたい。

まず、アパレル産業の市場規模はピーク時の1991年には約13兆円であったが2010年には8.9兆円にまで落ち込み、長期的な縮小傾向にある[3]。そもそ

---

2) グッドカンパニー大賞とは、財団法人中小企業研究センターが全国の中小企業の中から経済的、社会的にすぐれた成果をあげている企業を選定し顕彰するものであり、1967年から続く歴史と実績のある賞である。過去の受賞企業には、京セラなどその後上場した企業や世界で活躍する企業も多数含まれている。
3) アパレル産業の市場規模については経済産業省の統計や業界の各種統計などがあるが、統計主体により視点はさまざまであり、把握は容易ではない。ここでは最終消費者に最も近い小売の側面に着目しているものとして、矢野経済研究所（2011）による市場規模の推計に依拠している。なお、商業統計表やそれをもとにした推計（例えば、木下、2011）でも、数値は異なるものの本章で示したデータと同様の傾向を示している。

も衣料品は家計支出の中でも支出が抑えられやすく，景気の低迷は市場の縮小に大きな影響を与えている。また，少子高齢化の進展に伴ってアパレル産業の需要先としての若年層が減少していくことから，将来の市場規模はさらに縮小すると予測され，厳しい環境にある。

次に，アパレル産業の生産・流通の構造について確認したい。これを示したものが以下の図8-1から図8-3である。

図8-1は，日本におけるアパレルの生産・流通経路を示している。川の流れになぞらえてアパレル素材を生産する繊維素材業界およびテキスタイル業界を「川上」，アパレル生産を行うアパレル業界を「川中」，そして消費者へのアパレル販売を行うアパレル小売業を「川下」と3つの業界に分類することができるのだが，繊維素材，テキスタイル，アパレルの3つの業界の内部にはそれぞれにメーカーと卸が存在し，糸・生地・商品の生産と流通には多くの主体が携わっている。また，特に川中と川下におけるアパレルの生産・流通経路についてさらに示すと，図8-2のとおりである。さまざまな生産・流通経路が存在するが，このうち日本のアパレル産業ではアパレルメーカーおよびアパレル卸商が商品を企画してメーカーに生産を委託し，生産された商品を小売企業に卸すという形態が主流である。つまり，アパレルメーカーおよびアパレル卸商が「素材の手配，商品企画，販売促進・宣伝，小売企業への販売などの機能を集約して保持」（日本ファッション教育振興協会教材開発委員会，1995：76）しており，流通のプロセスに産地卸商，商社製品部門，2次卸商が加わった複雑な形態となっている。また，アパレル卸商は図8-3のようにさまざまな種類に分類される。

このように，アパレル産業は川上から川下まで多段階であり，サプライチェーンが長く複雑な構造となっているのだが，これが製品の高コスト化をもたらす一因となっている[4]。また，最終消費者のニーズや嗜好などに関する情報を小売段階が把握できたとしても，製造段階まではその情報が伝わらず最終商品と

---

4) 産業構造審議会繊維産業分科会（2003：5）では，「輸入品と国産品の価格差は，労賃等の差によるところより，むしろ，最終商品ベースで4割以上にも上ると言われる国内の生産及び流通のロスと不効率によるところが大きい」と指摘している。

198

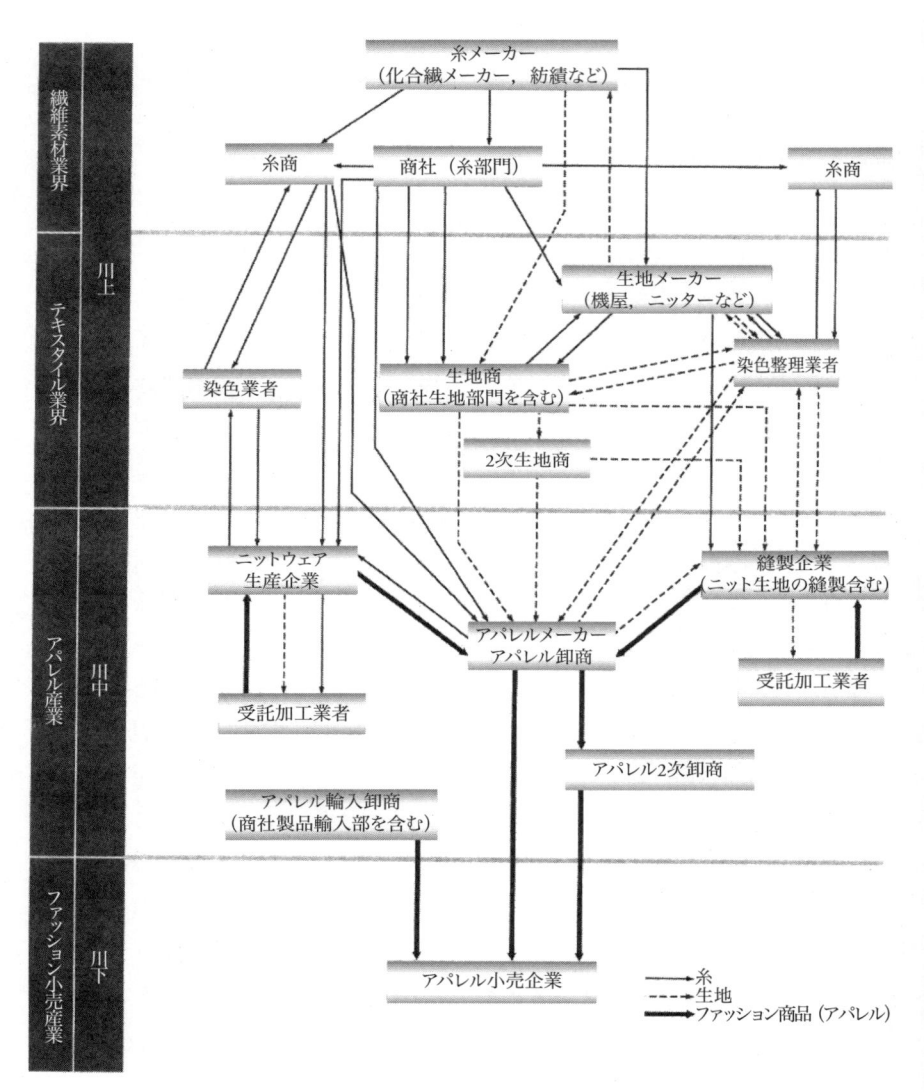

図 8-1 アパレル産業の生産・流通経路

(出所)日本ファッション教育振興協会教材開発委員会(1995):61 より引用。

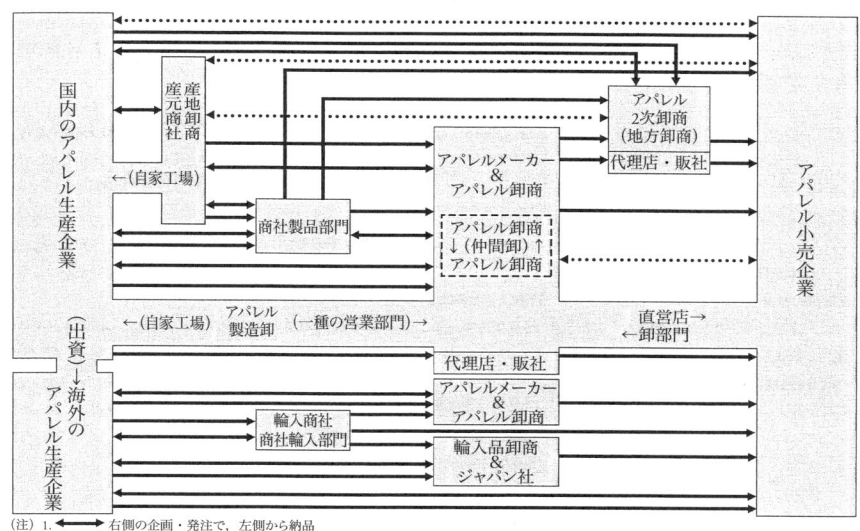

第8章 地方アパレル卸売業からレディースカジュアルウェア専門店へ転進　199

図 8-2　川中と川下の生産・流通経路

(注) 1. ──▶ 右側の企画・発注で，左側から納品
　　 2. ──▶ 右側によるセレクト仕入れ，または左側からのチャネル販売
　　 3. 太線は現在の流通の主流
　　 4. 点線は最近始まった流通形態

(出所) 日本ファッション教育振興協会教材開発委員会 (1995)：77 より引用。

の関わりを把握することが困難となるなど，小売段階と製造段階が分断されていることが非効率な状況を生み出す原因となっている。

　さらに，日本のアパレル企業と小売企業の取引慣行もまた，国際的に異質であると指摘されている。例えば，日本ではアパレルメーカーやアパレル卸商が提示する参考的な小売価格である参考上代が守られていることが多いために，小売企業の仕入価格は参考上代に掛け率を掛けたものとなる。また，シーズン末に小売業者での売れ残り商品をアパレル企業が引き取ったり，他の商品と交換したりすることがある。しかし，これらの取引慣行は，卸価格である下代で仕入れた小売業者が自らマージンを上乗せした小売価格である上代を決定し完全買取が一般的である欧米とは大きく異なっている。

　この日本独特の取引慣行の存在は，小売段階の売上情報に基づいて製造段階へ発注することを困難にし，製造段階における生産計画，生産管理，開発・企

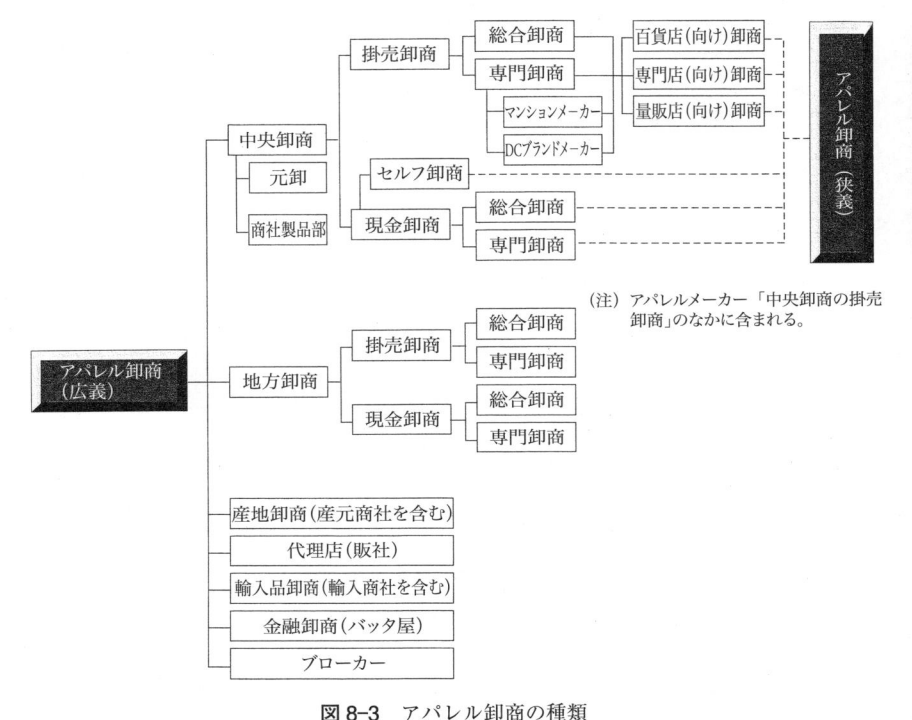

```
アパレル卸商(広義) ─┬─ 中央卸商 ─┬─ 掛売卸商 ─┬─ 総合卸商 ─┬─ 百貨店(向け)卸商 ┐
                  │           │           │           ├─ 専門店(向け)卸商 │
                  │           │           │           └─ 量販店(向け)卸商 │
                  │           │           ├─ 専門卸商                    │
                  │           │           ├─ マンションメーカー             │
                  │           │           └─ DCブランドメーカー            │ アパレル卸商(狭義)
                  │           ├─ 元卸     ├─ セルフ卸商 ─────────────────┤
                  │           └─ 商社製品部├─ 現金卸商 ─┬─ 総合卸商 ──────┤
                  │                       │           └─ 専門卸商 ──────┘
                  ├─ 地方卸商 ─┬─ 掛売卸商 ─┬─ 総合卸商
                  │           │           └─ 専門卸商
                  │           └─ 現金卸商 ─┬─ 総合卸商
                  │                       └─ 専門卸商
                  ├─ 産地卸商(産元商社を含む)
                  ├─ 代理店(販社)
                  ├─ 輸入品卸商(輸入商社を含む)
                  ├─ 金融卸商(バッタ屋)
                  └─ ブローカー
```

(注) アパレルメーカー「中央卸商の掛売卸商」のなかに含まれる。

図8-3 アパレル卸商の種類

(出所) 日本ファッション教育振興協会教材開発委員会(1995):71 より引用。

画は精度を欠くこととなる。そして，この非効率性が最終商品の価格を押し上げる一因となっている。

2.2 SPAの台頭

　これまで見たように，アパレル業界の市場は縮小傾向にあり，なおかつ，業界独特の生産・流通経路や古い取引慣行が存在し，効率性に欠ける面がある。しかし，業界全体を見ると全体的には厳しい経営環境にある企業も多数存在する中で，業績を伸ばし脚光を浴びている企業や業態も存在する。そのひとつが，

いわゆる SPA (Specialty Store Retailer of Private Label Apparel) である[5]。

そもそも SPA[6]とは，「製造小売業」「製造販売小売業」などと訳されることがあるように，商品の企画から製造，販売までを垂直統合させた業態をいう。SPA という用語は「学問的に明確な定義がなされているわけではない」(橋本，2009：89) が，一般的には「①小売業が商品企画・開発に深く関与し，②自社製品 (store brand か private brand) を，③完全買取を前提とし，④川上の生産工程に深く関与しつつ，⑤生産された商品を店舗にダイレクトに供給して，⑥小売段階で売り切る小売ビジネスの仕組み」(橋本，2009：89) と考えられる[7]。その本質は，「川上と川下のプロセスを少なくとも情報上統合して共有し，リアルタイムに近い形で製品企画・計画から調達，生産，物流，販売までのプロセスをモニタリングすることにより，意思決定を迅速化して意図せざるリスクを最小限に抑制する仕組み」(橋本，2009：89) である。

SPA では，素材調達，企画，開発，製造，物流，販売，在庫管理，店舗企画などを自社主導で垂直統合することにより，迅速なファッショントレンドの取り入れや店頭商品の入れ替え，オリジナリティの追求など，商品面で競合他社との差別化を図り，消費者のニーズに対応することが可能になる。また，サプライチェーン全体の非効率性を排除することで，在庫の減少，原価の引き下

---

[5] アパレルメーカーの売上高ランキングや小売業の売上高ランキングを見てみると，多数の SPA がランキング上位に位置している。ここまた，日本のファッションビジネスの業態の移行を考察した島崎・窪添 (2008) でも，現在盛況な業態として小売から SPA 業態に早期移行した企業や新規参入の SPA を挙げている (島崎・窪添，2008：21-22)。

[6] SPA という用語自体はアメリカの大手アパレル企業である GAP のドナルド・フィッシャー会長が自社の新業態を指し示した造語であると言われる。

[7] ただし，日本のアパレル産業において一般に SPA と言われるものには，2種類ある。ひとつは，川下の小売企業が川中の企画・製造を手がけるタイプであり，例えばファーストリテイリング，良品計画などがその代表例である。つまり，もうひとつは，川中のアパレルメーカーおよびアパレル卸商が川下の販売を手がけるタイプであり，例えばワールド，サンエー・インターナショナルなどがその代表例である。後者は厳密に言えば小売業ではないが，SPA に含められることが多い。なお，それぞれの SPA を個別に見てみると，100％自社企画・自社生産という企業もあれば，自社企画・自社生産によるものは取扱商品の一部 (20～30％) にとどまっている企業までさまざまである。

げ，流通マージンのカットなどが可能になり，それが低価格での商品調達や粗利益率の向上をもたらしている。

このようなSPAは，日本のアパレル産業で長年続いていた生産・流通構造や取引慣行の弊害を打破することによって自らの強みを見いだしている。そして，SPAが台頭したことで，アパレル産業全体で商品の低価格化が進展したり，小売と製造卸の垣根がなくなって卸商の位置づけが相対的に低下したりするなど，大きな影響を与えたと考えられる。

そして，次節以降で検討するアイジーエーは，卸売業から小売業に進出してSPAへの業種転換を成し遂げたことで大きく成長した企業である。この転換は，これまでに述べてきたようなアパレル産業をとりまく環境の変化に見事に対応していると言えよう。そこで，以下では，アイジーエーの事例についてさらに見ていきたい。

3 アイジーエーの経営革新 —— 業種転換 ——

3.1 業種転換に至るまで

現在のアイジーエーの沿革を示すと，表8-1のとおりである。以下では，2002年に現アイジーエーとなり卸売業から小売業への業種転換に至る道筋を改めてたどっておきたい。

1941年に，五十嵐義和現会長の父である五十嵐正二氏が「五十嵐羅紗店」を創業した。五十嵐羅紗店は生地・衣料品を扱う地方卸としてスタートしており，1962年には「五十嵐株式会社」へと株式会社化された。

現会長はアパレルメーカーでの勤務を経て，五十嵐に入社した。当時の取扱商品は婦人服地や紳士用スーツなど多岐にわたり，これらを福井県内の洋装店や総合衣料店などに販売していた。そのような状況下で現会長が核になる強い商品として手がけたのがジーンズの卸売であった。1970年代に「ボブソン」と「リーバイス」の北陸エリアでの卸売を始め，さらに1973年には「アベニュー

表8-1　アイジーエーの沿革

1941年4月	初代社長である五十嵐正二氏が卸売業（生地・衣料品問屋）の「五十嵐羅紗店」を個人創業
1962年10月	五十嵐株式会社（生地・衣料品問屋）を設立
1984年11月	福井県武生市（現越前市）矢放町（問屋団地）に新本社ビル新築移転
1986年8月	現会長である五十嵐義和氏が2代目社長に就任
1988年3月	郊外型ショッピングセンターに初のレディースカジュアルショップ「AXES」（アクシーズ）をオープン
2002年8月	現社長である五十嵐昭順氏が入社・取締役就任、「株式会社アイジーエー」に社名変更、問屋業から完全撤退しSPAに業態転換
2002年10月	「axes femme」（アクシーズファム）1号店を桑名ビブレにオープン
2003年3月	大阪中小企業投資育成㈱の出資により増資、商品部事務所を東京都渋谷区千駄ヶ谷に開設
2004年5月	商品部事務所を東京都港区北青山に移転
2005年7月	商品部事務所を東京本部とし、港区南青山に移転、商品部・営業部の体制確立
2006年2月	決算期変更（7月31日から2月20日へ）
2008年4月	アウトレット業態「axes femme outlet」（アクシーズファムアウトレット）をオープン
2008年10月	オンラインショップを開設
2009年9月	東京本部を中央区銀座に移転し、名称を「東京本社」に変更
2010年10月	新業態のライフスタイルショップ「axes femme Nostalgie」（アクシーズファムノスタルジー）をオープン
2011年1月	第44回グッドカンパニー大賞グランプリ受賞
2011年3月	オンライン運営会社　株式会社IGA web plusを設立
2011年4月	五十嵐義和氏が代表取締役会長に就任、五十嵐昭順氏が代表取締役社長に就任

（出所）アイジーエー社ホームページの沿革をもとに筆者作成。

クラブ」という直営店舗にてジーンズの小売も行うようになった。その後、直営店だけではなくフランチャイズ店も広がった。

　しかし、1977年に福井市内に大型ショッピングセンターがオープンしたことを機にショッピングセンターが小売の中心となる時代が到来することを予見し、駅前や商店街の路面店を主とするアベニュークラブの直営から撤退した。そして、1988年にレディースカジュアルショップ「AXES」（以下ではアクシーズと記す）を郊外型ショッピングセンターに出店した。

　アクシーズはショッピングセンターを中心に北陸、名古屋、関西へと展開され、その間、従来からの卸売業も継続していた。しかし、2000年頃には卸売が低迷し小売も伸びないという状況で、特に卸売については取引先が銀行管理状態になるなど厳しい経営環境であった。そこで、当時アメリカに留学中であっ

た五十嵐昭順現社長に跡を継がせるためにも，現金商売である強みを持つ小売業に本格進出する決断をしたという。

ただし，小売業に活路を見いだすにしても他社が作った商品を買ってきて売っても粗利益を大きくすることはできない。この頃，アパレル業界ではファーストリテイリングやポイントなどをはじめとしたSPAが急速に成長していたこともあり，「間を抜いて自分たちで売れば絶対に儲かる」とSPA業態をめざすことにした。そして，2002年にユニフォーム卸事業を分社してSPAへと業態を転換し，社名もアイジーエーと変更した。なお，既存のアクシーズからは2006年までに退店やアクシーズファムへの転換等で撤退し，現在はアクシーズファムのみを展開している。

このような沿革からは，卸売業から撤退してSPAとしてアクシーズファムを展開することに集中するという転換を行う以前から，既存事業との関連性の高い新規事業を立ち上げて，その後既存事業から撤退するという経験を何度もしていることが分かる。つまり，核となり自社の強みとなりうる事業を常に追求してきたその延長線上にSPAへの転換があったことが分かる。

また，現会長は，「ナロー＆ディープ」という言葉をしばしば口にするが，これがまさにアイジーエーの戦略を表現している。すなわち，徹底的に絞り込んで集中的に攻めるという戦略である。そのためには，やめるということも大切であり，思い切った決断も辞さないという。卸売と小売の併存から小売への集中，アクシーズとアクシーズファムの併存からアクシーズファムへの集中など，このナロー＆ディープに基づく意思決定は随所にみられ，従来の事業を廃することで一つの事業に全社一丸となって取り組んできたことが分かる。

また，SPA化によって，サプライチェーンやバリューチェーンの多段階を自社主導下に置くことで，商品の付加価値を高め利幅を拡大することが可能となった。従来のアパレル業界の生産・流通では，複雑な経路をとることで例えば在庫発生等のリスクも分散していたが，SPAはリスクを最小限にしつつもそのリスクを自らが負担するものであり，その分利益も大きい。

さらに，小売へ軸足を移したことで，消費者に関する情報を直接得ることが

できる上に，より大きな付加価値の創造が可能となった。というのは，アパレル商品は流行に作用される要素があって商品サイクルが短いためにシーズン当初の小売価格で販売できるかどうかの不確実性が高いことに加え，店頭での試着による販売が重要であるという特性のために店員のサービス，店舗の内外装やディスプレイといった小売段階での販売力が重要となるためである。

このように，卸売から SPA となったアイジーエーであるが，この業種転換について，次節では業績面から確認したい。

3.2 業績の推移

アイジーエーは卸売業を廃し小売業に一本化した 2002 年以降業績が急激に伸び，なおかつ近年は特にその拡大が大きい。この点を確認するために，アイジーエーの業績の推移を確認しておこう。

図 8-4 は，1994 年 7 月期以降の売上高および経常利益の推移を表している。また，図 8-5 は，この間の総店舗数および期末従業員数を表している。

卸売業を主軸としていた 2002 年以前の売上高および経常利益は，1996 年 2 月期から 1998 年 2 月期をピークとし，その後 2000 年 2 月期から 2001 年 2 月期を底として落ち込んでいるものの，ほぼ横ばいである。しかし，卸売業を廃し SPA 化してアイジーエーとなった 2002 年以降を見てみると，売上高および経常利益ともに増加傾向に転じており，特に近年の伸びは著しい[8]。また，従業員数および店舗数も，卸売業時代はほぼ横ばいであったが，2000 年以降は増加傾向に転じ，これも特に近年の伸びが著しい。前節で確認したように，アパレル産業自体は決して成長しているわけではないことを考えると，アイジーエーの好業績ぶりは際立っていると言えよう。

実際，業界内でもアイジーエーの業績の伸びはきわめて大きいと評価されている[9]。アパレル小売業の中でも衰退の激しい百貨店とは対照的に，アイジー

---

[8] なお，2006 年 2 月期は 7 月決算から 2 月決算へと移行しているために，7 か月分の業績しか集計されていない。

[9] 例えば，業界新聞である繊研新聞は毎年アパレル小売の専門店を大賞としたランキン

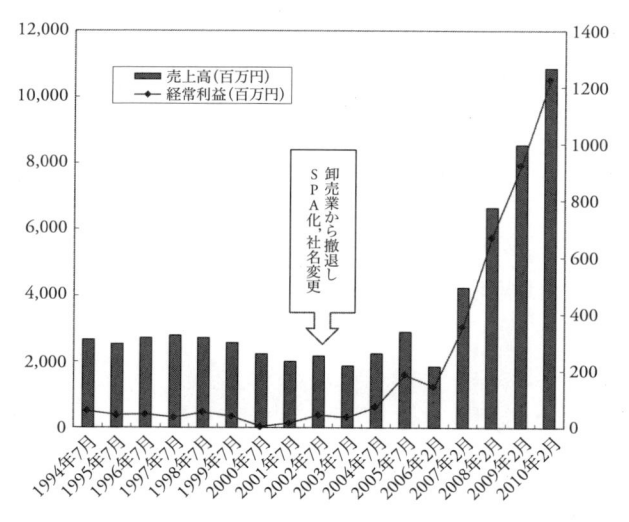

図 8-4 アイジーエーの売上高および経常利益の推移
（出所）アイジーエー提供の資料をもとに筆者作成。

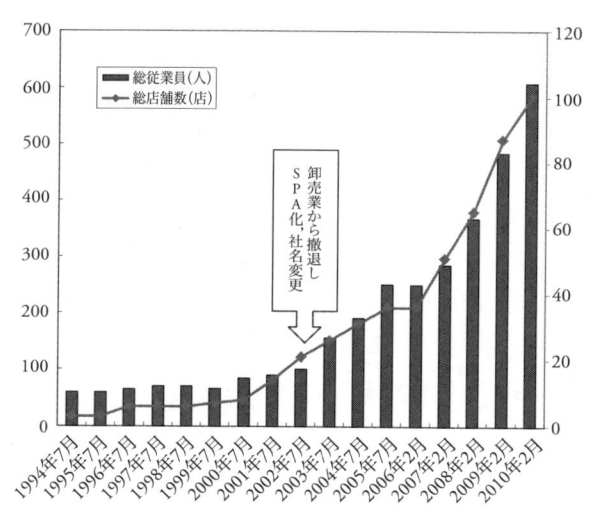

図 8-5 アイジーエーの従業員数と店舗数の推移
（出所）アイジーエー提供の資料をもとに筆者作成。

第8章　地方アパレル卸売業からレディースカジュアルウェア専門店へ転進　207

表8-2　専門店業態をとる主要なアパレル小売企業およびアイジーエーの2011年決算データ

企業名	決算期	売上高 (百万円)	経常利益 (百万円)	総資産 (百万円)	売上高経常 利益率(%)	総資産経常 利益率(%)
カジュアル衣料専門店主要企業						
ファーストリテイリング（連結）	8月	820,349	107,090	533,777	13.1	20.1
ポイント（連結）	2月	105,893	15,504	62,089	14.6	25.0
ライトオン（非連結）	8月	80,666	2,162	58,273	2.7	3.7
ユナイテッドアローズ（連結）	3月	90,571	7,240	45,716	8.0	15.8
マックハウス（連結）	2月	42,411	−466	27,501	−1.1	−1.7
コックス（連結）	2月	23,535	149	23,696	0.6	0.6
ジーンズメイト（連結）	2月	14,284	−1,089	9,597	−7.6	−11.3
シーズメン（連結）	2月	6,936	53	3,827	0.8	1.4
紳士服専門店主要企業						
青山商事（連結）	3月	193,246	10,515	336,037	5.4	3.1
AOKIホールディングス（連結）	3月	132,561	12,057	166,081	9.1	7.3
コナカ（連結）	9月	64,807	3,537	69,614	5.5	5.1
はるやま商事（連結）	3月	50,587	1,822	54,252	3.6	3.4
タカキュー（非連結）	2月	22,072	1,126	11,578	5.1	9.7
オンリー（連結）	8月	6,628	666	4,850	10.0	13.7
銀座山形屋（連結）	3月	4,362	−204	4,000	−4.7	−5.1
エフワン（非連結）	3月	1,890	−73	1,247	−3.9	−5.9
婦人服専門店主要企業						
しまむら（連結）	2月	440,100	41,048	258,348	9.3	15.9
パル（連結）	2月	77,395	6,838	53,479	8.8	12.8
ハニーズ（連結）	5月	55,629	3,672	35,200	6.6	10.4
パレモ（非連結）	2月	29,902	1,212	12,542	4.1	9.7
鈴丹（連結）	2月	15,152	355	6,784	2.3	5.2
ナイスクラップ（連結）	1月	11,238	368	9,803	3.3	3.8
アイジーエー	2月	12,805	1,344	6,167	10.5	21.8

(出所) 各社（アイジーエーを除く）の有価証券報告書をもとに筆者作成。

エーのような専門店という業態は大きな成長を遂げてきたと言われるが，近年では専門店の中でも業績の差が大きくなっている。

表8-2は，専門店業態をとる主要なアパレル小売企業およびアイジーエー

グ調査を実施しているが，アイジーエーは2010年度店舗数増加上位ランキングにて14店で13位（繊研新聞，2011年8月11日），売上高伸び率ランキングにて17.9％で6位（繊研新聞，2011年8月3日），売上高ランキングにて10,708百万円で22位（繊研新聞，2011年8月3日付）であった。

表 8-3 SPA化後の業績の推移

	2003年7月	2004年7月	2005年7月	2006年7月	2007年2月	2008年2月	2009年2月	2010年2月	2011年2月
売上高（百万円）	1,875	2,252	2,902	1,867	4,250	6,655	8,555	10,861	12,806
経常利益（百万円）	37	74	187	145	358	673	925	1,230	1,344
粗利率（％）	40.7	43.1	49.4	50.9	52.2	50.6	51.9	52.4	51.1
販管費率（％）	39.4	39.7	42.5	43.4	43.8	40.5	41.0	41.1	40.7
人件費率（％）	16.2	15.6	16.1	17.3	16.0	14.9	14.9	15.3	15.7
経常利益率（％）	2.0	3.3	6.4	7.8	8.4	10.1	10.8	11.3	10.5
総従業員（人）	156	191	251	250	286	368	485	608	876
期末従業員（人）	53	50	48	40	78	106	130	151	174
期末パート（人）8h換算	103	141	203	210	208	262	355	457	702
総店舗数（店）	26	31	36	36	51	65	87	100	128

（出所）アイジーエー提供の資料をもとに筆者作成。

の2011年決算データを示しているが，ここからもアイジーエーの好業績ぶりがうかがえる。売上高はすでに一部の上場企業を上回る規模となっており，経常損失を出している企業も存在する中で売上高経常利益率10.5％，総資産経常利益率21.8％という高い数値を示している。これは，ファーストリテイリングやポイント等の好業績の上場企業と比べても遜色のない水準にまで達している。

ここで，SPA化後の業績の推移を表8-3に示した。

粗利益率約50％，販管費率は約40％で推移し，概算ではあるが1店舗の出店ごとに売上高約1億円，経常利益約1,000万円，従業員約5人（うち，パート約4人）という規模で拡大している。このように十分な利益を上げているからこそ，大量出店でも資金は外部からの借り入れではなく自ら生み出したキャッシュフローでまかなってきたという。

では，このような急成長を可能にしたアイジーエーの経営戦略とはいかなるものであろうか。以下では，ブランドや店舗展開といった経営戦略について特に着目して見ていきたい。

4 アクシーズファムブランドの展開

　以下では，アイジーエーのブランドとしてのアクシーズファムとその展開について改めて考えてみたい。

4.1　ファッションブランドとしてのアクシーズファム
　そもそも，アパレル業界におけるブランドとは，「商品ミックスの集合体で，他の商品の集合体と差別化することを意図して設定」（日本ファッション教育振興協会教材開発委員会，1995：165）されるものであり，企業にとっては，自社製品の品質，デザイン，機能等を表現するものとなる。
　ブランドを構築できれば，顧客は商品そのものではなくむしろそのブランド自体をよりどころとして商品の購入を行うようになる。このようなブランドがもたらす競争優位性として，第一に，価格優位性がある。すなわち，ブランドの存在によって，品質および機能が全く同一であるとしても，ブランド製品の方がノン・ブランド製品よりも高い価格で販売できる。第二に，ロイヤリティを生じる。すなわち，顧客は同一ブランド製品を反復，継続して購入する。第三に，ブランド拡張力がある。すなわち，ブランド製品の市場を海外に拡張したり，類似業種および異業種市場に展開したりすることが可能となる（経済産業省企業法制研究会，2002：8-9）。
　アパレル製品は，デザインやイメージが他の商品と差別化していることが特に求められる領域であるために，ファッションブランドの重要性は高い。ブランドの存在により，消費者が商品の背景にあるストーリーを理解しやすく，その結果，効率的な購入が可能になる。例えば，お気に入りのブランドでの商品購入には，品質や価格に対する安心感があったり，購入にあたって好みの判断がしやすかったり，自分のライフスタイルやステータスの表現や自己の満足のために役立ったりと，さまざまな効用がある。もちろん，企業にとっても，ブランドの存在によりコンセプトを的確に消費者に伝えることが可能になる。

よって，自社ブランドのポジショニングを明確にして，商品ミックス，価格，販路，プロモーションに生かすことが重要なのである。

なお，アパレル産業の場合には，ブランドは「製品レベル，品揃えレベル，小売空間としてのショップレベルという重層構造」(木下，2011：18)を持ち，ひとつのブランドが「製品ブランドと小売ブランドの両方を指示」[10](木下，2011：249)するものへと発展してきた。アクシーズファムの場合も，製品ブランドと小売ブランドの両方の性質を保持していると考えられ，製品だけでなく，小売段階における要素，例えば小売店舗の施設，陳列，接客等のサービスもブランドを構成する重要な要素となり，これらが一体としてブランドを構築していると考えられる。よって，本章でブランドという場合には製品ブランドも小売ブランドも含む概念として用語を用いている。

以下ではまず，アクシーズファムが41県にわたり128店舗(2011年12月現在)で展開している3種類の店舗についてごく簡単に紹介することで，ブランドの全体像をとらえることとしたい。

① アクシーズファム

図8-6は，2011年秋冬のアクシーズファムのカタログ表紙である。

写真に見るように，アクシーズファムの商品は花柄，レース，パール，ビーズ等を多用したフェミニンなテイストで，かつ非常に個性的である。このように商品のデザイン性が高い一方で，商品の価格帯は値ごろ感を感じさせる水準に抑えられている。顧客の中心は20-30代の女性だが，さらに上の世代にも訴求力があり，幅広い年代に受け入れられている。ショッピングセンターへの出店が中心だが，商品だけではなく店舗自体も個性的でショッピングセンター

---

10) ここでいう製品ブランドとは，「企業が製品として提案し，その結果消費者および社会が製品として連想するブランド」(木下，2011：101)のことであり，小売ブランドとは「小売業者が企業名，事業，ストア，ショップ，製品などをブランドとして社会に提案し，社会，とりわけ消費者が小売として連想するに至ったブランド」(木下，2011：101)のことである。

図8-6　アクシーズファムの2011年秋冬カタログ表紙

内でも目立つ作りである。店舗面積は標準的な面積で100-130m^{2}ほどだが，木目調の内装やシャンデリア等による装飾を施し，照明もあえてやや薄暗くして雰囲気のある空間となっている。

② 「axes femme Nostalgie」（アクシーズファムノスタルジー）

　アクシーズファムノスタルジーは，レディース衣料品はアクシーズファムと共通のものが中心だが，インポート商品，オリジナル商品を加えている。また，親子でお揃いにすることができるキッズ向け商品，生活雑貨等を充実させており，衣料品にとどまらずライフスタイル全体を提案することが可能である。また，店舗面積はアクシーズファムよりも広く，大型店で展開されている。

③ 「axes femme outlet」（アクシーズファムアウトレット）

　旧モデルや在庫品等を集めて販売している。このアウトレットが機能することで，既存店の商品鮮度を高め，活性化させることができる。

　このように，店舗形態としては3種類が存在するが，アクシーズファムノスタルジーはアクシーズファムの派生ブランドという位置づけであり，実質的に

は展開ブランドは一つである。このアクシーズファムブランドは，ファッション系学生の意識調査[11]でよく買うブランドの9位となる（繊研新聞，2011年6月27日）など，ファッションに関心の高い若い女性から高い支持を受けている。また，アクシーズファムのセット率[12]は2を超える（繊研新聞，2011年10月3日）など同価格帯のカジュアルブランドよりも高く，ブランド力の高さを裏づけていると言える。

そこで以下では，このアクシーズファムというブランド構築に関して，出店先へのこだわり，ブランドイメージの絞り込み，単一ブランドへのこだわりの3つの点から見ていきたい。

4.2　ショッピングセンターへの出店

アイジーエーは，アクシーズファム以前のアクシーズの時代から小売におけるショッピングセンターの重要性を認識し，実際に出店していたことはすでに沿革の紹介にて示したとおりである。アクシーズファムも同様であり，路面店を構えたり百貨店に出店したりという形ではなく，もっぱらショッピングセンターへの出店，特に郊外立地の大規模モール型ショッピングセンターへの出店を中心にして店舗数を拡大してきた。その点で，初期のアクシーズファムは主に地方・地域への出店を重ねることで次第に消費者の信頼を得て，ブランドとしての知名度や人気を高めてきたと言える。

そもそも，ショッピングセンターとは，「一つの単位として計画，開発，所有，管理運営される商業・サービスの集合体で，駐車場を備えるものをいう」（日本ショッピングセンター協会ホームページ）。いまや全国のショッピングセンター数は3,050店舗にのぼり，低迷する百貨店とは対照的に，小売に占めるショッピングセンターの重要性はますます大きくなっている。

---

11) 全国のファッションスクールの学生を対象に，繊研新聞社が毎年実施している調査である。

12) セット率とは，購入客一人あたりの購入数を表すもので，総売上数量（着）÷購入客数（人）によって表される。

このショッピングセンターの店舗数や1店舗あたりの規模は，小売業に関する法規制の影響を大きく受けてきた。すなわち，大店法[13]の改正・廃止およびそれに代わる大店立地法[14]の施行によって従来の大型店出店規制が段階的に緩和されたことにより，ショッピングセンターは1990年代以降大幅に店舗数が増加した。また，その立地や規模も変化し，1990年代には駅前や中心市街地が中心だったが，2000年代（2008年まで）には郊外立地の大規模モール型ショッピングセンターが主流となった。しかしその後2006年のまちづくり三法[15]の改正により逆に出店規制が強化され，2008年以降店舗数や規模が減少に転じている[16]。

ここでアクシーズファムの店舗数の拡大を考えると，ショッピングセンターのそれと歩調を合わせていることが分かる。アクシーズファムの立ち上げの時期は，大型店出店規制の緩和により全国的に大規模モール型ショッピングセンターが急増していた時期（2000年から2008年）である。ショッピングセンターの側からすると，モール型ショッピングセンターは核テナントを専門店の集積でつなぐものであるために，自らの集客力を高めるために魅力的な専門店の新規出店を必要としていた。そのような状況下で，アイジーエーは実績を積み重ねることで，「有力デベロッパーから請われて出店を拡大するという好循環を生んできた」（ファッション販売，2011年3月号：80）。また，ショッピングセンターにとって，他の専門店と競合しない個性を持つアクシーズファムは，テナントミックスを考える上で有用であろう。

一方，アクシーズファムにとっては，「全国でビジネスを展開するチャンスが広がる」（日経トップリーダー，2011年9月号：67）と考え，ショッピングセンターへ出店を集中させた。また，現会長は「この（魅力的な）ショッピングセン

13）正式には，「大規模小売店舗における小売業の事業活動の調整に関する法律」である。
14）正式には，「大規模小売店舗立地法」である。
15）「都市計画法」「中心市街地活性化法」「大規模小売店舗立地法」を指す。
16）ショッピングセンターの出店数については，社団法人日本ショッピング協会のホームページ上のデータによっている。

ターならアクシーズファムは入っているだろう」という顧客の期待を裏切らないことが重要であるという。この点で，顧客が抱くイメージが良く完成度の高いショッピングセンターへの出店は，集客力や販促活動という視点からはもちろんのこと，アクシーズファムのブランド力を高めるという点でも重要であったと言えるであろう。

4.3 ブランドのコンセプト

　そもそも，アクシーズファムが誕生したきっかけの一つには，イオングループのショッピングセンターへの出店という狙いがあった。同社は他社に先駆けて郊外へモール型の大規模ショッピングセンターの出店を積極的に進めており，急速に企業規模を拡大していた。また，現会長もイオングループのショッピングセンターの集客力や影響力をアクシーズファムの立ち上げ以前から認識しており，自社もイオングループのショッピングセンターに出店しなければならないと考えたという。

　そこで，2002年開業予定のイオン高岡ショッピングセンターへ当時展開していたアクシーズのテナント出店を申し込んだが，イオンモールから断られて出店できなかった。その理由について，現会長は，アクシーズがフェミニンもセクシーもストリートもという全方位展開を行っており，ブランドイメージが明確でないことがマイナス要因であったと考えたという。そこで，逆に，イオングループのショッピングセンターに出店するにはどのようなものが望ましいのかを考え追求してできたのが，現在のアクシーズファムなのである。

　アクシーズは，当時の繊研新聞において「ストリート系ヤングカジュアルチェーン」と紹介されていたことからもうかがい知ることができるように十代の若者を中心とした若年層を対象としていた。コンセプトも，「ストリート」「フェミニン」「セクシー」と現在よりは広がりを持ち，統一感に欠けていた。そこで，品揃えを整理し，商品のテイストもノスタルジックかつフェミニンに絞り込み，年齢層を引き上げて大人っぽいものにした。これは，その後主たる出店先となるイオングループが2000年以降三十代夫婦を中心としたファミ

リーを狙い高感度の専門店を集積する戦略でテナントの選択を行っていたことにも合致している。また，また，店舗内装には木材を多用して高級感を出し，雑貨を充実させたが，価格帯は既存のアクシーズと同一水準に保ち，プライベートブランド比率を高めた。この結果，アクシーズよりも大人っぽく，かつ他社と明確に差別化できる個性的なテイストを持つアクシーズファムが生み出されたのである。そして，この結果イオングループのショッピングセンターを中心に出店が加速していった。

　このようなブランド誕生を導いたターゲット層の絞り込みやブランドテイストの絞り込みもまた，「ナロー＆ディープ」戦略に通じるものがある。

4.4　単一ブランドでの展開

　アパレル業界全体を考えると，1企業で多数のブランド展開をしている企業が一般的であり，例えば代表的な50社だけでも展開ブランドは800を超えるという（『ファッション販売』2012年1月号：47）。例えばイトキンやオンワードグループ，サンエー・インターナショナル，ワールド等の製造卸にルーツを持つ大企業は数十に上るブランドを展開しているし，アイジーエーと同様に近年業績が好調なSPA型新興企業であるクロスカンパニーやポイント等も複数ブランドを展開している。このようなマルチブランド戦略によるメリットとして，例えばテイストや価格帯，年代層などが異なるブランドを複数所有することによって，市場の占有率を高めたり，価格競争を回避したり，リスクを回避したりすることが可能となることなどが考えられる。

　しかし，アイジーエーはブランドをアクシーズファム（派生ブランドとしてのアクシーズファムノスタルジーを含む）一本に絞り込んで強力に推し進める戦略をとっており，単一ブランドへのこだわりは特徴的である。業績の推移で見たように，企業規模は急速に大きくなったが，これは展開ブランドを増やすことによってではなく，あくまでアクシーズファムという単一ブランドの店舗数増加によっての拡大なのである。

　単一ブランドで進める理由として，現会長は次のように語っている。「多ブ

ランド展開によるリスク分散という考え方もあるだろうが，業態が増えると力が分散してしまう。名前だけ少し変えた新業態などでもとても戦えない。新しい業態を立ち上げ，運営していくためには人材もエネルギーも必要だ。それよりも，一つの業態に絞り，とことん追求していく」(繊研新聞 2010 年 4 月 9 日)。

　たしかに，複数ブランドを保持することで各種の経営資源が分散して非効率化してしまう恐れがある。さらに，ブランドや商品の差別化が曖昧になってブランドの力そのものを損なってしまう恐れもある。そのため，あくまでアクシーズファムとしてのブランドを深く追求することを選択しているのである。

　このようにマルチブランド戦略をとらないアクシーズファムがとっているのは，アクシーズファムブランドを拡大する戦略である。例えば，アクシーズファムノスタルジーにて雑貨やキッズ向け商品の販売も行うなど，ブランドイメージを保ったまま，あるいはブランドイメージをさらに高めるべく，取扱商品の幅を広げている。さらに，将来的には国内だけではなく海外の市場への進出を視野に入れている。特にアジアへの展開を重視し，これによってさらなる成長を見いだそうとしている。

　このような，アクシーズファムという一つのブランドへのこだわりも，まさに「ナロー＆ディープ」という戦略の現れなのである。

5　おわりに

　本章では，アイジーエーが卸売業から SPA として小売業への業種転換を果たしたことを経営革新と位置づけて，その経緯やブランドを中心とした戦略について検討を行ってきた。

　たしかに，アイジーエーの急成長の要因の一つは，アパレル産業の構造変化の時期とショッピングセンターの成長期とをうまくとらえたことにあろう。しかし，単に時流をとらえたというだけでは必ずしも企業の成長には結びつかない。その意味で，アイジーエーの成功の背景には，事業を行うさまざまな局面

において「ナロー＆ディープ」という考え方に基づいた意思決定が行われたことがある。経営資源を自社が強みを持つ（あるいは強みとしていきたい）領域に集中し，会長，社長をはじめ従業員が一丸となってブランドをはぐくんできたことがきわめて重要であった。そして，このような選択と集中の重要性は，他の企業や産業においても変わることはないであろう。

また，本章では触れることができなかったが，アイジーエーの優れた経営手法はまだ他にも数多くある。そのひとつが，人材育成である。アイジーエーの従業員の多くは若い女性であり，例えば店舗の店長は入社からごく短期間でその職に就き，実績をあげるという。このように若い女性の力を活用したり，それが可能となる環境作りをしたりすることもまた，他の企業や産業において関心の高いテーマであろう。

アパレル産業は，景気動向や流行に左右され，企業環境の変化を生じやすい。加えて，出店先としてのショッピングセンターについても，まちづくり三法による規制強化により，2008年以降はショッピングセンターの新規開店数は減少し，従来とは異なり小商圏のショッピングセンターが中心となるなどの変化が生じている。これまで短期間で急速に成長してきたアイジーエーがこのような状況下でどのような事業展開を行うのか，今後も注目していきたい。

引用文献

木下明浩 (2011)『アパレル産業のマーケティング史—ブランド構築と小売機能の包摂—』同文舘出版．

経済産業省企業法制研究会 (2002)『ブランド価値評価研究会報告書』http://www.meti.go.jp/report/downloadfiles/g20624b01j.pdf．

産業構造審議会繊維産業分科会 (2003)『日本の繊維産業が進むべき方向ととるべき政策—内在する弱点の克服と強い基幹産業への復権をめざして—』http://www.meti.go.jp/report/downloadfiles/g30718dj.pdf (2012年2月27日参照)．

島崎千江子・窪添道朗 (2008)「ファッションビジネスにおける業態構造の移行—その成果と問題点の考察—」『大手前短期大学研究集録』第28号：17-31．

社団法人日本ショッピングセンター協会ホームページ http://www.jcsc.or.jp/data/index.html (2012年2月27日参照)．

『繊研新聞』2010年4月9日「〈トップに聞く〉五十嵐義和アイジーエー社長　一業態集中の強み　第2段階は世界へ」。
『繊研新聞』2011年6月27日「ファッション系学生の意識調査」。
『繊研新聞』2011年8月3日「10年度全国専門店ランキング」。
『繊研新聞』2011年8月11日「10年度専門店ランキング調査から－3　出退店　期末店舗数は計547店増」。
『繊研新聞』2011年10月3日「アイジーエー上期　既存店2.4％の増収　販売力高め客単価上昇　粗利益率も改善」。
『日経トップリーダー』2011年9月号「世界ブランドをめざすために『家族主義』で社員の一体感をつくる」67ページ。
『日経流通新聞』2009年7月8日「専門店調査08年度」。
『日経流通新聞』2011年6月29日「小売業10年度ランキング　第44回」。
『ファッション販売』2011年3月号「福井発SPA企業『アクシーズファム』1業態で115店舗・128億円　郊外型SC出店から大型化，都市型出店でブランディング力を強化する」：80-81。
『ファッション販売』2012年1月号「あなたはどれだけ知っている!?　代表的50社の展開ブランド一気整理」：47-49。
『福井新聞』2010年11月20日朝刊「全国優良企業表彰　アイジーエー（越前市）グランプリに」。
『福井新聞』2011年8月19日朝刊「売上高伸び率最高は『11倍』日本システムバンク　県内企業過去10年比較　帝国データ福井」。
矢野経済研究所（2011）『国内アパレル市場に関する調査結果2011』http://www.yano.co.jp/press/pdf/842.pdf（2012年2月27日参照）。

第9章
眼鏡枠メッキ事業から工業部品サプライヤーへ
— アイテックの事例 —

足立　洋

1　はじめに

　近年国内における衰退が著しい産業のひとつに，福井県鯖江市の眼鏡枠製造事業が挙げられる。鯖江市における同事業の動向については，「事業所数，従業者数，製造品出荷額等の推移をみると，事業所数は，1999年の429件をピークに，2000年以降激減し，2006年には261件へと減少している。従業者数も1999年の7922人から2006年には5148人に，製造品出荷額等も2000年の1198億円から2006年には736.6億円へと大幅な落ち込みをみせている」（南保，2008: 51）とされる。

　この厳しい市場環境の中，眼鏡枠の表面処理加工事業でシェア7割を誇るアイテック株式会社（以下，アイテックと略記）では，事業構造の改革に着手した。具体的には，同事業で培われた表面処理加工技術を応用し，携帯電話や薄型テレビなどの表面処理加工事業に進出した。これらの「デジタル機器事業」は，従来の眼鏡枠事業ほどのシェアを有しておらず，したがって加工価格の低減への圧力も強い。また，景気変動により需要が変動しやすい事業でもある。そこでアイテックでは，この市場環境における不確実性の高さに対応することなど

を目的として,直接原価計算をベースとした予算管理が導入された。本章では,アイテックが市場環境の不確実性の高さに対応する上でこの限界利益管理がどのように機能を果たしているのかを考察したい。

本章の構成は以下のとおりである。まず,2節では不確実性の高い環境のもとでの予算管理に関する議論を整理し,本章の研究課題および研究方法を提示する。次に,3節ではアイテックにおける事業構造の改革を概説し,4節ではそれに伴って導入された NEMA 活動を概説する。そのうえで5節ではこの NEMA 活動に対して不確実性の高い企業環境への対応という側面から考察を加え,6節にて結論と残された研究課題を提示する。

2 先行研究の整理と研究課題・研究方法

2.1 固定予算への批判と予算の期中見直し

近年,市場の不確実性が高まりつつある中においては,企業は極力変化に適応可能な計画設定を行うと同時に,柔軟性,すなわち想定外の環境変化に直面した場合に迅速に適応するための組織能力を身につける必要があるとされる (Galbraith, 1973; Otley, 1994)。不確実性の高まりはわが国企業の環境においても垣間見ることが可能で,近年東証一部上場企業を対象として実施されたアンケート調査によれば,予算管理の中で利益数値を予測することがますます困難になりつつあるとされている (横田・妹尾,2011)。

その中で,期首に一旦編成されればあとは変更がなされない固定予算は,期中の環境の変化に適応するための機構を持ち合わせていないという点が問題視されてきた (Otley, 1999)。また,「脱予算 (beyond budgeting)」論で有名な Hope and Fraser (2000, 2003) は,1年間固定された予算目標の達成度によって管理者の業績評価がなされる「固定業績契約 (fixed performance contracts)」を批判し,わが国でも反響を呼んだ (例えば,小菅,2003,2005;清水,2006,2009a,b)。

しかし,彼らの批判は予算管理システム運用方法であって (伊藤,2006),予

算そのものの基本的な機能ではないとされる（福田, 2010）。実際, 予算の期中見直しを実施する企業としない企業は, カナダおよびアメリカでのアンケート調査では概ね半数ずつ存在していた（Libby and Lindsay, 2010）。日本企業への調査でも, 期中の予算目標変更が行われないか否かについての質問では回答のばらつきが大きかったとされる（横田・妹尾, 2011）[1]。

予算の期中見直しを行っているケースは先行研究においても少なからず報告されている。外的環境の不確実性の高さに対応するため, 人的なコミュニケーションを通じて期中に予算を見直すケースは先行研究において示されてきた（Simons, 1987; Frow et al., 2010）。スウェーデンの調査では, 不確実性の高い環境下では経営者は環境変化に応じて期中での修正が可能な「柔軟予算（flexible budgeting）」[2]をより高く評価しているとされる（Ekholm and Wallin, 2011）。国内でも, 京セラのアメーバ経営（例えば, 谷, 1999; 三矢, 2003; 上總・澤邉, 2005; 廣本, 2006; 挽, 2007）においては, 中期経営計画の第一年度である「マスタープラン」を達成するため, 各アメーバリーダーによって必達目標である「予定」が毎月策定される（上總, 2011）。

2.2　管理可能性原則の適用問題と本章の研究課題

それでは, 期中に予算の見直しが行われれば, 問題は解決するのであろうか。経営者が目標利益の達成をめざす限り, 仮に不測の事態によって業績への影響があったとしても, それを乗り越える仕組みが用意されなければならない。

予算管理においては, 管理者にはこの点についてどのように対処することが要求されているのであろうか。通常, 管理者には経営者から移譲された責任と権限に会計責任が対応され, 次にこの会計責任が管理者ごとに金額で表現・配

---

[1]　この結果は, 7点尺度（「1　全くそうではない」-「4　どちらとも言えない」-「7　全くそのとおり」）での調査によるものであり, 平均値は3.96であったとされる（横田・妹尾, 2011）。

[2]　ここでいう「柔軟予算」は, 一年よりも短い間隔での変更が可能な予算を指しており, 予算が期中で見直されるケースをはじめ, 予算を期中にローリングするケースなども含まれるとされる（Ekholm and Wallin, 2011）。

分されて管理可能費だけからなる責任予算が作成され,各管理者はこの予算の達成に向けて動機づけられる(上總,1993)。すなわち,この考え方においては,「責任中心点の管理者は,その責任中心点に属する従業員が管理する収益や投資額についてのみ責任を割り当てられるべきである」(Atkinson et al., 1997: 564)という管理可能性原則を前提として,移譲された権限の範囲内で各種の事象に対応しながら予算を達成することが責任として付与される。そして,管理可能性原則を前提とした責任会計システムこそ業績評価を公平なものにすると考えられてきた(Merchant, 1987)。こうした考え方の前提には,管理可能性原則の適用により管理者の動機づけが促され,結果として企業の業績向上に結びつくという発想がある(Giraud, et al., 2008)。

しかし一方では,不確実性の高い環境にある企業での会計数値による業績の測定については問題点が指摘されてきた。より具体的には,管理者が管理不能な不測の事態が発生し業績に影響が及ぼされた場合,管理者の純粋な努力成果だけを取り出して評価することが難しくなり,その意味において業績測定は不完全なものになるとされている(Hayes, 1977; Hirst, 1981; Govindarajan and Gupta, 1985; Merchant, 1990; Ross, 1995)。また,この「不完全」な業績測定により,管理者が「不平等 (unfair)」感を持つケースの存在が指摘されてきた(Vancil, 1979; Merchant, 1987, 1989)。

それでは,管理者の業績評価に極力管理可能性原則を適用しながらも,同時に管理者に外部環境の不確実性の高さへの対応を促す上で,予算管理実践においてはどのような仕組みがとられているのであろうか。現在のところ,この2つの要素の間の折り合いが実践においてどのようにつけられているのかについては,あまり研究がなされていない。そこで,本章の以下の部分ではこの点について考察をすすめていきたい。

2.3 研究方法

上記の点について考察を加えるため,本章では事業構造を変革し,以前にも増して不確実性の高い市場環境にさらされることとなったアイテックの製造部

門における予算管理実践に関して，ケース・スタディを行った。

ケース・スタディの方法をとる理由は，一般に「どのように(how)」あるいは「なぜ(why)」という問題を扱っている場合に当該方法が有効であるとされていることによる(Yin, 1994)。ケース・スタディの方法は①半構造化インタビューによる聞取調査，②工場見学および③内部資料等の検討である。①・②の概要については章末に示す。

また，アイテックにおいてケース・スタディを行った理由は2点ある。第一に，同社では市場環境の変化を極力予算管理に迅速に反映させるための工夫が行われている。同社ではライン部門の各責任中心点が毎月市場環境の変化に応じて次月の見積損益計算書と行動計画からなる「予定」を策定する。また，その各責任中心点は利益責任を負っており，製造部門の中間生産物などの売買交渉を通じて，顧客と直接の取引を行わない製造部門でも各責任中心点に市場の動きが伝わるようになっている。そしてアイテックに注目した第二の理由は，同社の予算管理が直接原価計算方式をとっている点にある。直接原価計算は「現業管理者の直接変動費に対する原価責任とトップ・マネジメントのキャパシティ・コストに対する原価責任とを明確に区分する」(上總1977: 189)とされているが，アイテックでは，後述するように直接原価計算方式をとることにより，極力管理可能性原則を厳密に適用した責任会計が実践されている。以上の2点により，同社の予算管理実践事例は，市場の不確実性にさらされる中で管理者が目標利益の達成に向けて動機づけられ行動する仕組みを考察する上で適しているものと考えている。

2.4 調査企業概要

アイテック(本社：福井県鯖江市)は，各種素材の表面処理加工および眼鏡枠の企画・販売を手がける企業である。売上高は51億6,700万円，資本金は6億8,375万円，経常利益は8,766万円，当期純利益は6,659万円，従業員数は252名(2009年3月期)である。アイテックは，1948年の創業以来，専ら眼鏡枠の表面処理加工事業にたずさわってきたが，国内の眼鏡枠関連製造業の衰退

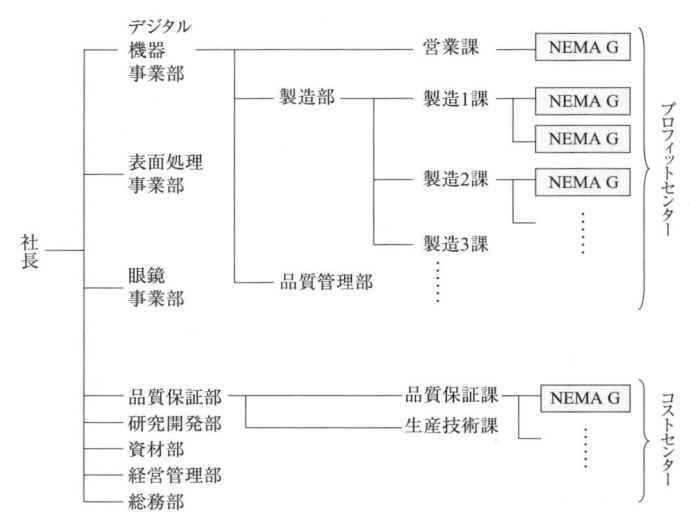

```
                  ┌ デジタル
                  │ 機器      ┌─── 営業課 ──── [NEMA G]  ┐
                  │ 事業部   ──┤                          │
                  │           │          ┌─ 製造1課 ─┬ [NEMA G] │
                  │           └ 製造部 ──┤           └ [NEMA G] │ プ
                  │                      │                     │ ロ
                  │ 表面処理             │  ┌─ 製造2課 ── [NEMA G] │ フ
                  │ 事業部               └──┤                     │ ィ
  社 ─────────────┤                         │  製造3課 ……         │ ッ
  長              │           ┌ 品質管理部                        │ ト
                  │ 眼鏡      │                                   │ セ
                  │ 事業部  ──┘                                   │ ン
                  │                                               ┘ タ
                  │                                                 ー
                  │
                  │ 品質保証部 ──── 品質保証課 ── [NEMA G] ┐
                  │ 研究開発部                              │ コ
                  │ 資材部     ──── 生産技術課  ……         │ ス
                  │ 経営管理部                              │ ト
                  └ 総務部                                  │ セ
                                                           │ ン
                                                           ┘ タ
                                                             ー
```

図 9-1　アイテック組織図（2009 年 12 月現在）

傾向に対処するため，各種デジタル機器の表面処理加工事業へ進出し，業績の低迷を免れるとともに大幅な利益の拡大を実現した。

　また，アイテックの組織図は，図 9-1 のとおりである。アイテックでは製品別の事業部制がしかれており，眼鏡枠以外の商品に対する表面処理加工を手がける「デジタル機器事業部」，眼鏡枠の表面処理加工を担う「表面処理事業部」，眼鏡枠の企画および販売を行う「眼鏡事業部」がある。これらの各事業部および本社各部門（品質保証部，研究開発部，資材部，経営管理部，総務部）は部，課へと枝分かれし，各課の下には概ね 7～8 名程度から成る「NEMA グループ」が形成されている。「NEMA グループ」は全社で 39 あり，基本的には事業部の NEMA グループはプロフィットセンター，本社部門の NEMA グループはコストセンターとなっている。なお，以下では，プロフィットセンターのNEMA グループについて考察を進める。

3　福井眼鏡枠産業の衰退とアイテックの新規事業進出

3.1　福井眼鏡枠産業の衰退とデジタル機器事業への進出

　福井県では，明治期に「富豪，増永五左衛門が困窮する農民の生活を救うために，冬場の手内職，副業として眼鏡枠づくりを導入し」（南保，2008：32）た。眼鏡枠産業は第二次世界大戦後，新鋭生産設備の導入や素材加工技術の発展などによって「1992年には製造品出荷額等が過去最高の1200億円に達した」（南保，2008：32）。アイテックが眼鏡枠の表面処理加工メーカーとして創業されたのは，まさに第二次世界大戦後の1948年，福井眼鏡枠産業の成長期であった。

　鯖江市を中心とする眼鏡枠産業の特徴としては，各企業が「細分化された一連の工程を担うことで複雑な分業体制を構築している」（南保，2008：44-45）。アイテックの表面処理加工事業は，この分業体制の中で，眼鏡枠の企画・設計を行うメーカーの委託を受け，組み立てられた眼鏡枠にめっきを行い，その加工料を収益とする事業である。金属をイオン化して素材に吹きつける「イオンプレーティング」などの技術において競争優位を得たアイテックは，国内の眼鏡枠の表面処理加工業の市場において約70％のシェアを持つに至った。1980年代後半になると，アイテックでは表面処理とは別に眼鏡枠の企画や小売店への販売へも進出し，これに伴って従来の眼鏡枠の表面処理加工を行う「表面処理事業部」に加え，眼鏡枠の企画・販売を行う「眼鏡事業部」（図9-1）も立ち上げられた。

　ところが，「2000年代に入ると，国内では長引く不況の影響に加え安価な中国品の流入や海外販社の台頭などにより，海外も主力のアメリカ市場で中国，イタリア企業の追い上げにより輸出が伸び悩むなどから，輸出・内需ともに厳しい環境にさらされている」（南保，2008：49-51）とされるように，近年では眼鏡枠メーカーの海外進出が盛んになって中国で低コストの眼鏡枠生産が行われるようになったことなどにより，国内で生産される眼鏡枠の9割超のシェアを誇る福井の眼鏡枠産業は近年，急速に縮小し，かつては1,200億円超を誇って

いた製造出荷額等もその半分近くにまで減少してしまった。

　そこでアイテックは，眼鏡枠の表面処理加工技術を活用する形で，新規事業への進出に踏み切った。この新規事業への着手にあたっては，当初関係各部門から専任の要員が集められてプロジェクトチームが結成され，その事業が拡大するにつれ要員数も拡大され，それはやがて「デジタル機器事業部」（図9-1）とされた。アイテックのデジタル機器事業部では，眼鏡枠以外の商品の表面処理加工事業が扱われている。扱われる製品は具体的には，①携帯電話やデジタルカメラの筐体，およびテレビのスピーカーなど家電製品の表面処理加工，②製水器などの電極の表面処理加工，③ゴルフシャフトや釣竿などスポーツ用品の表面処理加工，④パチンコ玉の表面処理加工，という4種類を主要な柱としている。これ以外にも，売上高における割合はまだ少ないが，燃料電池やソーラーパネルなど環境関係製品の表面処理加工なども取り扱われている。

3.2　市場のニーズを志向した組織の育成

　眼鏡枠の表面処理加工事業は，前述のように眼鏡生産工程のうちの一工程を担う委託加工であった。そこでは，完成品メーカーによって企画・設計された眼鏡枠に，指示されたとおりの表面処理加工を施すというプロセスがとられていた。そこではアイテックは完成品メーカーの製造部門の一工程を担っていたのであり，営業部の役割はその委託加工を請け負う窓口を担うことであって，新規顧客開拓のためのマーケティング活動などはほとんど行われていなかった（2009年10月29日聞取調査）。

　こうした状況に対し，アイテックでは企業体質の変革のために2つの施策がとられた。第一はマーケティングの強化であり，第二は経営環境の変化に対応した利益管理の徹底であった。

　まず，新規事業への進出にあたっては，従来の眼鏡枠表面処理加工事業のような安定したシェアがあるわけではない。新規事業を開拓し利益を確保していくためには，市場のニーズを的確に把握し，それに適合した製品やサービスを開発・生産・販売していく組織を形成する必要があった。そこでアイテックで

は，研究開発部門にマーケティング要員が配置された。表面処理加工事業の中で新規顧客を開拓するためには，市場のニーズに適合した加工技術を開発することが不可欠であったのである。そこで，営業部が収集してきた市場ニーズの情報を受け取り，研究開発要員との間でどのようなセールスポイントを持った技術を開発していくかを調整していく存在として，マーケティング要員が配置されたのであった。

　また，新規事業の開拓にあたっては，部門横断的なチームが組織されるようになった。具体的には，営業要員や研究開発要員など各機能部門から専任の要員が選び出され，チームが編成されて事業の開拓が行われる。そして，その事業が拡大してくると，既存の事業部の中でプロジェクトとして設定される。さらに，このプロジェクトが拡大すれば，事業部として独立させられる。現在のデジタル事業部もこのようなプロセスの中で作り上げられてきた（2009年12月18日聞取調査）。

　さらに，自社技術を活用した新規事業を展開するには，新しい販路を開拓していく必要があった。そこで，自社ホームページにおける自社技術の紹介を充実させた。そして新規取引のいくつかはホームページの宣伝広告を契機として実現されたが，ここで確保された人脈からさらに別の販路を開拓することにも力点が置かれている（2009年12月18日聞取調査）。

　そのうえで，長期的な施策としては，ジョブ・ローテーションの強化が行われている。市場ニーズに即した生産・販売活動を行うことへの意識を全社的に高めていく上では，この点に関して研究開発部門と製造部門と営業部門の間で共通の理解が行われる必要があった。そこで，この3部門間で人材のローテーションを行い，ゼネラリストを育成することへの取り組みが始められた。

　一方，経営環境の変化に対応した利益管理の徹底に関しては，NEMA活動の導入という形で実施された。かつてアイテックの事業の中核をなしていた眼鏡枠表面処理事業では，単位当たりの処理加工単価が一定の基準に設定されていた。これに対し，新たに始められたデジタル機器事業では，需要は眼鏡事業に比べて景気変動の影響を受けやすい。しかも，コスト低減圧力が大変強い。

デジタルカメラの場合デザインのライフサイクルは6か月，携帯電話の場合は3か月程度である。したがって，加工価格の低減要求は数か月単位で来ることもある。新規事業では，眼鏡枠表面処理事業のように大きなシェアを持っていなかったため，時に想定を上回るような厳しいコストダウン要求にも即座に対応していくことが一層必要になった。この価格低減ニーズへの柔軟な対応力を高めることを目的の一つとして，アイテックでは，各課が概ね7～8名で構成される小組織「NEMAグループ」へと区分され，その各グループが原則プロフィットセンターとされた。4節では，そこで実践されている時間当たり採算の計算構造，およびその管理プロセスについて説明したい。

4　アイテックのNEMA活動

4.1　NEMA活動導入のねらい

　眼鏡産業の衰退への対応策として新規事業への進出に踏み出していた2005年，アイテックでは，京セラのアメーバ経営が一部アレンジされ「NEMA活動」として導入された。アイテックでは以前から予算管理は行われており，事業部ごとの損益については管理されていた。しかし，事業部より下の部，課，グループといった組織における管理指標の採択は各組織の中で裁量にゆだねられていた。そのため，事業部以下の管理指標がどのように事業部全体の損益に影響するのかが明確でなかった。アイテックにおけるNEMA活動導入の狙いとしては，以下の3点が挙げられている（アイテックホームページ）。

（1）　全員参加の経営
　　全社の経営状態，数字をオープンにして，全従業員で経営状態を共有し合い，全員が主役となり経営に参加する。
（2）　マーケットに直結した部門別採算制度の確立と早期の改善対応
　　部門毎に経営状態を捉え，的確な判断を行うと同時にマーケット，顧客の要求

等を製造現場に持ち込み早期の改善対応を進める。

(3) 経営者意識を持つ人材の育成

　グループリーダーにグループ内の経営に関する責任と権限を委譲し，目標限界利益を達成させることにより，人材の育成をはかる。

　新規事業に参入するにあたっては，当然眼鏡枠の表面処理で蓄積されてきたようなシェアがあるわけではない。そこで，まず企業の置かれている状況を全従業員に認識させ，日々変わり行く企業環境に対応した行動をとっていくように動機づける必要があった。この点について，進士豊代表取締役専務（当時）は次のように説明した（2009年10月29日聞取調査，カッコ内は引用者）。

　　製造部隊の……リーダーをいかに育てていくか，で若いときからいかに収益ってのはどう作っていかなければいけないんだっていうことをね，勉強させたいと思って，……（そのことが）京セラさんのアメーバ経営ってのは良いなぁと判断した（理由の）ひとつなんです。それからもうひとつは，……アメーバ経営やっていくと，その日その日の収益ってのはリアルで分かるんです。……要するに，昨日の結果が今日の大体12時っていう目標を与えてるんだけど，結果（がすぐに）分かるんです。

　アイテックでは，アメーバ経営を導入することによって，製造部門の従業員に利益の源泉としての収益を認識させることが考えられた。その目的は，第一に，前述の(1)や(3)にあるように，全員参加の経営と将来に向けた経営者育成を行うことであった。また第二に，(2)にあるように，グループリーダーに対しては，日次単位で会計実績のフィードバックを行い，PDCAサイクルを短縮することによって，企業環境の変化に対応した利益管理を行うように促されている。

4.2　NEMA活動概要
4.2.1　方針およびマスタープランの策定

アイテックの経営管理システムの体系を図示すると，図9-2のようになる。課長以上の階層については方針管理が行われており，課長より下位の各グループにおいてはNEMA活動が行われている。

まず，方針管理の方針策定プロセスについて説明しよう。アイテックでは，経営理念「より高き技術・より誠実な作業・より親切な心」および経営ビジョン「表面処理および眼鏡ビジネスにおける世界のオンリーワン企業に」に基づいて企業としての達成目標「①顧客第一の会社を構築し，株式公開をめざす　②トップレベルの労働環境を創造する　③バランスの取れた売上高・利益高を追求する　④オンリーワンの技術開発・システム開発を確立する」が設定されている（アイテックホームページ）が，ここから毎年，経営方針（社長方針）が立てられる。この社長方針は中期経営計画・年度経営計画に展開され，これは事業部長方針・部長方針・課長方針へと展開される。これらの方針の中では，原則として，営業課であれば売上高目標，製造課であれば不良損金目標など，数値目標が設定される。

次に，1月ごろになると，各NEMAグループ長は課長方針に基づいてグループの年度計画案を作成する。これは「マスタープラン」と呼ばれるグループ単位の年次計画であり，内容としては時間当たり限界利益の目標やその達成に向けた行動計画が織り込まれている。各グループのマスタープランは本社の総務部に提出され，経営層との間で調整がなされる。調整後マスタープランが確定すると，これがグループごとの年度予算となる。そして，それが課単位，部単位，事業部単位で集計されたものがそれぞれの予算となる。これと同時に課長職以上の年度方針も確定される。

なお，前述の経営理念からは，経営ビジョンと同時に行動スローガン「ヒューマン＆クリエーション」が展開され，そこからさらに従業員の行動指針として達成目標「①オープン経営・社員満足　②自己啓発・3C精神　③企画開発・顧客満足　④地球環境・社会貢献　⑤国際企業・創造型企業」が展開されてい

第9章　眼鏡枠メッキ事業から工業部品サプライヤーへ　231

経営理念 ⇒ ビジョン ⇒ 達成目標 ⇒ 経営方針 ⇒ 年度経営計画書／中期経営計画書 ⇒ 部門方針展開 ⇒ NEMA活動

行動スローガン → 行動指針

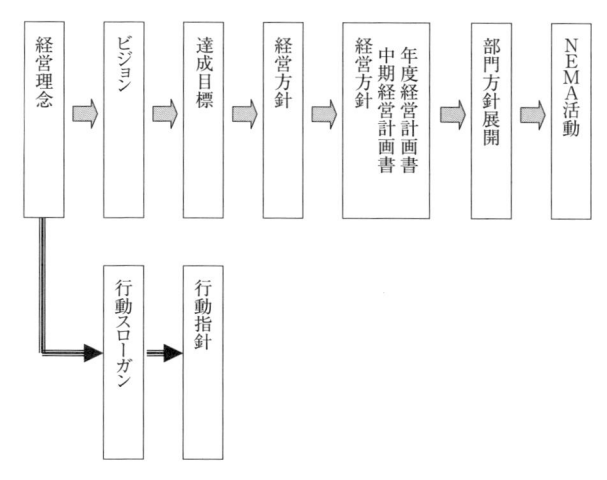

図 9-2　アイテックの経営管理システムの体系
（出所）アイテックホームページ。

る（アイテックホームページ）。以上のような経営方針や行動指針は，アイテックでは従業員の携帯する社員手帳に記載されており，これによって経営方針や行動指針の浸透がはかられている（2009 年 10 月 29 日聞取調査）。

4.2.2　直接原価計算による時間当たり限界利益管理

アイテックでは，NEMA グループの業績評価指標として時間当たり限界利益が採用されている。それは以下のように計算される。

製造 NEMA グループ：時間当たり限界利益 =（売上 − 変動費）/ 総時間

営業 NEMA グループ：時間当たり限界利益 =（営業口銭 − 変動費）/ 総時間

これらを図示すると，図 9-3 のようになる。基本的には，営業部門だけでなく製造部門をもプロフィットセンターとして，利益指標をグループ構成員の総労働総時間で除して時間当たり採算を求めるという手続きがとられている。収益については，京セラの時間当たり採算の場合と同様，顧客への製品の売上は製造 NEMA グループの収益として計上される。そして，製造グループから営業グループへは売上の一定割合が販売手数料として支払われる。これは営業口

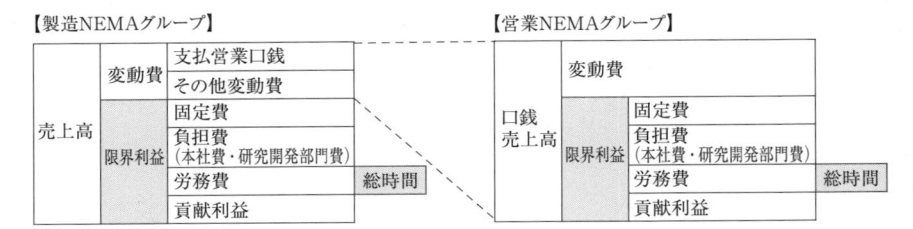

【製造NEMAグループ】				【営業NEMAグループ】		
売上高	変動費	支払営業口銭		口銭売上高	変動費	
		その他変動費				
	限界利益	固定費			限界利益	固定費
		負担費(本社費・研究開発部門費)				負担費(本社費・研究開発部門費)
		労務費	総時間			労務費	総時間
		貢献利益				貢献利益

図9-3 NEMA活動におけるアメーバの時間当たり採算計算構造
(出所)アイテック(2009)に一部加筆して筆者が作成。

銭と呼ばれ，製造グループの採算表上は変動費に含まれている。

NEMA活動の業績評価指標が特徴的なのは，京セラでは労務費以外の全ての費用を控除した後の利益を総時間で除した値が用いられる (稲盛2006:140-146) のに対して，アイテックでは限界利益が採用され，固定費と間接費を控除する前の利益数値が総時間で除されるという点である。すなわち，アイテックのNEMAグループでは，直接原価計算による短期限界利益管理が徹底されている。各グループリーダーに対しては，それぞれが管理可能な要素としての変動費と労働時間を収益の状況に応じて管理していくことが要求されている。そのうえで，グループリーダーの業績評価においては，この時間当たり限界利益の実績が用いられる。それは具体的には，年に2度リーダーの賞与査定に反映される。

また，NEMAグループの採算表では，本社費や部門共通費が一定の基準によって配賦され，各グループの労務費・固定費も計上される。そして，限界利益からこれらの費用が控除された「貢献利益」も計算される。前述のようにグループリーダーの業績評価は基本的に時間当たり限界利益によって行われるが，この貢献利益も，後述のように毎月の業績報告会ではリーダーから経営層への報告が必ずなされる重要指標である (2009年12月4日聞取調査)。

貢献利益による業績評価が行われなかった大きな理由の一つは，各NEMAグループが完全に管理可能な費用のみを負担するという管理可能性原則の考え方によるものである。この点については，進士豊代表取締役専務 (当時) によ

れば「リーダーにそれ（固定費や労務費，および本社費・研究開発部門費；引用者注）まで責任ってのもどうかなと思って」（2009 年 10 月 29 日聞取調査）とのことであった。また，この点以外にも，限界利益という共通費の配賦プロセスを経ない利益概念を業績評価指標とすることによって，従業員が損益状況の動きに対して理解しやすくするというねらいもあった。

なお，NEMA 活動では，通常のアメーバ経営同様，グループ間での要員の貸し借りによる総時間の振替も行われている。製造部門では多能工化にも力が入れられている。比較的操業度に余裕のあるグループからは人員が短期的に貸し出され，余裕のないグループへと短期的に出向する。その場合，要員の貸し手グループから借り手グループへとその分の労働時間が振り替えられる（2009 年 12 月 4 日聞取調査）。

4.2.3　業績の測定と報告

アイテックでは，各 NEMA グループの損益の日次単位での進捗状況が翌日に測定され，グループリーダーに報告される。これに加え，毎月 27 日になると，各グループリーダーによる業績報告会「NEMA 会議」が実施される。NEMA 会議ではまず，各事業部長によって事業部ごとの全体業績が報告された後，各グループリーダーが執行役員クラス以上の経営者層に対して順番に自グループの業績報告を行っていく。報告される内容は，概ね以下のとおりである。

4.2.3.1　当月の実績の報告

報告資料には月次の時間当たり採算表の要約版が記載されており，前月の実績がマスタープランと比較され，差異分析の結果が報告される。報告される最重要指標は，時間当たり限界利益である。これに加え，時間当たり限界利益からグループ内固定費，労務費，負担費（本社費などの配賦額）を控除した「貢献利益」も報告される。近年進出したデジタル機器事業関連のグループ，特にアイテックのコア技術であるイオンプレーティングによる表面処理加工を担うグループでは，在来の眼鏡枠加工に比べると，時間当たり限界利益も貢献利益もかなり高くなっていた（2009 年 12 月 4 日聞取調査）。

また，NEMA会議では，会計実績の報告だけでなく，前月に各グループで実施されたミーティングの実施内容（実施回数・メンバーの意見・要望など）についても報告がなされる。アイテックでは，これを報告内容に盛り込むことにより，グループリーダーがグループミーティング（「NEMAミーティング」と呼ばれる）の実施を通じてグループ構成員にNEMA活動を浸透させることが促されている。

4.2.3.2　次月および次々月の「予定」（マスタープランと比較する形で報告）

　時間当たり採算表の要約版については，実績のみならず先行きの数値についても報告がなされる。各グループリーダーは，マスタープランに至近の企業環境とそれへのグループとしての対応策を加味した当月および次月の見積採算値を報告する。これは「予定」と呼ばれ，見積損益計算書とともにその対応策も報告される。

4.2.4　経営環境への理解の徹底と経営セミナー

　NEMA活動を浸透のための取り組みとして，アイテックでは，前述のNEMAミーティングに加え，毎月2回全従業員を対象とした「経営セミナー」が開催されている。経営セミナーでは，社長をはじめとする執行役員以上の経営者層により，アイテックを取り巻く企業環境や，企業全体としての業績の状況，それに対する企業全体および事業部ごとの経営方針について講演が行われる。京セラのアメーバ経営では，アメーバ経営の土台とされている京セラフィロソフィの教育が重要視されている（稲盛，2006：254）が，アイテックの場合，経営哲学というよりも企業環境と経営方針を従業員に理解させ，NEMA活動における採算性の向上に向け動機づける目的で実施されている（2009年12月4日聞取調査）。

　なお，これに加え，全社的な経営の状況の理解を徹底させる意味で，食堂の入り口や工場の構内には，全社の前月の要約損益計算表が貼り出されており，マスタープランに対して実績がどうであったかが掲載されている（2009年10月29日聞取調査）。また，従業員手帳にはアイテックの経営理念・ビジョン・

達成目標・経営方針や行動スローガン・行動指針が銘記されており，さらには年間の研修のスケジュールも記されている（2009年10月29日聞取調査）。

4.3 アイテックにおける経営改革の成果

　以上のように，アイテックではマーケティング機能の強化と利益管理の徹底から成る経営改革が実施された。その結果，新規事業への進出という形で始められたデジタル機器事業への進出は見事に成功し，アイテックは眼鏡枠市場の衰退による企業規模の縮小を免れた。売上高・当期純利益はそれぞれ，2007年3月期の38億9,888万円・1,329万円から，2009年3月期の51億6,701万円・6,659万円へと拡大した（アイテック決算資料）。

　また，これに伴い，アイテックの事業構成も大きく変化した。2000年3月期時点では表面処理事業が全社売上高の7割近くを占めており，デジタル機器事業の売上高は全社売上高の6％程度にすぎなかった。しかし，2009年3月期決算では，表面処理事業が売上高の3割弱にまで縮小した一方で，デジタル機器事業が5割近くを占めるようになっていた（2009年9月25日聞取調査）。

5　直接原価計算により不確実性への対応力を高める予算管理システム

5.1　市場環境の変化の迅速な取り込み

　デジタル機器事業では，景気変動による需要への影響や顧客からの価格低減への要求が眼鏡枠事業の場合に比べて大きい。アイテックでは，こうした市場の不確実性へ適応すべく，アイテックのNEMA活動では，製造部門の管理者に対して期中の価格・販売量の変化に対応したコストダウンを動機づけるため，各NEMAグループをプロフィットセンターとしていた。このことにより，製造NEMAグループには価格・販売量の変化が収益という形で伝達される。その収益の範囲内での目標限界利益の達成に向け，グループリーダーは改善活動などによって変動費の管理を行っていた。これは業績測定を日次単位で行う

ことによりさらに徹底されていた。

　また，NEMA活動では，製造部門のNEMAグループは利益数値によって市場環境の変化を月次・日次で認識するだけではなく，その変化に対応するために毎月「予定」が策定されていた。NEMA活動では，年次計画としてのマスタープランを達成するための次月の「予定」が毎月グループリーダーによって策定され，これはNEMA会議の場においてトップ・マネジメントに報告されていた。グループリーダーは毎月，至近の年次計画の進捗度を見ながら，その時点での市場環境の中で年次計画を達成するための「予定」を別途策定する。すなわち，「予定」の作成・報告は，予実差異分析という事後的なコントロールとしてだけでなく，至近の市場環境を見ながら，フィードフォワード・コントロール（丸田，2005）として展開されていた。市場環境の不確実性が高い状況では，年次予算の期中見直しが有用であると評価されている（Ekholm and Wallin, 2011）が，アイテックではこの見直しを行動計画と合わせて月次単位で実践することを通じて，市場環境の変化への対応計画がより頻繁に策定されていた。

5.2　管理可能性原則を活用した利益管理の徹底

　市場環境の変化が収益という形で随時NEMAグループの損益に取り込まれ，その中で管理者によって最新の月次「予定」が設定されたとしても，それを成功裏に進めるためには，管理者・経営者がこれらの最新情報に基づいて利益管理を行うための機構も必要である。この点に関して，アイテックではどのような対応がとられていたのであろうか。

　NEMA活動では，予算管理に直接原価計算方式を採用する中で階層的に管理可能性原則を徹底した責任会計が行われていた。より具体的には，グループリーダーに対して，変動する売上の範囲内でマスタープランや予定で設定された限界利益目標を達成できるよう，管理可能費たる変動費の管理が個人責任として課されていた。このことは，理論的には「もともと『原価管理可能幅』の少ない実際発生基準に対する現業管理者の原価責任を，期間的・管理階層的に徹底して追及する」（上總，1977：192）とされている。アイテックでは，この原

理を活用することで，収益の変動に応じた変動費の管理に向けてグループリーダーを動機づけることが行われていた。

　管理者は企業内部の管理不能要因が自らの業績に悪影響を及ぼすことに対しては不満を抱く一方，企業外部の要因については管理可能性原則の適用を望まないとする研究がある（Giraud et al., 2008）。この観点からすれば，アイテックの直接原価計算を基調とした予算管理システムは，企業内部の管理不能要因による管理者業績への影響を極力排除して市況に応じた変動費管理を強く促すと同時に，外部の環境変化については収益という形で極力管理者業績に取り込み，そのことによって環境の不確実性下における管理者の目標達成を促す仕組みであると言えよう。

　一方，企業全体として目標利益の達成に向けて市場環境の予期せぬ変動に対応していくためには，固定費の管理についても迅速に対応する必要が生じる場合がある。ここでNEMA会議における貢献利益の報告が重要な役割を果たしていた。限界利益管理における固定費の位置づけについて，上總（1977：201）では，以下のように説明されている。

　　責任会計の徹底化による現業統制の強化にもかかわらず，目標限界利益の達成が不可能になることが予想される場合には，達成不能限界利益相当分だけ，キャパシティ・コストの実際発生水準の切下げが要請される。逆に，目標限界利益を超過する場合には，超過限界利益相当分だけ，キャパシティ・コストの支出許容額の『増加』を可能にする。このようなキャパシティ・コストの短期限界利益管理に対する『緩衝効果』は，貢献利益概念の導入によっていっそう顕著になる。

　アイテックでは，貢献利益はリーダーの会計責任とされてはいないものの，NEMA会議では毎回経営者層に報告がなされる重要指標であった。この会議の場を通じて，経営者は限界利益の達成状況を把握し，そのうえで企業全体としての目標利益の達成に向けた固定費の管理を行っていた。そのことが，NEMAグループ単位での限界利益管理における不確実性への対応能力を補強

する役割を果たしていた。

6 結論と今後の課題

6.1 結論

　アイテックのNEMA活動では，想定外の市場環境の変化に対して極力早く対応するため，市場環境の変化による価格や数量の変動が損益を通じて各グループに伝達されていた。同時に，こうした不確実性への対応のため，予算管理上直接原価計算の計算構造をとることによって管理者と経営者という階層的な会計責任の分担が明確にされていた。

　市場経済の下では，売上高は企業間競争の結果として実現されるので，その実現は非常に不確実であるため，仮に売上高が必要額に達しなくとも目標利益を達成するには費用ないし原価を引き下げざるをえない（上總，1993）。NEMA活動は，こうした厳しい市場環境に対応すべく，NEMAグループに利益責任を負うことを通じて売上高実現の不確実性に直接対峙させ，同時に原価項目については階層的会計責任分担体制をしくことで，全体として管理可能性原則に即した責任会計を徹底する仕組みとして理解することができる。

　アイテックでは現在，デジタル機器事業に加えてさらなる新規事業の開拓をめざして，目下マーケティング活動の強化に力が注がれている。その一方で，元々シェアを有さなかった新規事業に次々と参入した際，NEMA活動の中で直接原価計算による予算管理を全社的に徹底することによってコスト競争力を身につけられたのは紛れもない事実である。アイテックは，このコスト競争力を糧に新規事業の維持・拡大を行う中で，さらに高付加価値の技術を開発し，さらなる新規事業を開拓していくことにより，「中国のコスト優位→国内市場規模縮小→経営規模縮小」という悪循環から脱却した一つの好例と言えよう。

6.2 今後の課題

　本章では不確実性の高い環境のもとで予算管理システムがどのように機能しているかを，アイテックのケース・スタディによって考察してきた。しかし，本章での考察の第一の限界として，アイテック一社のみに対するケース・スタディという形をとっているため，理論的一般性について検討の余地があることが挙げられる。今後は複数の企業に対する同様のケース・スタディを行ったうえで，アンケート調査の実証分析なども検討し，さらなる一般性の確保をはかる必要がある。

　また本研究の第二の限界としては，不確実性の概念の問題が挙げられる。本章で取り扱った不確実性は，企業外部の不確実性，それも顧客からの商品需要に関わるものであった。しかし，企業環境を取り巻く不確実性は通常，原因も種類も多岐にわたっている（Hartmann, 2000; Chenhall, 2003）。市場における商品需要の不確実性を，従来の研究において検討されてきた不確実性概念との関係の中で位置づけること，そして他の種類の不確実性のもとでは予算管理がどのようにして利益管理の機能を果たし得るのかを検討することを今後の第二の研究課題としたい。

謝辞

　本稿の作成にあたり，アイテック株式会社の進士豊代表取締役専務，久保利彦執行役員・デジタル機器事業部営業部部長，研究開発部妹尾孝一氏，宮川強総務部課長，総務部伊藤喜啓氏には，聞取調査や資料提供等を通じ，多大なるご理解とご協力を賜った。記して深甚の謝意を表する次第である。

補遺

① 聞取調査一覧表

回	日時	場所	主な聞取テーマ	回答者（敬称略）	時間
第1回	2009年9月25日	アイテック株式会社本社	企業概要と経営戦略	進士豊（アイテック株式会社代表取締役専務）久保利彦（アイテック株式会社執行役員・デジタル機器事業部営業部部長）	2
第2回	2009年10月29日	アイテック株式会社本社	マーケティング戦略概略，NEMA活動概略	進士豊（アイテック株式会社代表取締役専務）	2
第3回	2009年12月4日	アイテック株式会社本社	NEMA活動の体系	宮川強（アイテック株式会社総務部課長）伊藤喜啓（アイテック株式会社総務部）	2
第4回	2009年12月18日	アイテック株式会社本社	マーケティングの仕組みの体系	進士豊（アイテック株式会社代表取締役専務）妹尾孝一（アイテック株式会社研究開発部）	2
第5回	2010年2月12日	アイテック株式会社本社	福井県企業の抱える問題点とアイテックの対応策についての総括	進士豊（アイテック株式会社代表取締役専務）	1

② 工場見学

日時	場所	見学対象	時間
2010年2月12日	アイテック株式会社本社工場	眼鏡枠の表面処理加工工程，デジタル機器の表面処理加工工程	1

引用文献

Atkinson, A.A., R.J. Banker, R.S. Kaplan and S.M. Young (1997) *Management accounting*, Upper Saddle River: Prentice-Hall.

Chenhall, R.H. (2003) "Management control systems design within its organizational context: findings from contingency-based research and irections for the future," *Accounting, Organizations and Society*, Vol. 28, No. 2/3: 127–168.

Ekholm, B. and J. Wallin (2011) "The impact of uncertainty and strategy on the perceived usefulness of fixed and flexible budgets," *Journal of Business Finance & Accounting*, Vol. 38, No. 1/2: 145–164.

Frow, N., D. Marginson and S. Ogden (2010) "'Continuous' budgeting: reconciling budget flexibility with budgetary control," *Accounting, Organizations and Society*, Vol. 35, No. 4: 444–461.

Galbraith, J.R. (1973) *Designing complex organizations*, Addison-Wesley: New-York.（梅津祐良訳『横断組織の設計―マトリックス組織の調整機能と効果的運用』ダイヤモンド社，1980年）

Giraud, F., P. Langevin, and C. Mendozaa (2008) "Justice as a rationale for the controllability principle: a study of managers' opinions," *Management Accounting Research*, Vol. 19: 32–44.

Govindarajan, V. and A. K. Gupta (1985) "Linking control systems to business unit strategy: impact on performance," *Accounting, Organizations and Society*, Vol. 10, No. 1: 51–66.

Hartmann, F.G.H. (2000) "The appropriateness of RAPM: toward the further development of theory," *Accounting, Organizations and Society*, Vol. 25, No. 4/5: 451–482.

Hayes, D.C. (1977) "The contingency theory of managerial accounting," *The Accounting Review*, Vol. 52, No. 1: 22–39.

Hirst, M.K. (1981). "Accounting information and the evaluation of subordinate performance: a situational approach," *The Accounting Review*, Vol. 56, No. 4: 771–784.

Hope, J. and R. Fraser (2000) "Beyond budgeting," Strategic Finance, Vol. 82, No. 4: 30–35.

―― and ―― (2003) *Beyond budgeting: how managers can break free from the annual performance trap*, Boston, MA: Harvard Business School Press.（清水孝監訳『脱予算経営』生産性出版，2003年）

Libby, T. and R.M. Lindsay (2010) "Beyond budgeting or budgeting reconsidered? a survey of North-American budgeting practice," *Management Accounting Research*, Vol. 21: 56–75.

Merchant, K.A. (1987) "How and why firms disregard the controllability principle," in Bruns, W. and Kaplan, R. (ed.), *Accounting and Management: Field Study Perspectives*, Harvard Business School Press: 316–338.

―― (1989) *Rewarding results: motivating profit center managers*, Harvard Business School

Press.
────(1990)"The effects of financial controls on data manipulation and management myopia," *Accounting, Organizations and Society*, Vol. 15, No. 4: 297-313.

Otley, D.T. (1994)"Management control in contemporary organizations: towards a wider framework," *Management Accounting Research*, Vol. 5: 289-299.

────(1999)"Performance management: a framework for management control systems research," *Management Accounting Research*, Vol. 10: 363-382.

Ross, A. (1995)"Job related tension, budget emphasis and uncertainty: a research note," Management Accounting Research, Vol. 6, 1-11.

Simons, R. (1987)"Planning, control, and uncertainty," in Bruns, W. and Kaplan, R. (ed.), *Accounting and Management: Field Study Perspectives*, Harvard Business School Press: 339-362.

Vancil, R.F. (1979) *Decentralization: managerial ambiguity by design*, Homewood: Dow Jones-Irwin.

Yin, R.K. (1994) *Case Study Research: Design and Methods*, 2nd ed., Sage(近藤公彦訳『ケース・スタディの方法』千倉書房,1996年)

アイテック(2009)2009年12月4日聞取調査配布資料。

アイテックホームページ http://www.eyetec.co.jp/profile/policy.shtml(2011年12月25日参照)。

伊藤克容(2006)「予算管理論研究における戦略志向性の問題」『産業經理』第65巻第4号:87-95。

稲盛和夫(2006)『アメーバ経営─ひとりひとりの社員が主役─』

上總康行(1977)「限界利益概念による短期限界利益管理─直接原価会計の主要機能の解明─」『立命館経営学』第15巻第5・6号:165-202。

────(1993)『管理会計論』新世社。

────(2011)「アメーバ経営の仕組みと全体最適化の研究」アメーバ経営学術研究会編『アメーバ経営学─理論と実証─』KCCSマネジメントコンサルティング:58-88。

────・澤邉紀生(2005)「京セラのアメーバ経営と利益連鎖管理(PCM)」『企業会計』第57巻第7号:97-105。

小菅正伸(2003)「予算管理無用論とBBモデル」『商学論究』第51巻第1号:1-24.

────(2004)「疑問視される予算管理の有用性」『會計』第165巻第1号:65-80。

────(2005)「Beyond Budgetingの意義」『産業經理』第64巻第4号:15-22。

清水孝(2006)「戦略マネジメント・システムにおける脱予算経営の在り方」『JICPAジャーナル』第18巻第7号:162-168。

────(2009a)「脱予算経営における経営改革の方法」『早稲田商学』第418・419巻:279-303。

────(2009b)「脱予算経営の概念とわが国企業の取組み」『企業会計』第61巻第11号:

18-26。
谷武幸（1999）「ミニプロフィットセンターによるエンパワメント─アメーバ経営の場合─」『国民経済雑誌』第 180 巻第 5 号：47-59。
南保勝（2008）『地場産業と地域経済─地域産業再生のメカニズム─』晃洋書房。
挽文子（2007）『管理会計の進化』森山書店。
廣本敏郎（2006）「京セラのアメーバ経営─その意義と形成過程─」『経済論叢』第 178 巻第 4 号：1-28。
福田哲也（2010）「予算管理の再検討に向けて─「脱予算経営」の意味するもの─」『経済系』第 242 集：101-111。
丸田起大（2005）『フィードフォワード・コントロールと管理会計』同文舘出版。
三矢裕（2003）『アメーバ経営論』東洋経済新報社。
横田絵理・妹尾剛好（2011）「日本企業におけるマネジメント・コントロール・システムの実態─質問票調査の結果報告─」『三田商学研究』Vol. 53, No. 6：55-79。

第10章
地方小規模企業による新製品開発・市場開拓の取り組み
—— 福井の繊維企業の事例より ——

木野龍太郎

1　はじめに

　第二次世界大戦後の日本の製造業は，大幅な円安と大きな需要を背景として，主に低価格製品を大量に生産することによって経済発展を遂げてきた。その後，円高や市場成熟化の進行や，新興国を中心とした国際的競争の激化によって，これまでのような低価格・大量生産というビジネスの主体は海外へと移ったため，高付加価値のビジネスへとシフトしていくことが，日本の製造業の喫緊の課題となっていると言われる。すなわち，これまで日本が培ってきた技術やノウハウを活かし，高付加価値な製品を開発し，新たな市場を開拓することで，少量生産でも高い利益率を確保するというものである。しかし，このような方向性をめざすべきであるとされて既に久しいが，実際にはそうした方向になかなか転換できていないのが現状である。
　一方で，近年は高い技術力を背景とした特長ある製品の開発や，ニッチな市場を開拓することで高い競争力を持つ中小企業，特に，都市圏と比較して小規模企業が多い地方都市の中小企業が，そのユニークな取り組みで注目されている。かつて多くの企業においては，スケールメリットを追求するために，生産

規模を拡大することがめざされてきたが，現在は，柔軟・迅速な対応が取りやすく，かつ，ニッチな市場を対象とした企業が着目されるようになってきている。本章においては，こうした企業を対象として，製品開発や市場開拓の取り組みについて検証することによって，経済が停滞している地方の地域活性化へのヒントを探るとともに，製品の特質や市場規模などが，企業規模や生産方式とどのような関係にあるのかについて，また，そうした企業の取り組みが，地方においてどのように特徴づけられるのか，考察を行うことを目的としている。

本章において取り上げる繊維産業は歴史が長く，かつては日本の経済発展を牽引してきた産業であり，技術的な面においても，トヨタやスズキ，東レ，帝人，などのように，繊維が技術的な基盤となって発展してきた企業は，現在も多く見られている。しかし，特にオイルショック以降，日本の繊維産業は縮小していく中で，多くの大手繊維企業は，その技術を基盤として多角化を進めていった。一方で，日本各地に見られる繊維産地においては，織物，ニット，染色などの加工業が多く見られたが，その多くが中小・零細企業であることから，厳しい国際競争の中で多くの企業が廃業に追い込まれ，産地自体が縮小の一途を辿っている状況にある。

こうした産地の一つである福井は，ポリエステルやナイロンなどの合成繊維長繊維織物の一大産地であり，かつて「合繊8社」[1)]とも言われた，合成繊維原糸メーカーの系列企業として技術的・経営的支援を受けながら強い関係を持ち，欧米を中心とした旺盛な需要を背景に，織り・編み，染色などといった原糸の加工を主に担当することで成長をしてきた。しかし，貿易摩擦や為替相場，嗜好の変化や海外企業の台頭などにより，原糸メーカーの多くは「脱・繊維」の方向性を打ち出し，主に有機化学の分野へ多角化を進めることで，生き残りを図ってきた。一方，主に原糸の加工を担当してきた北陸産地では，受注量の減少とともに産地も縮小を続けている状況にある。福井をはじめとした多くの繊維産地では，相対的に規模が小さい企業が多く，価格競争力の高い海外

---

1) 「合繊8社」とは，旭化成，カネボウ，東レ，クラレ，帝人，東洋紡績，三菱レイヨン，ユニチカ，を指す（※ 50 音順）。

企業との競争の中で，廃業に追い込まれるところも少なくない。そうした中でも，小規模ながら高付加価値な製品を開発し，市場を開拓することで生き残りを図り，高い競争力を持つ繊維企業も存在しており，こうした企業を事例として取り上げていくこととする。

本章における具体的な課題は以下のとおりである。

第一に，事例として挙げた繊維企業が，大量生産志向型のビジネスから，どのようにして高付加価値志向型へと移行していったのかについて検証する。

第二に，福井の小規模な繊維企業における，製品開発や市場開拓の取り組みについて検証するとともに，こうした取り組みが地方においてどのように特徴づけられるのかについて考察する。

第三に，「高付加価値」という言葉の持つ意味内容や，製品の特質や市場規模，生産方式と，企業の適正な規模との関係について考察を行う。

2　福井の繊維産業を巡る現状

福井は昼夜で寒暖の差が少なく湿度が高い気候であることから，織物の製造に適しているとされ，「福井羽二重（はぶたえ）」と言われる絹織物が知られている。福井での絹織物自体の生産は古くから行われていたが，本格的な工業生産が行われるようになったのは明治以降になってからであり，いわゆる「バッタン機」と言われる生産性の高い織機を導入し，輸出市場向けに生産が行われたことを契機として，生産規模の拡大によって繊維産業の拡大がみられてきた（社団法人福井県繊維協会編，1971：18-20）。この当時から，付加価値がそれほど高くない製品を大量に生産するというビジネスが行われており，こうした輸出向け羽二重には「粗製濫造」問題があったとされている（木村，2002：3-6）。その後，1920年代から1930年代には，絹織物に代わってセルロースを原料とした人造絹糸（レーヨン）の織物へ，1960年代からは，ナイロン，ポリエステルといった合成繊維の織物へと主産品が移行していった。あわせて，製織工程の生産性

を大幅に高める「革新織機」と言われる機械が登場し，合成繊維テキスタイルの需要増加とともに，繊維関連の企業件数も増加し，こうした織機の導入による生産性の向上も相まって，福井県は合成繊維織物の一大産地となった。

さらに，素材（原糸）の変化，特に合成繊維への移行に際して，原糸メーカーは，絹や人造絹糸と大きく性質の異なる合成繊維において，糸加工（糸に撚りをかける撚糸，糸同士を寄り合わせる合糸，空気の力で糸同士を絡ませるエア加工など），製織，染色などの技術を高めるため，これらの関連する企業を組織して「プロダクション・チーム（PT）」として系列化を進めていった[2]。これらの企業が協力して，テキスタイル製造の技術を確立していくとともに，製品の品質向上を目的として，原糸メーカーが技術指導や資金援助，業務保証なども行い，生産設備の更新や増強を支援しながら，テキスタイルの生産を拡大していった。

また，1950年代の朝鮮戦争特需の反動不況において，いわゆる「メーカー・チョップ」方式が広まっていった。これは，原糸メーカーから中間加工業者に原糸が供給され，製造されたテキスタイル製品は，その原糸メーカーの商標（チョップ）で売られ，中間加工業者はその工賃を受け取るという「賃加工」が主流となっていった（木野，2010b：17）。

これらにみられるように，かつての福井の繊維産業は，海外の大きな市場に向けて，相対的に付加価値が低い製品を大量生産するというビジネスであったことが分かる。こうした大量生産を支える「革新織機」は「無杼織機」とも言われ，経糸の間に杼またはシャトル（shuttle）と言われる道具によって緯糸を入れ製織を行う従来の方式ではなく，水や空気の力で緯糸を飛ばしたりすることで，飛躍的に生産性を高めた織機のことである。いわゆる「賃加工」においては，生産量あたりの利益は小さくなるが，それを大量生産によって補うことが行われてきた。賃加工の場合は原材料も支給されることから，原材料や製品価格の変動によるリスクや資金的な負担も少ないため，こうした方式が広まってきた[3]。とりわけ欧米を中心に，合成繊維織物の需要が旺盛であった時代は，

---

[2] 福井の繊維産業における系列化に関しては，吉田（1966）に詳しい。

[3] 聞取調査によれば，かつては多くの織物業者では，「朝早くから夜遅くまでずっと織機

「ガチャ万」[4]と言われるほどの利益があったと言われ，設備が充実し優秀な技術を持つ繊維企業を囲い込むために，原糸メーカーは産地企業の系列化を推し進めていった（社団法人福井県繊維協会編，1974：526-533）。

　こうした生産性の高い設備による大量生産というビジネスには，需要の変動によって需給ギャップが発生し，生産過剰になり製品価格が下落する危険性がある。そのため福井では過去に織機を登録制とし，例えば先述の革新織機導入の際には，2台の革新織機導入にあたり，3台の古い織機を破棄するといったことが行われていた（但し，実際には未登録のまま生産を行う「ヤミ織機」が多く出回り，織機ブローカーが福井県外から織機を持ち込み，登録票を偽造し販売するといったことも行われていた）（土田，1985：116-121）。しかし現在では，生産能力が高く自動化が進んだ織機が海外向けに大量に販売され（木野，2008：67），海外でも高品質で安価な織物製品が大量に生産できるようになったため，巨大な資本によって大量の設備を導入し，安価で労働力を確保できる企業が生き残る，というビジネスがさらに進むことになり，資本力や労働力の点で海外との競争に勝ち残ることは難しくなっている。一方で，より大きな資本力と低賃金労働力を豊富に持つ企業や国が出てくることで，優位を保つことが難しくなるということでもあり，まさに「繊維産地が世界中を移動する」ような状況にあるとも言える。

　かつて福井は，農村の子女を中心とした低賃金で勤勉な労働力が豊富にあり，低コストでの生産が可能であったため，こうしたビジネスの方向性に一定程度合致していたわけだが，グローバル化の進展や海外企業の技術が向上することで，こうした優位性を失ってきたと考えられる。日本の中にも非常にコスト競争力が高い企業も存在するが，多くの企業では現在の競争条件の下では，そう

　　が動かしており，休みもほとんど無かった」，「織機が止まっていると近所に恥ずかしいので，糸をかけずに動かして音を出していた」といったようなことが行われていたとのことである。
4）　織機が動作する「ガチャ」という音がするたびにお金（万札）が儲かっていく，ということを表した言葉。

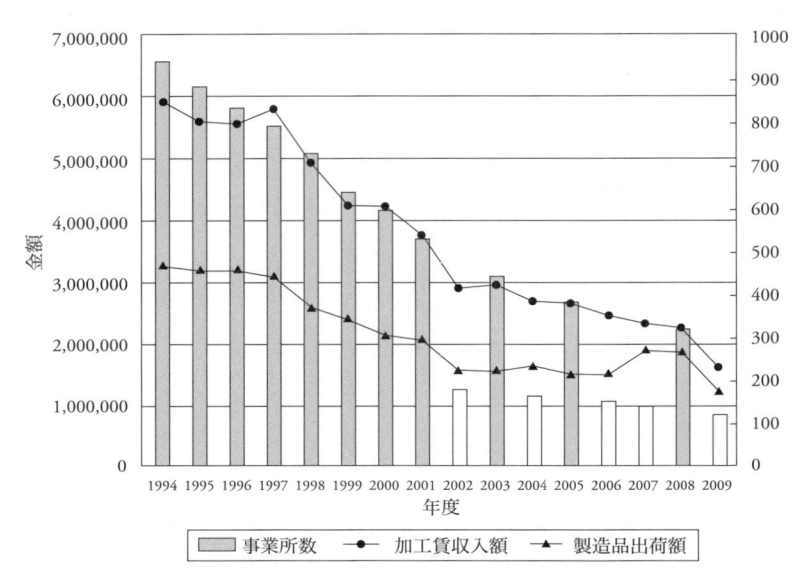

図 10-1 福井県の長繊維広幅織布企業の加工賃収入額，製造品出荷額，及び事業所数
(注) 2002, 2004, 2006, 2007, 2009 年度は 4 名以上の事業所が調査対象となっており，連続性が無い。
(出所) 福井県総務部政策統計課ホームページおよび同課への問合せより筆者作成。

したコスト面で海外企業と競争することは難しい状況にある。

現在の福井の織布企業の状況は図 10-1 のとおりである。事業所数や加工賃収入額，製造品出荷額は下落を続けている一方で，加工賃収入額と，製造品出荷額との差が小さくなってきていることも分かる。これは，先述の「賃加工」に対して，織布企業が自社で原材料を購入・加工し在庫のリスクを持って販売する，いわゆる「自販」の割合が高まっていることを指していると考えられる。

図 10-2 は，筆者が 2009 年に実施した福井の織布企業へのアンケート結果によるものである[5]。全体の約 70％が，非正規雇用も含めた従業員数が 10 名以

---

5) 社団法人・福井県繊維協会の会員団体である福井県織物工業組合の会員企業 378 社（当時）に，アンケート用紙を 2009 年 7 月に郵送，返送された回答を集計した。なお，質問項目は 23 項目＋自由記述欄，有効回答数は 109 社，回答率は約 28％であった。また，必要に応じて個別に電話で聞取や，直接訪問して聞取調査も実施した。結果については，木

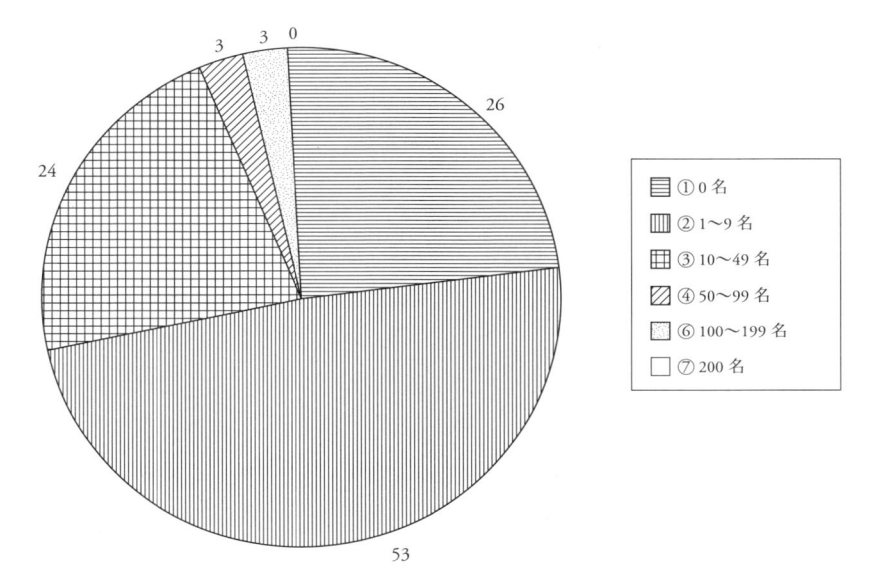

第 10 章　地方小規模企業による新製品開発・市場開拓の取り組み　251

凡例:
- ① 0 名
- ② 1〜9 名
- ③ 10〜49 名
- ④ 50〜99 名
- ⑥ 100〜199 名
- ⑦ 200 名

データ: 26, 53, 24, 3, 3, 0

図 10-2　織布企業の従業員数（非正規雇用含む）
（出所）アンケート調査の結果より筆者作成。

下の企業であり，福井では多くの織布企業が小規模な経営を行っていることが分かる。また，これらの10名以下の企業が保有する織機の多くが，先述のシャトル織機や，レピア（rapier）と言われる槍状の金具で緯糸を飛ばすレピア織機（Rapier Loom）を保有しており，多くの種類の糸が織れる汎用性が高い設備を持つ傾向にある。一方で，規模が大きい企業では，エアジェット織機（Air Jet Loom：空気の力で緯糸を飛ばす織機）もしくはウォータージェット織機（Water Jet Loom：水の力で緯糸を飛ばす織機）といった，生産性の高い設備を保有する率が高い傾向にあることも分かった。

　かつて大量生産を志向した福井の織布企業は，規模を拡大し生産性の高い織機へと設備を更新しながら利益の拡大を図ってきたが，海外企業との競争の中

野（2010a，2010b：17）を参照。

で，現在，高付加価値な製品を開発・製造し，新たな市場開拓を行っていく必要性に迫られている。こうした取り組みを行うには，資金やマンパワーの面で小規模企業には難しいと一般に考えられている。しかし，そうした企業がターゲットとすべき市場のうちの一つに，いわゆる「ニッチ市場」と言われるものがある。「ニッチ市場」は，需要の規模が小さく，既存の製品やサービスがカバーしきれていないような市場であるが，このような大規模な企業が目を向けない，企業を維持するだけの需要が見込めない市場であっても，小規模な企業であれば企業を維持することができ，しかも大企業が参入することが難しいため，その分野で生き残りを図ることが可能であると考えられる。以下では，こうした取り組みを行っている企業に聞取調査を行い，事例として取り上げていくこととする（50音順）。

3　事例1：株式会社織工房風美舎

企業名：株式会社　織工房風美舎（本社：福井市石盛町）
代表取締役社長：澤田　勝
従業員数：5名
設備：レピア織機6台
生産品目：化合繊織物（絽・紗），小物，照明器具の販売製造

　同社は，現社長の父親が1952年に創業し，1978年に澤田織布株式会社を設立，2001年に株式会社織工房風美舎と社名に変更し，現在に至っている。同社では，「カラミ織り」と言われる特殊な織りの技術を用いた「絽」や「紗」と言われるメッシュ状の生地を製造しており，これを利用した法衣（僧侶僧尼の着用する衣服）や照明器具の販売を行っている。
　創業当時は，商社や原糸メーカーからの受託加工を行っており，主に和装の生地を織っていたとされる。そうした発注元から製品規格（「設計書」と言われ

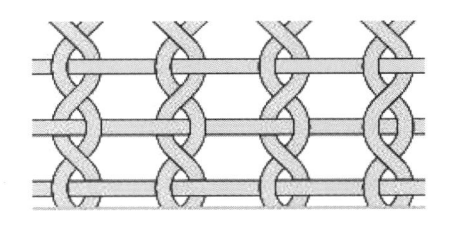

図10-3　カラミ織り
（出所）株式会社織工房風美舎ホームページ。

る）と原材料（原糸）が届き，それを規格どおりに製造して納めるという，いわゆる賃加工のビジネスを行っていた。しかし，和装業界が縮小していく中で，先述のカラミ織りの技術を活かして，法衣の生地を自社で製造・販売するというやり方に，2000年頃から転換を行ってきた（社名も現在のものに変更）。現在は，このカラミ織りの生地を重ね合わせることで生まれる，「モアレ」と言われる波形模様を活用した照明器具の製造・販売に力を入れている。

現在，同社の主な生産設備はレピア織機6台となっているが，最盛期はシャトル織機30台に加えて，撚糸（糸に撚りをかける），整経（経糸を一定の張力で引き揃える）などの準備工程を持っていた。当時の状況について澤田社長は「設備を入れるのが競争で，あそこも入れたならうちも入れよう，入れたら今度は時間延長でできるだけ生産量を上げて数を作って儲ける，といったような体制のため，休みもほとんど無く，朝5時から夜10時くらいまでずっと動かしていた」ということであり，商社や原糸メーカーの指示どおりに生産するため「お客さんの顔も見えず，注文どおりに機械を動かすだけ」という状況であった述べており，典型的な大量生産志向型のビジネスであったと言える。しかし，受注量の減少に加えて，当時同社が受注していた製品の原材料が生産中止になるということで，先述の「自販」の方向へと切り替えていったとされる。

最初の半年間は市場調査を行いその問題点を洗い出して，自社で製品開発を行い，その製品を主に京都の法衣店に売り込みを行ってきた。当然ながらこのことは，従来同社が取引を行ってきた商社の顧客と重なることもあるため，その商社からの発注は無くなるといったことも起きているが，それも覚悟の上で

販路開拓・製品開発に注力していった。法衣の生地は市場が小さく需要もそれほど大きくないため，他社からの参入の可能性が低いニッチな市場であり，自販に切り替えたことで，賃加工と比べると利幅は大きくなっている。また，「値切られたことはあまりなく，『高くてもいいから良いもん持ってきてくれ』と言われる」(澤田社長)といったように，法衣という製品の特性から，顧客は価格が高くても良い製品を求める傾向にあるため，価格競争力に陥りにくいとされている。また，京都という土地柄もあり，その市場に参入して信頼を得るまで時間がかかるが，一旦，取引が始まれば長く続けられる，とのことであった。加えて，「カラミ織り専用の機械があるわけじゃなく，技術で織る，そこが一番の強み」(同)というように，簡単に真似ができない技術があることも，他社が参入しにくい要素の一つであるとも思われる。

　こうしたニッチな市場で，高い製織技術が求められる特殊な製品を自販するにあたっては，市場の大きさに合った適切な企業規模に移行することを行っており，「ここ10年は，小さくしよう，小さくしよう，そればかり考えている」(同)とのことで，撚糸などの準備工程は信頼できる企業への外部委託とし，織機台数も減らして，設備を縮小してきている。そして，通常の織布企業であれば，織った生機(染色加工を行う前の生地)を染色加工業者に持って行き，加工後にその業者が最終検査を行って出荷するが，同社では「お客様の顔が見て売らないといけないので，この生地を買うつもりで検査する」(同)ということで，全ての製品を同社で再検査してから出荷している。製品の販売にあたっても，実際に法衣の小売店に足を運び，これまでの製品との違いや作り方の話をすることで，これまで作り手の話をあまり聞いたことが無かった小売店の関心を引きつけるとともに，そうした顧客の声を直接取り込むことができるようになった。それまでは，設計書どおりの製品を生産することが求められていたが，自販に移行することで，顧客の声を活かした開発・生産が可能となっている。これは，経営者の目が届く範囲の企業規模，生産量であるからこそできることであり，これが高品質・高付加価値製品の生産につながっていると言える。

　また同社は，先述の「モアレ」を活用した照明器具の開発・製造に取り組ん

図 10-4　同社の工場及び商品展示スペース
(出所) 同社の許可を得て筆者撮影。

でおり，福井県工業技術センター（福井工業技術センターホームページ）と共同で特許を出願し，2011年より販売を開始している。

　展示会への出店などがマスコミで取り上げられたこともあり，家電量販店や通信販売業者からの依頼もあったが，少量生産で顧客と直接取引をして販売することで，商品の特性を活かすという方針を取っている。将来的にはこうした商品を展示するショールームを設けて，こうした顧客とのコミュニケーションのパイプを作っていくことを考えている，とのことであった。

4　事例2：サカセ・アドテック株式会社

企業名：サカセ・アドテック株式会社（本社：福井県坂井市丸岡町下安田）
代表取締役社長：酒井　慶治
従業員数：18名

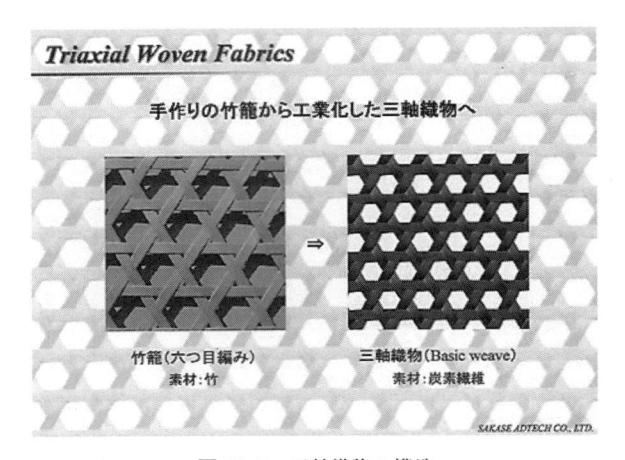

図 10-5　三軸織物の構造
(出所) 独立行政法人・宇宙航空研究開発機構 (JAXA) ホームページより引用。

設備：非公開
生産品目：三軸織物の製造・販売

　同社は，明治期に創業され，主にインテリアや衣料品の織物を製造していた酒清織物株式会社の新規事業部門が，1988年にサカセ・アドテック株式会社として創業した（酒清織物株式会社は2002年に解散）。通常，織物は経と緯の二軸で製造されるが，サカセ・アドテック株式会社は，経，緯，斜めの三軸の織物（図10-5）を製造する，世界で唯一の企業である。

　同社が製造する織物は，火星探査機「のぞみ」や小惑星探査機「はやぶさ」のアンテナなど，航空宇宙分野で用いられている[6]。三軸織物は，竹カゴの編み方と同じもので，締めればほどけにくい，折りたたんでも繊維にダメージを受けない形状保持性などの特徴がある。その特性を活かして，小さく畳んで打ち上げ，宇宙に行ってから大きな構造を作る「インフレータブル構造」（図10-6）の材料として，小型人工衛星などのアンテナに用いられている。また，民生分

---
6) 小惑星探査機「はやぶさ」の事例に関しては，『繊維ニュース』2011年1月6日号を参照。

宇宙インフレータブル構造の宇宙実証（SIMPLE）

1. ミッションの背景及び目的

インフレータブル構造（袋状の膜材を気体による内圧によって膨らませて利用する超軽量構造）は，軽く，収納性が良く，簡単に展開して使える，などの利点があります。
この実験では，インフレータブル構造を実際の宇宙環境のもとで長期間運用することで実用性を実証するとともに，今後の宇宙構造物への適用のための基礎データを集めることを目的としています。

2. 期待される成果及び波及効果

宇宙空間や月・惑星での建物や構造物を作る際，インフレータブル構造を使えば簡単に，早く，安く作ることができます。
将来は，大型の宇宙発電衛星や月面タワーへの応用が期待できます。また，中を密閉した空間として使えるので，地球大気と同じような気体を入れておけば動植物を生育させる簡便なテラリウム（閉じた空間で地球環境を模擬して動植物を育てる設備）としても役に立ちます。

2. 実施体制

研究代表者：東京大学大学院　青木隆平
参加機関：JAXA，京都大，東海大，東大，東工大，日大，㈱ウェルリサーチ，サカセアドテック㈱

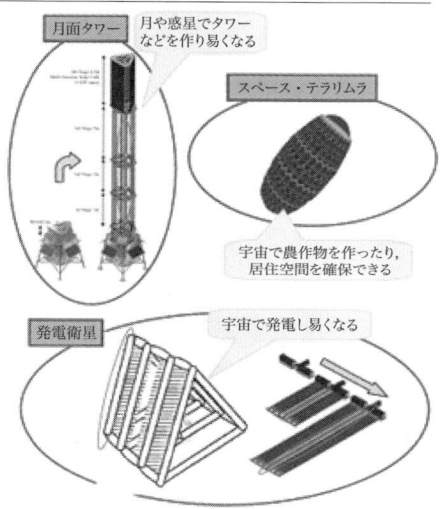

図10-6　インフレータブル構造
（出所）独立行政法人・宇宙航空研究開発機構（JAXA）ホームページより引用。

野ではゴルフシャフト，釣り竿，陸上競技用スパイクのメッシュ部分や，名古屋城の天井の絵やバーミヤン遺跡流出壁画の修復にも使われている。

同社の前身である酒清織物株式会社は，絹織物業として操業し，レーヨンを経て，主に婦人衣料向けの合成繊維織物を製造していた。当時は，原糸メーカーのプロダクション・チームとして，先述の「メーカー・チョップ」による製造を行い，最盛期には400台を超える織機を抱えていた，典型的な大量生産型の企業であった。しかし，受注量の減少に伴って危機感を持つようになり，新事業への展開を模索することとなった[7]。そこでめざされた方向性は，①自社独自の技術を開発・蓄積することと，②自社で新規用途を開発すること，③顧客開拓を行うこと，の大きく3つであるとのことであった。

①の独自技術の開発・蓄積については，新技術の開発にあたり，多くの企

---

7) こうした多角化の一環として創業した企業に，医療用プラスチック成形品などを製造・販売するサカセ化学工業株式会社（1962年創業・本社：福井市下森田町）がある。

業や大学関係者などと話し合いを行ってきた中で，「世の中に無い強い繊維を作るにはどうすれば良いか，と考えた際に，3方向に糸があれば強い」（酒井社長）という結論となり，多くの機械を試作して試していたところ，アメリカにそうした技術を保有する会社があり，その権利と機械を購入したが全く稼働しなかった。そのため，商社，機械メーカーと共同で3年がかりで改造を行い，部品を全てばらして自社製に作り替え，多くの問題を解決していきながらノウハウを蓄積し，独自の技術を確立してきたとされている。②③については，三軸織物の技術は確立したもののなかなか販売に結びつかず，数年間模索した中で，三軸織物を「織物」ではなく「素材」と考えて，用途を航空宇宙の分野に絞り，狙いを定めてアメリカの航空宇宙分野の材料展に出展を続け，そこから航空宇宙分野への市場展開が始まった。またその実績を踏まえて，民生用としてゴルフシャフトなどの分野へも展開していった。

　こうした，産業用資材分野への進出にあたっては，酒井社長によれば「技術的にあまり他社にないもので，特許などをきちっと取得できているものがベースにあって，特異な分野，例えば航空宇宙であれば，信頼されるまでに5年も10年もかかって色々なネットワークが形成できて，なおかつ，自分たちの商品を使って頂く分野に対して，ある程度答えが出せるようなスペックをつくり上げて提案するということまでやらないと，なかなか通用しないです」，「3軸織物は規格も何もないので，試験方法も全部，自分たちで開発しないといけない。こういう方法で試験をすればこうなるというものを，分厚い提案書を作成して，お客様に提案する」といったように，衣料用と大きく異なる点が幾つもある。衣料用であれば良い風合いや意匠の生地を試作品として提案し，関心を持った問屋やアパレルメーカーと話し合っていきながら開発を進めていく，というものが一般的であるが，産業用資材においては，通常は数値によって製品の機能を証明する必要があり，試験を行ってデータを示すことによって提案する必要がある。そのために，試験の方法も含めて，他社が簡単に真似されることが無い製品となるわけである。

　こうした特殊な市場への参入にあたっては，「ニッチ市場に入ったときに，

量を求めてはいけない。絶対に相反するものであり，そうした市場できちんと利益が上げられるような技術と価値が見いだせているかどうかで，初めて商品化に持って行けるかどうかということになり，その見極めが絶対に必要」（同）とされている。すなわち同社のビジネスは，大量生産・低価格による消耗戦を避け，大規模企業が参入しにくく，受注量・生産量が少なくても利益が出る分野を見いだし，それに適正な企業規模とすることがめざされていると考えられる。かつて同社も多くの生産設備を持ち，24時間稼働を行い，積極的な設備投資を行ってきたが，「機械メーカーへの支払いの借金を返していたようなもの」（同）とのことであり，こうしたビジネスから脱却することが図られてきている。

　また，こうした分野に参入するには，将来の市場につながるような「技術の目利き」が重要であり，かつ，様々なネットワークを構築し，こうした企業と柔軟に結びついていくことが必要であるとのことであった。設備の稼働率を維持するために無理に仕事を取ることは避けて，柔軟に動くことができる適正な企業規模がどのようなものかを見極め，その体制に持っていくことが重要であると言えよう。一方で，こうした企業規模であることのデメリットは，人員的，財政的，技術的な側面も含めた「経営基盤が弱い」（同）ということであり，「やりたいことはいっぱいあるが，過度な設備投資をしたくない。機械のための仕事はしたくない。ある程度の規模というのが，どこに焦点を合わせるのか」（同）との言葉も聞かれている。

　現在では，同社の三軸織物の技術を活かして様々な用途に応用していく一方で，様々なネットワークを活かして，「今まで世の中に出していない三軸織物」（同）の技術を開発・確立していく，というのが同社の方向性である。同社が主に対象としている市場である航空宇宙分野では，技術の開発・確立から実際に製品に至るまで10年ほどかかることもあり，うまくいかなければ，そこに投じた資金が回収できないリスクが出てくる。そうしたリスク回避のために，企業規模を大きくして多角化を進めることは，新たなニッチ市場への参入や，柔軟に活動できる企業体制，という点と相反する可能性もある。産業用資材と

いう製品特性からも，研究開発を積極的に行いながら，を外部とのネットワークを構築しつつ，適正な企業規模がどの程度かを見極め，そうした規模に柔軟に移行できる企業体制の構築が重要になるであろう。

　また，これまでの聞取調査によれば，一般に産業用資材分野については，顧客からの要求が厳しく，開発した製品が実際にビジネスになるまで何年も時間がかかるため，経営基盤が弱い小規模企業の場合は，そうした分野への参入が難しいと考えられている[8]。同社の場合は，従来の賃加工のビジネスが並行して行われていたことで，「最初の10年間ぐらいは支えてもらっており，ベンチャー的にやっていたらとっくに終わっていた」（同）とのことであり，社内の新規事業部門として開発を行うことで，新規事業への展開を図ることができたということであった。またその間には大手商社による資本参加もあったということであり，そうした点も含めて戦略的に取り組んだことが，成功に結びついたと言えよう。

5　事例3：坪由織物株式会社

企業名：坪由織物株式会社（本社：福井県坂井市丸岡町熊堂）
代表取締役社長：坪田　昭一
従業員数：7名
設備：織機12台（外注含む），撚糸機，合糸機，カバーリング機（芯になる糸に別の糸を巻きつける機械），整経機
生産品目：絹・化合繊織物の製造・販売

　同社は1896年に創業し，1950年に会社組織に変更し現在に至っている。現在は，絹織物をはじめ，ウエディングドレス生地，ステンレスを用いた織物な

---

8)　産業用資材の分野に進出した北陸地域の繊維関連企業については，松井（2000，2002，2004，2010）に詳しい。

どを生産している。以前より欧米市場の開拓にも積極的で，2002年から「テックスワールド USA」と呼ばれる展示会に継続的に出展，2010年からはプルミエール・ビジョン（Premiere Vision，以下 PV）と呼ばれる，フランスの展示会に出展しており，現在は売上の30％が輸出（アメリカ60％，ヨーロッパ40％）（『繊維ニュース』2011年8月5日号）[9]であるとのことである。PVはファッション衣料生地展示会のトップレベルにあり，出展にあたっては，東京で行われた主催者の直接面接ならびに選考委員会の厳しい素材審査を経る必要があり（『繊維ニュース』2010年8月24日号），同社製品が高い競争力を持つことが分かる。

同社もかつては，いわゆる「輸出羽二重」と言われる輸出用の絹織物がほぼ100％の時期があり，合成繊維が主流になってきた時期にも，前社長の方針によって絹織物にこだわり，現在も主な生産品目となっている。最盛期には100台ほどの織機があり，典型的な大量生産型企業であったようだが，現在は，織機12台（外注含む）と規模を縮小し，少量生産・開発型企業の経営体制を取っている。

同社が絹織物の生産を行っていたということもあり，先述のような合成繊維の原糸メーカーによる系列化とは一線を画してきたため，そうした制約があまり無く，同社独自の取り組みがやりやすいとのことであった。「価格決定権が製造側にあるのが本来あるべき姿」（坪田社長）という考え方のもと，「自分たちが提案して，自分たちが値段を決めるというような形態を取れる」（同）製品の開発ということで，他社がほとんど製造していないステンレス織物に行き着いている。同製品の開発にあたっては，ステンレス線材をなかなか入手できず，何年もかかって交渉を行って入手しており，また，線材が肌にあたって痛くないように，ウレタンコーティングを施したり，別の糸でカバーリングをしたりといった，多くの工夫を積み重ねてきているとのことである。こうしたステンレス織物を含めて，多くの独自製品の開発・生産が行われている。

同社では，中長期的に見た国内市場の縮小を考えて，海外市場に目を向け

---

9) ただし，同記事には「売上の70％が輸出」と記載されているが，坪田社長によれば記事の間違いであるとのことであった。

図 10-7　プルミエール・ビジョン出展の様子
(出所) 坪由織物株式会社ホームページより引用。

て多くの展示会に出展し，2010年からは先述のPVに出展している（図10-7）。坪田社長によれば，PVでは出展企業とバイヤーとが対等の立場にあって，出展企業にもバイヤーを選ぶ権利があり，アポイントが無いと展示品を見ることもできないところもある点が，日本と大きく異なるとされる。また，PVでは日本の展示会で見られるような「試作品のようなものを持っていって反響を見る，ということは一番してはならない。私はあなたの会社のテスターではない，と本気で怒られる」（同）とのことであり，展示されている見本に発注があった場合，それが再現できないと大きなトラブルになるため，きちんと再現性がある製品だけを出さないといけない，とのことであった。また，バイヤーは他社に無い特徴的な製品を求めているため，その生地を他社に売っているかどうか，買いつけするにあたって，他社（特に競合他社）には売らないようにして欲しい，という依頼が多くあるため，そうした場合に，量・価格の面での条件をきちん

と提示し交渉しないといけないとのことであった。そうした中で,「高付加価値で少量生産といっても,それが採算ベースに乗るかどうかを考えないといけない。この数量だったらこれだけ,ということを顧客に自信を持って言えないと駄目。どうしても売値は控えめにしてしまいがちなのだが,自分たちに決定権があるので,その適正価格が自分たちでつけられるかどうかが今後の課題」(同)とも聞かれた。

　企業規模との関連については,坪田社長によれば「ファッション衣料は,比較的少人数でもできる分野であり,大手が参入することはまずないニッチな市場」であるとのことであった。上記のPVのケースからも,その生地に希少性があることが,顧客にとっても他社に無い製品の開発につながることになる。その意味では,小規模な企業であればこそ対応が可能であると言える。特に福井は,ヨーロッパにはあまり見られない化学繊維や合成繊維を後染め（生地を織ってから染める）する技術が高く,そうした染色加工業者が多くあり,緊密な連携を取ることができるので,福井に立地するメリットがあるとも聞かれた。また,「一番大事なのは,顧客がどういうものを求められていて,それを生地としてどう通訳し,現場に伝えて具体化するかが私の仕事」(同)であるとも述べられており,企業全体に経営者の目が行き届き,こうした「通訳」が正確に行われるような体制にしていることが,同社の競争力につながっていると考えられる。

　一方で,こうしたビジネスのデメリットは,「ファッションなので売上が安定せず,忙しいときとそうでないときの差が大きく,工場の安定度が低い。特に福井は軽量タイプが多く,SS（Spring Summer：春夏物）が多いので,秋冬に弱い」(同)という点にあるとのことであった。また少量生産であることから,先述のようなそれを補える適正な価格設定などの,いわば「売り方のノウハウ」を蓄積していく必要があり,こうした点は,「設備投資をしたり,目に見えて何かが残ったりするわけではないので,ものすごく難しい」(同)とも聞かれた。

6 事例4：有限会社三澤機業場

企業名：有限会社　三澤機業場（本社：福井県あわら市田中々）
代表取締役社長：三澤　繁幸
従業員数：3名
設備：織機12台，整経機
生産品目：各種フイルムヤーン織物の製造・販売

　同社は1952年に創業し，2代目である現社長が家業を継いで現在に至っている。同社の特色は，フイルムヤーンと言われるフィルム状の糸を用いて，一般的な織物の3分の1程度の軽さの織物を開発・製造していることにある。フイルムヤーンは製織の途中でひっくり返ってしまうなど，非常に織りにくい糸であるが，それを織りこなす技術が同社にはあり，光沢のある軽い織物を製造することができる。国内だけではなく，アメリカ，フランス，イタリア，中国，韓国，台湾といった海外市場の開拓も行い，アルマーニ，プラダといった海外ブランドとも取引を行っている。
　同社も以前はメーカー・チョップ生産を行っており，いわゆる賃加工の織布企業であった。織機も現在の倍近くの台数があり，「朝早くから夜遅くまで働いて，休みは月2回だけ」（三澤社長），というような状況であった。しかし，約20年前にその原糸メーカーから，テキスタイル事業が縮小されるという情報を聞き，原糸メーカーとも相談し支援も受けながら，徐々に自社開発・販売の比率を高めていったとのことである。
　同社の主力製品であるフイルムヤーン織物は元々存在していたが，うまく織りこなせる企業が無かったため，「これがうまくいかなかったら，もう会社をたたもうというつもりで，必死になって取り組んだ。金額にしたらおそらく1000万円くらいかかった」（同）という努力の結果，3年がかりで製織技術を確立することに成功したとされている。

図 10-8　同社製のフイルムヤーン織物
(出所) 福井県織物工業組合ホームページより引用。

　現社長の三澤繁幸氏が，会社を継ぐにあたって15才からこの世界に飛び込み，最初に入った企業では，朝3時に起床して工場を操業する準備を行い，夜11時に仕事を終えて，ぬるくなった風呂に薪をくべて入る，という厳しい生活を5年間続けた。その後も40社あまりの企業を渡り歩いて「修行」を行い，織物の技術を磨いていったことが，現在の技術の基礎になっていると三澤社長は語っている。26才から同社に入社し，先代社長を手伝いながら自分でも製品を企画・開発し，原糸メーカーに提案し表彰されるなど，そこで製品開発の技術も蓄積していった。こうした背景によって自販への活動が進められたが，市場開拓は全くノウハウが無かったため，展示会に多く出展し，菓子折りを持って足を棒にして名刺を配って回ったがなかなか売れず，名前を覚えてもらうために「生意気の三澤で売ってやろう」と考えて，「福井弁丸出しの，徹底的に嫌われ役になれば，顔と名前は絶対に覚えてくれる」(同)というやり方で通した。一方で，先述のような他社が真似できない製品の開発と，展示会への出展に積極的に取り組むことで，数年がかりでようやく自販のビジネスが軌道に乗るようになったとのことである。

　同社の方針は，「他社に無いものを作る」「他社の真似はしない」とされている。これまでの聞取でも多く聞かれた内容として，ファッション衣料は季節ものであるため，販売期間が短く意匠権を守ることが難しいという製品特性があり，例えば，よく売れている生地を他社が真似たり，同様のものが安価ででき

ないかとバイヤーが他社(海外企業含む)に持ちかけたりすることが,しばしば見受けられることを,これまでの聞取調査でも聞いている。同社では,三澤社長がこれまで培ってきた高い製織技術を活かし,他社が真似することが非常に難しい製品を作っているため,差別化された製品となり結果的に価格競争に陥りにくい(実際に,フイルムヤーン織物に取り組みたいという企業に工場を見せたが,結局真似はできなかったとのことであった)。また,年間100点以上の製品開発を行い,常に新しい製品を提案し続けている。こうした付加価値の高い製品を作るために,20台以上あった織機を12台に減らし,三澤社長自身の目が行き届くような体制にしているとのことであった。

加えて,同社が主催する「こだわりの布」という展示会を2007年から毎年行っており,当初は2社からのスタートであったが,2011年9月には9社が参加して展示会を行っている。この展示会はグループ内で競合しないように,原則として一つの県(産地)からは1社のみの参加となっており,同社の他には,現在,カネタ織物株式会社(静岡県掛川市),後藤毛織株式会社(愛知県稲沢市),島田製織株式会社(兵庫県西脇市),高橋織物株式会社(滋賀県高島市),有限会社久山染工(京都市伏見区),山本絹織株式会社(石川県小松市),株式会社ワン・エニー(岡山市南区)が参加している(50音順)。製品に関しては,他社が製造しているようなものは一切置かず(三澤社長の判断で展示品を撤去することもある),独自商品に徹底的にこだわる姿勢を打ち出しており,コシノヒロコといったアパレルブランドをはじめ多方面から注目されている取り組みである。

7 事例5:株式会社山崎ビロード

企業名:株式会社山崎ビロード(本社:福井県越前市中津山町)
代表取締役社長:山崎 宏樹
従業員数:7名

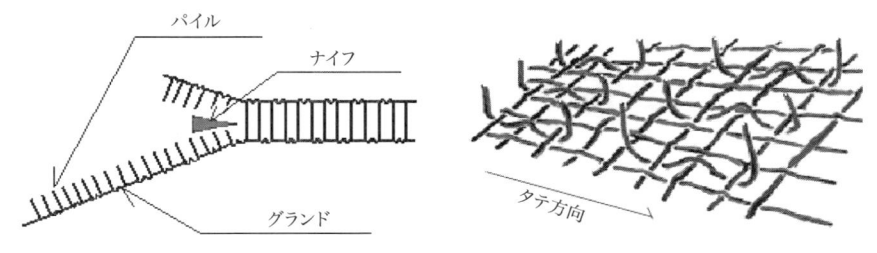

図 10-9　ベルベットの製法と拡大図

(出所) 株式会社山崎ビロードホームページ (a) より引用。

設備：織機 12 台，整経機，シャーリング機（毛足を揃える機械）
生産品目：各種ビロード織物の製造・販売

　同社は現会長が 1962 年に創業し，1985 年に株式会社化して現在に至っており，現社長は 2 代目となる。同社が製造・販売しているのは，織物の種類の一つである「ビロード（ベルベットとも呼ばれる）」と呼ばれるものである。ビロードとは，ベースとなる織物（グランド）に毛羽（パイル）をつけることで，柔らかい手触りになるようにした製品のことであり（図 10-9），宝石箱の内張りやフォーマルウェア，カーテンなどに使われることが多い。

　同社の特徴は，非常に軽くて薄い「ペーパーベルベット」「ベビーベルベット」を開発し，冬物衣料に使われることの多いビロードを，春夏でも着られるようにしている。また，越前和紙の貼付やコーティング加工，ウール，リネン，カシミヤ，フイルムなど，通常使用されない素材を使ったり，これらに手描き染め，有松絞り，ポリエステルを溶かすなどの特殊な加工を施したりすることで，常に新しい製品の開発に取り組んでいる。こうした取り組みにより，財団法人・一宮地場産業ファッションデザインセンター等が主催する「ジャパン・テキスタイル・コンテスト 2009」で準グランプリ（中小企業庁長官賞）受賞の他，多くの賞を獲得している。またイタリアの繊維・素材展示会「FILO」において優秀テキスタイル賞を受賞するなど，国内外から注目されている（株式会社山崎ビロードホームページ，b）。

同社は織物製造の会社に勤めていた現会長が独立し，織機4台から始めたとのことである。ビロードを取り扱うことについては，他の一般的な織物よりも値段が高く，少ない台数から始められること，同社の所在する旧・今立地区及び鯖江市の近辺には，同じくビロードを製造する会社がいくつも存在していたこともあり，それに習って生産を開始している。他社と同様に同社においても当初は賃加工形態であり，途中から自社で素材を手配するようになったものの，受注先からの依頼に基づくものであり，実態としては受託加工の形態であった。しかし，以前より開発の意欲が高く，受託加工の傍らで若干の自社開発も行っていたが，1980年代後半になり，産元商社から東京のファッションブランドの紹介を受け，それをきっかけとしてファッション性の高い生地を，自社で開発・製造するようになった。市場全体としても，1990年代前半ぐらいまで薄手のビロードが爆発的に売れていたが，それが海外製品にどんどん置き換わっていく中で，同社もオリジナル製品の開発・製造へとシフトしていったとされている。

かつては同社が生産した生地が，どういうことに使われているかはよく知らなかったとされるが，最終ユーザーにより近いところとつながることで，「さまざまなアイデアが浮かんできて，それを展示会に出展することで引き合いがあった」(山崎社長)ことにより，現在のビジネスにつながってきている。現在は，100%が自販のビジネスとなっており，年に数回の展示会出展と，特色のある織物を扱っているということで，商社のほうから連絡が来るといったような形で，顧客と接点を持ち，ビジネスにつなげている。

受注量については，かつてと比較すれば「1ロットは10分の1程度となっているが，うちの狙うのは高いもの，その代わりどこにも無い，ということなので，逆に中途半端な値段は逆に売れない。良いものを作るために，良い糸を使い，手間もかけている。価格の主導権はこちらにあり，割と融通が利く」(同)とのことであった。海外展開については，商社を通じて製品が海外に販売されることもあるが，主として国内市場での展開している。これは，企業自体が小規模のため，国内市場だけでも十分に会社を運営できるため，ということであっ

図 10-10　同社製品のサンプル見本
(出所) 同社の許可を得て筆者撮影 (左が山崎社長)。

た。展示会への出展に際しては，反応があったバイヤー宛に膨大な量のサンプルを送付したり，近年は受注から納品までの納期が短く対応が大変であったりと，業務の波が非常に大きいとのことであった。この点は，小規模であることのデメリットであるとのことであり，業務の繁閑の差が大きいことから，新規採用にも踏み切れないとのことであった。加えて，こうした自社開発・販売の経営では，開発費が負担になりがちであることや，ファッション衣料の場合，多くの製品を開発することが多いので，開発した製品の管理（どのような製法で作ったのかも含めて）が大変であること，さらに，展示会の準備，サンプル送付などの手間や，開発した製品が実際にビジネスにつながるまでの期間が読めないこと，なども挙げられている。開発そのものも，先述したリネン 100％のビロードは織物にするのが難しく，完成まで 3 年の年月をかけるなど（『繊研新聞』2007 年 2 月 5 日），他社が真似できない製品を開発するために，大変な時間と費用をかけている。

　同社が開発を行うにあたっては，糸加工や染色加工など，福井地域にある多くの企業と連携を行っている。多くの試験設備を備えている福井県工業技術センター（先述）も活用しているとのことであった。新しい素材を扱うにあたっては，「福井は多くの織物を織っていて，例えば，カシミヤを初めて扱うとき

には，誰かに聞けば何かを知っている。それぞれの会社がその製品について詳しく知っているので，それを色々と組み合わせていくと，多くのことを知ることができる」（同）といったこともあり，「福井は織物を織るには，やはり良い環境ではないか」（同）とのことであった。そういう地理的メリットも十分に活かしつつ，積極的な開発に取り組んでいる。

8 まとめと考察

　これらの企業の取り組みは，以下のように特徴づけられる。
①他社が簡単に真似できない技術を確立し，それを製品に活かしている
　機械の能力に依存した経営は，結果的に資本力勝負の競争に結びつきやすく，価格競争による消耗戦に陥りやすいが，いずれの企業も，機械の能力だけに依存せず，高い技術・ノウハウを基盤とした製品開発・生産を行っていることが分かる。また，福井という繊維に関連する高い技術やノウハウを持つ企業が集積している地域である点や，企業規模が小さく柔軟・機敏に動ける点を活かし，それらが有機的に結びつきながらお互いの技術を高め合っていることも見逃せない。
②顧客に近いところと直接接点を持ち，その声を取り込んでいる
　従来のビジネスでは，間接的にしか顧客の声を聞くことができなかったが，それを行うことで，顧客満足を高める製品の開発へとつながっている。また，経営者の目が企業全体に行き届く企業規模であるために，顧客のニーズを満たす競争力の高い製品につながっているとも考えられる。加えて，聞取でも時折聞かれたが，自分で工夫して顧客のニーズに合った製品を開発することで，「やりがい」を感じられるという点も重要であると思われる。
③新規市場の開拓に積極的に取り組み，販売のノウハウを蓄積している
　市場開拓を他社に依存せず自社で行うことにより，他社に先駆けてその分野に取り組むことが可能となる。また，製造だけでなく販売に関するノウハウも

蓄積し，適切な市場への売り込みや，適切な価格設定を行うことよって，利潤を高めることにもつながっている。

④市場規模や製品特性に合った企業規模（設備・人員など）になっている

　特に小規模企業の場合は，大手が参入するには市場規模が小さく，特定の顧客を対象としたニッチ市場に参入することが可能であることや，ファッション性が高い衣料生地のように，生産・流通量が少ないことを希少性につなげることができる。また，市場の変化への対応も柔軟・迅速にできるという点もメリットに挙げられる。

⑤企業・組織との連携が積極的に行われている

　福井産地には多くの繊維関連企業が集積し，繊維に関する多くの試験設備を備えた福井県工業技術センターもあるため，こうした企業・組織との連携が積極的に行われている。地方においては，企業の数も比較的少なく，地縁なども活かして，情報交換や連携がやりやすいことも，こうした取り組みを進めやすくしていると考えられる。

⑥製品の基盤となる技術が単一になる傾向がある

　企業規模が小さいことから，基盤になる技術を多数持つことが難しいと考えられる。そうした点はリスクにもなると考えられるが，⑤に挙げた企業・組織との連携によって，次の基盤技術を開発することも行われている。

　これらの検証を通じて，明らかになったのは以下の点である。

　第一に，かつては大量生産を志向し，多くは受託加工型のビジネスを行っていたが，受注量の減少に伴って自社販売の方向に徐々に移行し，元々経営者が持っていた開発の意欲とも相まって，自立的なビジネス（自販）へと展開していっている。

　第二に，本章で取り上げた事例によれば，これらの企業は，他社に真似のできない技術やノウハウを持ち，顧客の声を直接取り込みながら，それらを製品開発に活かしていること，新たな市場（ニッチ市場）を積極的に開拓していること，市場の規模や特性に合った経営体制を構築していること，加えて，地方であることを活かして様々な企業・組織と有機的に連携していることが，特徴と

して挙げられる。

　第三に，こうした企業が開発・生産する製品を一般的に「高付加価値な製品」と位置づけ，「付加価値の低い大量生産の製品」と対比されることが多いが，私見によればこの「高付加価値な製品」という言葉には，大きく2つの意味を持っていると考える。ひとつは作り手の視点によるものであり，「高い技術やノウハウによって作られた，他社に真似できない製品」という意味と，もうひとつは買い手（使い手）の視点によるものであり，これは「使い手の要求に合致し，利便性をもたらしたり生活を豊かにしたりする製品」という意味であると考える。本章で取り上げた事例は，それぞれのウエイトはやや異なるものの，いずれの点も満たしているものであると思われる。またそのことは，作り手の立場からすれば「利益率が高い製品」であり，買い手の立場からすれば「満足度が高く，高い金額を払う価値があると考える製品」ということも意味している。市場規模が小さく大企業が参入しにくく，技術的な難易度が高く他社の参入が難しい市場で，高付加価値な製品を提供することによって，顧客満足度及び利益率を高めることで，需要が小さくても企業を維持することができると言える。

　規模が小さいために，基盤となる技術やノウハウが単一になりがちであるというリスクもあるが，新しい技術やノウハウの蓄積を行うために，外部企業・組織と積極的に連携を行い，そのことによって多様な製品の開発につながっている。福井は規模が小さい地方都市であるため，企業数もそれほど多くなく，地縁などによるつながりもあり，情報交換が容易であることがプラスに働いているようである。

　元来，作り手は売り手でもあり，買い手と直接つながりがあったわけだが，経済の発展や大量生産の確立とともに，作り手と買い手との間に，多くの媒介を経ることになり，買い手のニーズを直接的に掴むことが難しくなってしまっているように思われる。大量生産は，高い機能を持つ製品を低コストで生産できるというメリットはあるが，顧客のニーズを最大公約数的に集約して製品開発を行わざるを得ず，それぞれの個人が持っているニーズに，近似的・擬似的

にしか対応できないという性質を持っていると考えられる。そのために，顧客は安く製品を手に入れられるが，本当に欲しい製品を手に入れることが難しいのが現状ではないだろうか。これらのニーズを拾い上げ，ニッチな市場を開拓していくのが，小規模企業の取り組むべき方向であると考えられる。規模が小さいことのデメリットを，企業間の連携によって補うというやり方は，都市の規模が小さく，地縁や血縁などのつながりも活用しやすい地方において，より容易になると考えられる。繊維産地・福井がこれまで蓄積してきた技術やノウハウを，企業同士がつながり合うことで新しい製品として具体化しつつ，ニッチな市場を開拓することで生き残るという方向性を，今回の調査で見いだすことが可能となった。いわば，作り手と買い手の「絆」を取り戻し，さらに企業同士の「絆」によって新製品開発・市場開拓に結びつけていくのが，地方都市の小規模企業の進むべき方向性の一つであると考える。ただし，こうした市場開拓には多くの時間と費用，労力が必要であることは否定できない。多くのマンパワーを持たない地方の中小企業において，これを実現するためには，どういった形で市場開拓を支援し，地域内外での企業連携を促進していくか，それをどういった機関がどういった形で行うのかが，今後の課題であると言える。

謝辞

聞取調査にあたっては，以下の方々にご協力を頂いた。お忙しい中，長時間にわたって質問に丁寧にお答え頂いた。記して感謝する次第である（50音順）。また，他にも多くの方々に様々な情報を提供して頂いており，あわせてお礼を申し上げたい。

株式会社　織工房風美舎　代表取締役社長　澤田　勝　様
サカセ・アドテック株式会社　代表取締役社長　酒井　慶治　様
坪由織物株式会社　代表取締役社長　坪田　昭一　様
有限会社三澤機業場　代表取締役社長　三澤　繁幸　様
株式会社山崎ビロード　代表取締役社長　山崎　宏樹　様

追記

なお本章は，財団法人福井県大学等学術振興基金の補助を受けて行った研究の成果の一部である。

引用文献

株式会社織工房風美舎ホームページ
　　http://www.fubisya.com（2011年12月30日参照）。
株式会社山崎ビロードホームページ (a)「ベルベット生地について（FAQ）」
　　http://yamazaki-velvet.com/blog/category/velvet（2011年12月30日参照）。
株式会社山崎ビロードホームページ (b)「山崎ビロードについて（会社紹介）」
　　http://yamazaki-velvet.com/about.php（2011年12月30日参照）。
木野龍太郎（2008）「テキスタイル産業における生産技術の蓄積・発展と競争力について—企業間分業の視点から—」『工業経営研究』第22巻：64-72。
―――（2010a）「福井県のテキスタイル産業における製品開発能力について—アンケート調査の結果を中心に—」『工業経営研究』第24巻：159-167。
―――（2010b）「福井県の織布企業が持つ競争力に関する実証研究—アンケート調査の結果より—」『ふくい地域経済研究』第11号：15-30。
木村亮（2002）「福井織物産業集積における『テクノロジー空間』の形成—力織機導入期の福井県工業試験場を中心に—」『地域公共政策研究』第6号：1-24。
社団法人福井県繊維協会編（1971）『福井県繊維産業史』社団法人福井県繊維協会。
『繊維ニュース』2010年8月24日「坪由織物がPV展に初挑戦　全面突切素材など発信」。
『繊維ニュース』2011年1月6日「"はやぶさ"支えた北陸企業　サカセ・アドテック　三軸織物，宇宙で活躍」。
『繊維ニュース』2011年8月5日「坪由織物　PVに絹・ステンレス　形状記憶ストレッチ出展」。
『繊研新聞』2007年2月5日
　　http://yamazaki-velvet.com/blog/258（2011年12月30日参照）。
土田誠（1985）『織物ふくい戦後史』福井新聞社。
坪由織物株式会社ホームページ「展示会情報」
　　http://www.tsuboyoshi.com/contents/exhibition/index.html（2011年12月30日参照）。
独立行政法人・宇宙航空研究開発機構（JAXA）ホームページ「小さく折り畳み，宇宙で大きく膨らむ『インフレータブル構造』の可能性」
　　http://aerospacebiz.jaxa.jp/jp/offer/interview/13/p1.html（2011年12月31日参照）。
福井県織物工業組合ホームページ「有限会社三澤機業場」
　　http://www.fit.or.jp/MEMBER/misawa.html（2011年12月30日参照）。

福井県工業技術センターホームページ
　　http://www.fklab.fukui.fukui.jp/kougi/index.html（2011 年 12 月 30 日参照）。
福井県繊維技術協会編（1974）『福井県繊維産業技術史』福井県繊維技術協会。
福井県総務部政策統計課
　　http://www.pref.fukui.lg.jp/doc/toukei/index.html（2011 年 12 月 29 日参照）。
松井隆幸（2000）「北陸繊維産業の非衣料分野への展開と制度的含意」富山大学経済学部編『富大経済論集』第 46 巻第 2 号：503-518。
─── （2002）「北陸繊維産業の新事業進出とその方向性」『富大経済論集』第 48 巻第 1 号：83-95。
─── （2004）「産業用繊維の分析についての一考察」『富大経済論集』第 50 巻第 1 号：107-124。
─── （2010）「北陸繊維企業の環境関連分野への事業展開」『富大経済論集』第 55 巻第 3 号：351-363。
吉田勇（1966）「合成繊維織物工業における企業系列─福井産地の場合について─」『福井大学教育学部紀要　第Ⅲ部　社会科学』第 16 号：81-104。

第11章
中小企業の成長戦略とマーケティングの役割
―― 第一ビニール株式会社の
家庭園芸用品市場戦略を事例として ――

加賀美太記

1　はじめに

　1990年代以降，経済のグローバル化の中で，日本の経済構造が大きく変化した。日本経済の中心を担っていた製造業は海外での事業展開を，特に海外生産を拡大した。また，貿易の自由化の進展は，中国などの東アジアにおける新興国企業の成長を後押しした。これらの新興国企業は，低賃金や自国市場の拡大といったマクロ的な優位を活用するだけではなく，技術やブランドについても先進国企業にキャッチアップしつつある。こうした情勢の中で，国内の製造業の多くが苦境に立っている。

　中でも深刻なのが，日本の企業組織の99.7％を占める零細・中小企業に分類される企業である（『中小企業白書　2011年版』:58）。多くの中小製造業は，いわゆる系列取引の中で大企業の下請の役割を自らの存立基盤としていた。あるいは，地域問屋などの卸売業を中心とした地域産業集積の中で生き残ってきた。しかし，大企業の海外展開の中で，前者の役割は縮小しつつあり，海外企業との激しい競争を強いられている。後者もまたグローバル競争の中で，低賃金などのマクロ的優位を活用する海外産地との競争を余儀なくされている。

国内の中小製造業は激しいグローバル競争に直面しており，従来の経営努力だけでは成長が困難になっている。そのため，いわゆるマーケティングが中小企業にとって新しい経営課題として浮上してきた。例えば，『中小企業白書』（2009年版，2011年版）によれば，中小企業にとっての課題として「販売先開拓」「需要の掘り起こし」など，マーケティングに関わるものが上位に挙げられている。すなわち，現代の中小企業は系列など従来の取引関係を維持するだけではなく，今までは取引先が担っていた対市場活動であるマーケティングを実践して，自らが活躍できる市場を自らで開拓しなければならなくなっている。

　しかし，中小企業のマーケティングに関するこれまでの調査・研究は，その実践的要請に比して数少ない現状にある。中小企業の成長においてマーケティングがどのような役割を果たすのか，マーケティングにおいて中小企業固有の課題は存在するのか，いずれも基本的な問いかけではあるが，まずはそこから検討していく必要がある。

　以上の課題を念頭に置いた上で，本章では筆者らの聞取調査に基づいて，福井県の中小企業のマーケティングを中心に，中小企業の成長とマーケティングの関係を検討する。

　検討の手順は以下のとおりである。第一に，これまでの中小企業のマーケティングに関する先行研究をごく簡単に整理する。第二に，事例として福井県の優良中小企業である第一ビニール株式会社（以下，第一ビニール）を取り上げて，その成長とマーケティングの関係について検討する。

　事例検討の視角は次の三つである。まず，第一ビニールの競争環境，すなわち家庭園芸用品市場の実態はどのようなものか。次に，第一ビニールの成長過程，特に家庭園芸用品市場への参入過程はどのようなものか。最後に，第一ビニールの家庭園芸用品市場における競争優位は何か。

　これらの諸点の検討を通じて，中小企業の成長においてマーケティングが果たした役割，中小企業に固有の特徴を検討する。

2 中小企業のマーケティングに関わる先行研究

　従来のマーケティング研究は，その担い手が大規模製造業者であったという歴史的事実を反映して，中小企業のマーケティングに焦点があてられることは少なかった。しかし，近年，中小企業にとってのマーケティングの必要性が論じられるにつれて，徐々に研究が進められている。

　これらの研究は，その焦点の当て方から大きく二つに分けられる。すなわち，中小企業に適合的なマーケティング手法やマーケティングを実践するための課題を考察する研究と，中小企業の戦略枠組みに関する研究の二つである。

　前者については，多様な企業のケース・スタディを始めとして，比較的多くの蓄積が存在している（例えば，Levinson, 2007; 青木, 2001; 岩崎, 2004; 太田, 2008; 加賀美, 2010, 2011; 宮脇, 2008）。一方，後者については，山本（2002）や渡辺（2006），中小企業総合研究機構（2009）などが挙げられよう。山本（2002）は下請ではない独立した中小企業のマーケティングについて，ニッチ市場対応，顧客重視の徹底，経営基盤の安定，成長戦略の策定が課題であると論じている。渡辺（2006）は，Chaston and Mageles（2002）の提示した枠組みを参照しつつ，顧客との関係性と経営者の役割という二つの軸による，中小企業の戦略分析の枠組みを提唱している。一方，中小企業総合研究機構（2009）の行った市場選定に関する研究では，中小企業の成長におけるニッチ市場でのトップシェア獲得の重要性を論じている。さらに，ニッチ市場の定義・創出から始まり，市場選定や差別化を実現するための各種能力の構築プロセスを分析し，顧客への密着と継続的イノベーション，組織マネジメントの3点が中小企業のニッチトップ戦略における課題であると指摘している。

　こうした先行研究は，いずれも中小企業のマーケティングの実態や戦略に向き合った研究であり，中小企業にとって有効となる具体的なマーケティング手法や戦略の指針を明らかにしている。その意味では実務的にも理論的にも多くの示唆を与えている。本章では，こうした到達点を踏まえつつ，事業規模が相

対的に小さい中小企業が実践するマーケティングにおける固有の課題と，成長において果たした役割を再検討することを課題とする。

3　事例研究：第一ビニール株式会社[1)]

3.1　第一ビニール株式会社の概要[2)]

　第一ビニール株式会社は，福井県坂井市に本社を置く農業資材，家庭園芸用品などの生産・販売を行う地域中小メーカーである。2010年度の年商（売上高）は46億円，2011年12月現在の従業員は100名である。

　2011年12月現在，第一ビニールは福井県内に複数の生産工場を持つだけでなく，東北・東京・九州の各地に営業所を設けている。東北地方には生産工場および物流センターも設置している。海外では中国浙江省寧波市に生産工場を保有するなど，事業拡大に積極的な姿勢を見せている。近年は，特に海外進出に積極的であり，中国などでの海外生産の拡大に留まらず，ヨーロッパや中国における製品販売も徐々に進めている[3)]。

　第一ビニールの事業内容は，①農業用ビニールを主力とする農業用資材の生産・販売，②家庭菜園やガーデニング資材などの園芸用品の生産・販売，③建材・インテリア用のカラーパイプの生産・販売，④イベントや店頭におけるPR用品であるのぼりの生産・販売の四つである。

---

1)　以下は特に注記がないかぎり第一ビニール株式会社への聞取調査（2010年11月，2011年12月）に基づく。なお，おもな聞取対象者は第一ビニール株式会社代表取締役社長の小林秀夫氏，総時間は計6時間であった。聞取はテーマ・質問項目を事前に設定した上で，先方からの説明を受けた後，疑義に応答していただく形で進められた。
2)　本項の内容は，おもに聞取調査2011年12月，および第一ビニール株式会社ホームページによる。
3)　現在（2011年）の海外売上高はまだそれほど大きくはない（金額にして4,000～5,000万円程度）。海外での販売に関しては，中国企業を代理店として活用しているが，2012年に海外事業部を社内に設け，本格的な海外進出を検討していくとのことである（聞取調査2011年12月）。

四つの事業分野の中で，第一ビニールが現在最も力を入れているのが，二つめの家庭園芸用品事業である。第一ビニールは，マーケティングに積極的に取り組むことで，中小企業でありながら家庭園芸用品市場において，独自の市場地位を獲得することに成功している。

3.2 家庭園芸市場の競争環境

第一ビニールは家庭園芸市場を成長市場として捉え，その中の園芸用品に自社の経営資源を集中することで成長を果たした。まずは，この家庭園芸市場全体の概況と主要販路であるホームセンター業界について整理しよう。

3.2.1 家庭園芸市場の概況

日本の家庭園芸市場の成長は，生活水準の向上と都市化が進んだ 1970 年代頃から始まった[4]。70～80 年代にかけて家庭園芸が一般家庭に普及していくのにあわせて，市場規模も順調に成長していった。この家庭園芸市場が本格的な拡大期を迎えたのは 1990 年代半ばである。この時期に生じたガーデニングブームを受け，家庭園芸市場は急速に拡大していった。例えば，農林水産省の『花き流通統計調査報告』によれば，「花壇用苗もの類」の卸売数量は 1992 年の調査開始以降 2000 年のピーク時まで増加を続けた。以降はブームの収束もあって低下傾向を示しているが，90 年代を通じて右肩上がりの成長を続けたことが確認できる（図 11-1）。

2011 年現在の家庭園芸市場の市場規模は，全国的な統計調査がないため正確な数値は不明である。ただし，総務省『家計調査報告』によれば，一世帯当たりの品目別年間支出金額における園芸品・同用品は，2005～2010 年平均で約 8,000 円であった[5]。現在の日本国内の総世帯数は約 5,200 万世帯であることから，おおよそ 4,000～5,000 億円規模の市場だと見積もられよう。

---

4) 日本放送協会（NHK）発行の園芸雑誌『趣味の園芸』が発刊されたのが 1971 年である。
5) 『家計調査報告』の品目別年間支出金額において園芸品・同用品が登場するのは 2005 年からである。

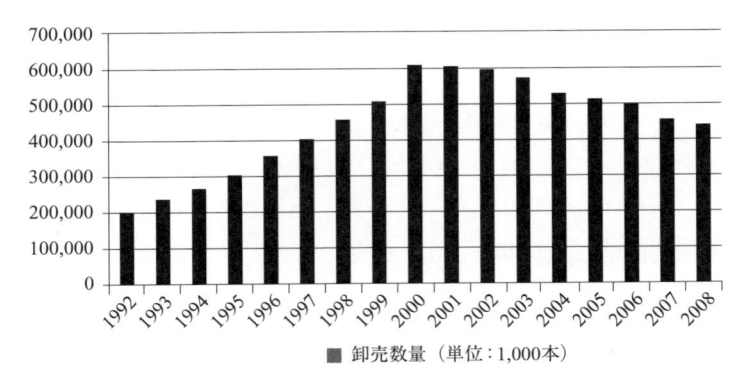

```
      700,000
      600,000
      500,000
      400,000
      300,000
      200,000
      100,000
            0
              1992 1993 1994 1995 1996 1997 1998 1999 2000 2001 2002 2003 2004 2005 2006 2007 2008
                              ■ 卸売数量（単位：1,000本）
```

図11-1　花壇用苗もの類の卸売数量の推移

注）調査は2008年まで。
出所）農林水産省『花き流通統計調査報告』各年度版を参照し，筆者作成。

　この家庭園芸市場という際には，家庭園芸に関わる全商品を含んだ捉え方である。しかし，家庭園芸に関わる商品分野は多岐に渡る上に，商品分野によって市場規模が大きく異なる。家庭園芸市場において，金額ベースで最も大きな部分を占めるのは種苗分野であり，これに土・肥料分野が続く。植木鉢やプランター，育成支柱，ハウス用ビニールなどの栽培用品，すなわち家庭園芸用品の占める割合は，家庭園芸市場全体の中では相対的に小さい。

　また，化学的要素などによる製品差別化が顕著な種苗や土・肥料などに比べて，園芸用品は技術による差別化が困難であり，価格競争が主眼となるコモディティ製品という特徴を持っている。

　このような事情を反映して，家庭園芸用品市場では大手メーカーも参入しているにもかかわらず，いずれもが市場においてブランドを確立するまでには至っていない[6]。加えて，第一ビニールを含めた中小企業も多数参入しており，主要販路であるホームセンター自身もプライベートブランド（PB）商品を販売している。すなわち，家庭園芸用品市場は一定の市場規模を有しながらも，製品のコモディティ化や競争企業の多数性を背景とした厳しい競争市場であると

　6）　家庭園芸市場に参入している大手メーカーとして，セキスイ樹脂やタキロン，アイリスオーヤマなどが挙げられる。

表 11-1　ホームセンターにおける部門別売上構成比の推移

部門	2004年	2005年	2006年	2007年	2008年	2009年	2010年
ホーム・インプルーブメント用品	17.2%	20.7%	19.2%	19.5%	17.8%	15.1%	16.5%
園芸・エクステリア	15.8%	14.5%	13.7%	13.4%	14.6%	14.3%	15.3%
日用消耗品	11.2%	12.8%	12.2%	13.2%	13.6%	14.7%	13.4%
家電	6.8%	8.5%	8.0%	9.1%	9.3%	8.1%	9.7%
ペット用品	8.6%	7.9%	8.6%	8.9%	8.2%	8.8%	8.8%
インテリア・家具・収納	8.8%	7.9%	8.0%	8.2%	12.1%	7.8%	7.9%
家庭用品	7.1%	7.4%	7.8%	8.0%	8.5%	6.9%	7.2%
カー用品・レジャー	7.3%	7.8%	8.6%	8.8%	7.7%	7.0%	7.1%
文具・玩具	3.6%	3.7%	3.9%	3.6%	2.5%	3.6%	3.7%
その他	13.6%	8.8%	10.0%	7.3%	5.7%	13.7%	10.4%

出所）日本ホームセンター研究所『ホームセンター名鑑』2005年版〜2011年版に基づいて筆者作成。

言える。

3.2.2　家庭園芸用品の流通とホームセンター業界の競争環境

　家庭園芸用品は専門店である園芸店を流通経路とする場合もあるが，現在ではホームセンター[7]が主要なチャネルとして機能している。

　各店舗が屋外売場を備えるホームセンターにとって，家庭園芸部門は他業態との差別化を実現できる部門である。実際，ホームセンターの売上高に占める家庭園芸部門の割合は，ホーム・インプルーブメント用品に次いで14〜15％程度を保っている（表11-1）。すなわち家庭園芸分野は，ホームセンターにとって他業態との競争上，欠かすことのできない重点部門として位置づけられているのである。

　家庭園芸用品の流通の中核を占めるホームセンター業界の市場規模は約3兆

---

[7]　ホームセンターは，アメリカにおいて誕生した，"Do it yourself"のコンセプトに基づき，工具・金物などのホーム・インプルーブメント（HI）商品の取り扱いを中心とした業態である。日本でも同様のコンセプトが踏襲されているが，アメリカとは異なり，非食品分野を組み合わせた幅広い品揃えが特徴である。日本DIY協会によれば，日本で初めて本格的なホームセンターが誕生したのは1972年であり，80〜90年代にかけて成長を遂げてきた。商業統計上では，住生活スーパーのうち，金物と荒物，種子・苗の取扱が合計で70％を下回っている店舗がホームセンターとして定義されている。

6,000億円である。業界は90年代に急成長を遂げたが、2005年の約3兆9,800億円をピークとして、以降は横ばい傾向が続いている(『販売革新』2011年1月号:64)。

業界全体では年商1,000億円を超える大手による寡占化が進行しつつある一方で、各地域で年商100〜500億円規模の中堅企業が、地域に密着した品揃えなどによって一定のシェアを維持している。業界トップのDCM Japanホールディングスでも売上規模は約4,000億円に留まるなど、日本の流通業における他分野同様、大小の企業が競い合う厳しい競争環境にある(『販売革新』2011年1月号:31)。

3.3 第一ビニールの家庭園芸用品市場への進出の経過

ここまでは、第一ビニールが競争する家庭園芸用品市場と主要販路であるホームセンター業界の特徴を確認した。第一ビニールは家庭園芸市場、具体的には園芸用品分野において独自の市場地位を獲得している。以下では、第一ビニールが家庭園芸用品市場へと参入し、標的市場として位置づけていく過程を検討してみよう。

3.3.1 第一ビニールの創業から新事業の開拓まで

第一ビニールの創業は1965年にさかのぼる。創業者であり、先代社長である小林隆男氏が、福井県飯塚町において全農からの委託加工を目処に創業したのが現在の第一ビニールの前身である。創業当初は、ビニールハウスに用いられる農業用ビニール資材の委託加工を取り扱っていたが、加工賃の低さ、中間マージンに対する疑問などから、徐々に委託加工ではなく最終顧客に近い川下での販売を志向するようになっていった。67年に、各農協(いわゆる単協)へ直接資材を販売する方向へと経営の舵を切った。委託加工を全廃、農業資材の原材料購入→加工→自主販売へと事業内容を切り替えた。そして、翌1968年に第一ビニール株式会社を設立した。

以降、農業資材を中心事業として第一ビニールは成長を続けた。当時は、米

どころである福井県の農業の特徴に応じて，育苗用のビニールハウスを専門に取り扱っていた。1977年には，同じく米どころの東北地方・仙台に営業所を設置するなど，徐々に活動地域を拡大していった。

ビニール製品を中心とした農業資材を主力事業としていた第一ビニールが新事業の開拓を進めたのは1980年代半ば過ぎからである。高度経済成長期が過ぎ，二度のオイルショックから低成長期へと日本経済が突入する一方で，消費者の生活水準は高度化していた。この過程で，産業としての農業ではなく，趣味としての家庭園芸が普及しつつあった。この変化を受け，新事業として1985年に家庭園芸用品の生産・販売を始めたのである。

また，もう一つの事業分野であるカラーパイプ製品に進出したのもこの時期である（1986年）。農業用の支柱生産技術を流用できる分野として目をつけたのがカラーパイプ製品であった。カラーパイプは階段や通路の手すり，カーテンレールといった建材・インテリア製品の資材として，あるいはモップなどの柄の部分として家庭用品の資材としてメーカーに販売された。

また，このパイプ技術を活用できる新規分野として展示用品（のぼりの旗竿）にも，1988年に進出している[8]。

3.3.2　家庭園芸用品市場への本格参入

1965年の創業から80年代にかけて，事業分野を拡大しつつ成長を遂げた第一ビニールが改めて事業展開の方向を再構築したのが1990年代であった。

90年に現本社ビルが建設され，また現社長である小林秀夫氏が入社された。この時期を境として，第一ビニールは自社の事業内容の再構築を始める。当時，第一ビニールの売上高に占める各事業の構成比は，農業資材が7割，家庭用品が2割，その他の資材が1割であった。しかし，売上の7割を占める農業資材は，

---

[8] なお，展示用品の一つであるのぼりのパイプは，年間約600万本市場である。第一ビニールは，この市場で高いシェアを持っており，ピーク時で約200万本と3割近くを占めていた。なお，現在は中国が競争相手として登場したためシェアは低下しており，約140万本まで減少しているとのことである（聞取調査2010年11月）

農業そのものが長期的な縮小傾向にあり，先行きが不透明であった。また，農業資材は比較的簡単な加工販売事業であったために付加価値も低く，ほぼ代理店のような役割に留まっていた。一方，バブル崩壊に伴って展示用品の売上も減少しつつあった。これらの事情に加え，小林社長（当時は開発室室長）がもともと技術畑でモノづくりに関心が高かったこともあり，メーカーとして生き残るため，川下で自社製品を自社ブランドで販売する事業に社運をかける経営判断がなされた。

その対象となったのが家庭園芸用品であった。農業資材は開発期間が長い上に，農家からの信頼を獲得するのに多大なコストを必要とする為，中小企業である第一ビニールが自社製品を開発することは困難であった。それに比べて，家庭園芸用品は最終消費者目線での製品開発が可能であり，自社独自の製品展開が実現できると考えたからである。

なお，家庭園芸市場への注力は第一ビニールの内部事情だけを考慮したものではない。第一ビニールは本格的な自社ブランド展開に先立って，家庭園芸市場の成長性について検討を行った。

90年代初頭の家庭園芸用品市場は拡大傾向にあったが，いまだ市場としては未成熟であった。しかし，80年代から普及しつつあった家庭園芸市場にいち早く参入していた為，市場の拡大傾向を敏感に察知することができた。また，市場の成長性を分析する上で，小林社長はホームセンター店頭での農業資材の販売情報が有用であったと述べている。当初，単協以外の農業資材の新販路として開拓したホームセンターであったが，店頭では農業用ビニールが想定よりもはるかに小さい単位で購入されていた（想定は50メートル単位であったが，実際は数メートル単位であった）。この理由を検討した結果，顧客は農業資材として購入したのではなく，より小規模な家庭園芸に使うためだという結論に至った。ここから，家庭向けの園芸用品という需要の存在を確信したそうである。

また，市場として未成熟だったことが功を奏して，競争相手である大手を含めたいずれのメーカーもブランドを確立していなかった。さらに，当時は中国

企業の進出もなく，第一ビニールのような中小企業でも十分自社ブランドで勝負できると考えたのである。

　こうした市場や競争環境の分析に基づいた経営判断を背景として，積極的に組織改革が進められた。1990年には自社オリジナルの商品開発を担う商品開発室が設置されており，その後，製造機械の開発など製造部門の強化が進められた。

　1994年に物流センターを東北に設立，1999年には福井県内に工場と物流センターを新築するだけでなく，東京営業所も開設した。2001年12月，中国に子会社を設立し，家庭園芸用品の海外生産を始めた。2003年に九州営業所を開設，2007年に中国第2工場を設立した。2010年には第三物流センターを取得するなど，90年代後半以降，第一ビニールは積極的に設備投資を進めてきた。

　また，自社オリジナルの製品展開を進めるに当たって，自社製品に冠するブランド名についても全社的に検討がなされた。ブランド名は社内からアイディアを募って決定することとされ，結果，東北支社の女性社員の案である「DIME」が採用された。1993年のブランド選定以降，自社のオリジナル製品は全て「DIME」ブランドにて販売されている[9]。

　これら90年代における家庭園芸用品市場への注力と自社ブランド販売の追及をきっかけとして，売上高が上昇を続けた。第一ビニールの売上高は，2000年代前半と比較して，現時点（2011年）で約1.5倍の規模にまで成長を遂げた。事業別の売上構成比も90年代初頭から様変わりし，農業資材が4割，家庭園芸用品が4割，その他2割という構成となっている。この間，幾つかの農業資材からは撤退したにもかかわらず，売上高自体は上昇している。このことから，家庭園芸用品の成長が第一ビニールの成長に大きく寄与したと指摘できる。

9）　ブランド名であるDIMEは，「第一ビニール（DAIICHI VINYL）が，常にユーザーの皆様に，お役にたてる新しいアイディア（IDEA）を考案していきたい（MAKING）という意味（同社webサイト）」を持つとされる。

3.4 第一ビニールの家庭園芸用品市場におけるマーケティング

　家庭園芸用品市場を成長市場として見定め，経営資源を集中したことが第一ビニールの成長の背景であった。しかし，成長市場を選択して経営資源を集中すれば，成長が実現されるわけではない。成長を実現するためには，その市場において何らかの競争優位を築く必要がある。

　第一ビニールは，家庭園芸用品市場において，差別化を目標としたマーケティング戦略に取り組むことで，製品およびチャネル関係における競争優位を築くことに成功した。以下では，他社との差別化を実現した第一ビニールの製品政策とチャネル政策の特徴，さらにそれらの活動を支える組織的な背景についてみてみよう。

3.4.1 新製品市場の創造とカテゴリー形成

　家庭園芸用品市場は，大小のメーカーや小売業者がひしめきあい，激しく競争しあっている市場である。この市場において，第一ビニールは製品差別化を徹底的に追求する方針を採っている。

　製品差別化の基本は，オリジナリティのある製品開発にある。しかし，園芸用品に必要とされる要素技術は少なく，むしろプラスチック形成技術やビニール加工技術といった生産技術に左右される。これらの技術は設備次第という性格が強いため，園芸用品は他社との技術的差別化が困難な製品となっている。また，製品機能に関しても，園芸用品の機能の多くが製品形状などに依拠しており，模倣が容易という性質を持つ。そのため，第一ビニールでは製品に関するパテントの獲得に取り組む一方，製品差別化の焦点を以下の2点に絞っている。

　ひとつは，積極的な製品開発による新しい製品市場の創造である。第一ビニール全事業の年間売上において，新製品が占める割合は平均して5～10%にのぼる。製品開発に常に取り組み，新製品を次々と市場へ導入することで競合相手の存在しない製品市場を創造することが，第一ビニールの差別化手法の一つである。

また，第一ビニールの新製品開発には，次の二つの特徴がある。ひとつは，全くの独自性を追求するのではなく，既に市場として成立している分野の製品を徹底的に研究し，改良を加えて独自性を発揮することを基本的な方針としている点である。小林社長は「例えば，園芸でいえばトマトが最も売れていて競争も厳しい分野です。だったら，ブルーベリーとか多少ニーズのある他所で似たようなことをやる，という発想ではなく，あくまでトマトの分野を徹底的に研究して，改良したものを出す，というのが基本です。単なるニッチ市場に行くのではなく，キチンとマーケットとして成立している市場で勝負することにしています」と述べている。

　もうひとつの特徴は，顧客ニーズを重視した製品開発である。家庭園芸市場が急成長した90年代半ばの主要顧客層は，高齢化し離農した元農業者と家庭園芸の初心者であった。前者は自家消費分の野菜などを生産するために小規模な農業資材へのニーズを持っていた。また，前者は農業経験を持っているが，後者は初心者であるため，園芸に必要な用品を，何をどれだけ揃えたら良いか分からなかった。これらのニーズや顧客層を受けて，第一ビニールは，必要な園芸用品をひとまとめにするセット商品を開発した。

　また，顧客の高齢化が進んでいるため，製品開発において「シンプルかつ使い方に迷わない商品を作る」ことを意識しているという。一方，顧客層のうちガーデニングユーザーの多くがヘビーユーザー化したため，ニーズの多様化も進んでいる（『販売革新』2011年1月号：74）。こうしたニーズの多様化に対応するべく，ハイデザイン製品の開発を進めるなど，顧客層の変化をとらえつつ，顧客ニーズに応じた製品開発を進めている。

　製品における差別化の二つめの焦点は，製品アイテム数の拡充によるカテゴリー形成である。カテゴリー形成とは，自社のオリジナル製品の種類を増やすことで，自社単独でひとつの売場を形成できる品揃えにすることを意味する。このようにひとつの売場に必要な品揃えを自社単独で全て揃えることができれば，自社以外の競合製品が参入する余地が無くなる。先述のとおり，園芸用品は模倣が容易な製品であるため，新しい製品市場を創造したとしても，すぐに

競合製品が登場してしまう。第一ビニールは，単なる価格競争に取り組むのではなく，製品種類を拡大することで他社との差別化を図っているのである。

カテゴリー化は，以下の手順で，年々製品種類を増加させることで達成される。まず，アイディアを商品化した初年度に，ホームセンターの数店舗～100店舗程度で試験販売を実施する。ここでの販売実績，取引先であるホームセンターの売場担当者や最終消費者からの意見を参考にして製品アイテム数を拡充し，翌年度以降に他店舗での販売を展開していく。

3.4.2　チャネル関係構築と営業力の強化

第一ビニールが他社との差別化を実現しているのは製品だけではない。第一ビニールはチャネル戦略において，営業力を強化することで競争優位を築いている。

まず，第一ビニールと主要販路であるホームセンターとの基本的な関係を確認しておこう。先述のとおり，家庭園芸用品の主要顧客は高齢化に伴う離農者やガーデニングユーザーである。彼らに共通するのは，事業としての農業と異なり，あくまで自家消費や趣味に留まるという小規模性である。高齢離農者の多くは自家消費用の小規模農業は継続しているが，小規模ゆえに，以前のように農協で農業資材を大量購入するわけにもいかない。ここに小規模な農業資材の需要が存在した。

このような需要を捕まえようとしたのがホームセンターである。しかし，農業資材の大手メーカーは全農などを主要な取引先とするため，競合相手であるホームセンターとの取引を拡大することが難しかった。一方で，ホームセンターにとって園芸用品は主力部門であり，どうしても品揃えを充実させる必要があった。ここに第一ビニールのような中小企業が参入する余地が存在した。農業資材の取引関係を背景としつつ，第一ビニールは園芸用品市場の拡大期という機を逃さず，大手を含むホームセンター各社と緊密な関係を築き，強固な販

売チャネルの獲得に成功した[10]。

　競合企業に制限が存在する一方で，第一ビニールは営業力を強化することによってその優位性をより強固なものにしている。ホームセンターはローコストオペレーションを基本とした業態であり，品揃え形成能力や店舗人員数，さらには坪効率などの面から，異業態と比較して販売力が低い傾向にあると指摘される（『販売革新』2011年1月号：66-67）。第一ビニールは自社の営業力を強化し，ホームセンターの弱点を補うことで，競合他社との差別化を実現している。

　営業力強化の一つ目は，製品政策との連動，具体的には売場作りを想定したカテゴリー化の活用である。先に論じたとおり，第一ビニールでは新製品開発と製品アイテム数の拡充による独自カテゴリーの形成を製品政策の柱としている。これは単に製品の差別化だけではなく，製品種類を増やすことでホームセンターの店舗内において自社独自の売場を獲得するのに貢献する。なお，園芸用品は季節商品であり，春から夏にかけての特定時期において店舗内に一定規模の売場を獲得することが，売上増加に直結する。

　製品アイテム数と製品ラインの拡充によって売場全体を自社製品のみで揃えることが可能になる。こうした1社でひとつの売場を形成できる点は品揃え形成能力に不安のあるホームセンター側にとって魅力的な要素となる。

　同時に，セット販売も顧客に対して強い訴求効果を発揮している。主要顧客である高齢離農者にとってホームセンターの店舗はかなり広い為，単品販売されている場合，必要な資材を揃えるために店内を歩き回らなければならない。しかし，セット販売であれば回る売場は1か所で済む為，店内を回る苦労が大きく軽減されるからである。

　第二に，店頭の売場作りだけでなく，新聞折り込みチラシなどの販売促進に関わる資料や，売り出し時期，チラシ掲載時期，売り減らし時期などの販売計画についても第一ビニールは取引先に提案している。季節用品である園芸用品は販売に適した時期が限定される為，週単位のきめ細かい販売計画が必要であ

---

[10] 第一ビニールは大手を含む7社とは直接取引を行っており，それ以外の企業とは各地の卸売業者を介した取引関係を結んでいる（聞取調査2011年12月）。

る。第一ビニールでは，長年の経験を活用して，販売に適した時期を整理し，ホームセンターに対して具体的なチラシ案などにまとめつつ，共同での販売促進に努めている。

このように，「作ったモノを売ってもらう」という下請的な発想ではなく，「作ったモノをどう売るか」ということまで自社で考え，営業力を強化するというチャネル戦略が第一ビニールの特徴である。

3.4.3 第一ビニールの戦略を支える組織的要因

ここまで，第一ビニールが製品戦略やチャネル戦略における他社との差別化について確認してきた。これらの差別化を実現できた組織的要因として，以下を指摘しておこう。

ひとつは，中小企業ゆえの強みを活用したことである。具体的には，比較的小規模でも採算がとれる柔軟な生産体制と，その上で一定のボリュームを担保できるだけのチャネルを維持し，組み合わせていることである。製品アイテム数の拡充や，セット製品のような顧客に合わせた製品展開は多品種少量生産体制を必要とする。第一ビニールにおける1製品カテゴリーあたりの売上高は約1～3億円であり，単品種の量産による低価格化を競争優位とする大手メーカーでは対応できない市場規模である。また，第一ビニールが製品を本格展開する際には，最低1,000店舗からスタートする。営業力の強化によって保持する広範なチャネルが一定のボリュームを担保している。こうした生産体制と広範なチャネルの保持によって，比較的小規模でも十分に採算が合わせられるのである。第一ビニールでは，1製品カテゴリーについて売上高1億円連続創出マーケティング戦略が展開されていたのである。

もうひとつの要因は，自社ブランド販売にこだわる企業風土の存在である。先代社長から引き継がれている「川下における自社ブランド販売へのこだわり」という営業・販売を重視する企業風土は，ユニークな販売手法や顧客志向の製品開発に対して大きく影響している。

もともと第一ビニールは農業資材の加工販売という卸売的性格の強い事業を

出自としており，営業や販売に対する社内の意識は高く，組織体制も整備されていた。さらに，その際の「営業」や「販売」は単なる卸売機能を指すのではなく，「なるべく消費者に近い川下・末端で販売する」という意味であり，最終消費市場を強く意識したものであった。

こうした風土は組織体制にも反映されている。現在，第一ビニールで営業に携わる人数は20名を超える。社長を含め，全従業員の20％を超える人間が営業・販売活動に携わり，中小メーカーとして充実した営業体制を構築している。

小林社長が「私は会社とは営業だと考えています」と語るように，製品の「販売」を事業目的として明確化しているからこそ，市場と向き合った製品開発やユニークな販売手法の開発が実践できていると考えられる。

4　地域中小企業の成長戦略とマーケティングの役割

ここまで地域中小企業をめぐる経営環境の変化と，重要な経営課題として浮上したマーケティングに関わる先行研究についてみた上で，90年代に自社ブランド販売へと注力することで成長を遂げた第一ビニールの事例を検討してきた。事例研究では，まず日本の家庭園芸市場の競争環境と，その中で第一ビニールがいかにして成長を達成したかをみてきた。ここでは，本章の事例分析から明らかになった諸点について，中小企業の成長とマーケティングの関係の観点から整理しよう。

まず，第一ビニールの成長の背景は，家庭園芸用品市場という成長市場を発見し，そこに経営資源を集中させる方針を採用したことにあった。販売を中心とした対市場活動であるマーケティングの出発点は市場細分化（Segmentation）・標的市場の決定（Targeting）・ポジショニング（Positioning）の，いわゆるSTPプロセスにある。第一ビニールは，取引先からの情報や，市場環境の変化などを基に分析を行うことで，90年代半ばからの家庭園芸市場の成長を的確に捉えることに成功した。その上で，家庭園芸用品市場をターゲッ

トとし，自社ブランド製品で勝負するという経営判断を下したのである。すなわち，第一ビニールの成長は，STPというマーケティングの基本を重視していたことに支えられていた。

　第二に，第一ビニールは大手メーカーなどの競合他社との差別化に成功することで，家庭園芸用品市場において独自の市場地位を築いている。この差別化要素は製品戦略であった。第一ビニールは積極的な新製品開発による競合相手のいない新しい製品市場の創造と，製品のカテゴリー形成を通じた差別化を追求することで，同業他社との取引上の差別化を実現し，ホームセンターとの良好な関係性の構築に成功した。

　第三に，この差別化要素を支える実体は，川下における自社ブランド販売に徹底的にこだわる企業風土と強力な営業体制，さらには中小企業の強みを生かす柔軟な生産体制，規模の経済に必要となるボリュームを確保できるだけの広範なチャネルの活用にあった。

　製品にしろ，販売にしろ，いわゆる差別化戦略はマーケティングの常道の一つである。その意味では，第一ビニールは基本に忠実にマーケティングに取り組んだ結果，成長を遂げたと指摘できよう。

　以上から，販売を中心とした対市場活動としてのマーケティングが，中小企業の成長戦略の基礎として大きな役割を果たしたことが明らかになった。

　現代の中小企業が成長を志向する上において，B to C 事業であれ，B to B 事業であれ，マーケティングは避けて通れない経営課題である。しかし，中小企業に特有のヒト・モノ・カネの3要素の不足という制約要因から，中小企業がマーケティングを実践することには多大な困難が伴う。第一ビニールの事例から示唆されるのは，中小企業がマーケティングを実践するに当たって重視すべきことは，新規の成長市場を開拓するために取引先などとの情報共有を進めること，柔軟性などの中小ゆえの強みを発揮できるような市場創造を図ること，特にチャネル構築において最終顧客への販売を想定した営業力の強化が必要だということである。これらを通じて，大手企業との差別化を図ることが，中小企業の成長においては不可欠である。中小企業が優位性を獲得するためには，

第一ビニールのように下請的発想を捨て,「自社ブランド製品販売」にこだわる企業風土と組織体制を構築することが何よりも求められるだろう。

謝辞

本章の執筆に当たっては,第一ビニール代表取締役小林秀夫氏に格別のご理解とご協力を受け賜った。氏の協力は本章の執筆に不可欠であった。末筆ではあるが,深く感謝を申し上げたい。なお,本章は執筆にあたって氏にご確認を頂いたが,内容に関する最終的な責任は筆者が負うものである。

引用文献

Chaston, I. and T. Mangles (2002) *Small business marketing management*, Palagrave, New York.

Levinson, J.C., J. Levinson and A. Levinson (2007) *Guerrilla marketing: easy and inexpensive strategies for making big profits from your small business*, Mariner Books.

青木俊昭 (2001)「地域・地場産業のマーケティング」『叢書 現代経営学⑭ 21世紀のマーケティング戦略』ミネルヴァ書房:225-249。

岩崎邦彦 (2004)『スモールビジネス・マーケティング:小規模を強みに変えるマーケティング・プログラム』中央経済社。

太田一樹 (2008)『ベンチャー・中小企業の市場創造戦略―マーケティング・マネジメントからのアプローチ―』ミネルヴァ書房。

加賀美太記 (2010)「新事業展開とマーケティング能力の構築過程―地域中小企業「アイテック株式会社」を事例として―」『ふくい地域経済研究』第10号:43-56。

―――― (2011)「地域中小企業における関係志向のマーケティング戦略と浸透過程―福井キヤノン事務機株式会社を事例として―」『ふくい経済研究』第12号:33-47。

第一ビニール株式会社ホームページ「会社概要」 http://www.daim-corp.jp/company.html (2011年12月25日参照)

中小企業総合研究機構 (2009)『中小企業の市場設定と能力構築に関する調査研究』中小企業総合研究機構。

中小企業庁 (2009)『中小企業白書 各年度版』ぎょうせい。

農林水産省『花き流通統計調査報告 各年度版』農林統計協会。

『販売革新』2011年1月号「いまさら学ぶ業界と売場 ホームセンターの基礎知識」64～79ページ。

宮脇俊哉 (2008)『マーケティングと中小企業の経営戦略』産業能率大学出版部。

山本久義（2002）『中堅・中小企業のマーケティング戦略』同文館出版。
渡辺達郎（2006）「中小企業におけるマーケティング戦略の枠組みに関する試論―ガソリン・サービスステーション業界を事例として―」『専修ビジネス・レビュー』第1巻第1号：81-92。

第12章
日本伝統製造業の21世紀飛躍戦略

辻　幸恵

1　若者が抱いている伝統産業や伝統工芸品のイメージ

「伝統と革新」という言葉がある (加護野・石井, 1992)[1]。「伝統」と「革新」は相反するようなイメージがあるが, ビジネスの世界では相反するわけではない。伝統の継承には, おのずと工夫がある。時代に合わせながら, 伝統を守り続ける。より高度な技術によって, さらに品質のレベルが上がっていくのである。一方, 革新や改善は従来からそこにあった製品や技術をさらにより良い方向へと導くことである。「伝統と革新」というとイメージ的には相反する言葉に聞こえても, よりよい製品をつくり, より技術を高めるというめざすゴールは同じところにある。

さて, 若者たちが抱く「日本伝統産業」あるいは「日本伝統製造業」という言葉のイメージを知るために, 大阪府, 京都府, 兵庫県に在住の大学生たちを対象に調査をした。「日本伝統製造業」から都市のイメージを持った大学生たちは, 圧倒的に「京都」という回答が多く, 京都と日本伝統製造業のイメージに

---

1) 伝統と革新というタイトルは, 酒類産業の特徴を言い表している。また, 多くの伝統工芸産業にも通じる言葉である。

強い結びつきがあることが分かった。これは従来から，京都が和のイメージを持っているからである。日本の古い神社仏閣が多いことからそのようなイメージがあると推測できる。なお，イメージは「①心の中に思い浮かべる像。心像（しんぞう）。②姿。形象。映像」とある（新村編，1985: 167）[2]。だからこそ，イメージアップやイメージダウンという使用方法がある。状況に応じて対象物の評価が変化するのである。「日本伝統製造業」の品物に対するイメージは「西陣織」，「陶器」，「友禅」，「日本酒」，「工芸品」，「和紙」，「手作り」，「仏具」，「雛人形」等と大学生たちには回答されていた。「日本伝統製造業」に対して大学生たちが有する良いイメージは「文化継承」，「手作り」，「受け継がれてきた技巧」，「技」「和」等である。悪いイメージは「儲からない」，「職人気質」，「年配者」，「斜陽産業」「暗い」等である。

　これらは関西圏に立地している私立大学3校において，2011年4月下旬にアンケート調査を実施した結果である。そのアンケート調査では，合計430名，有効回答数387（男245，女142）の回答を得た。質問の中から本章と関連が深い部分の回答結果のみを以下に示した。数字は人数である。

①伝統製造産業のイメージとして思い浮かぶモノ（品物でもサービスでも言葉でも可）は何か（自由記述・複数回答有り）
　1位：京都311，　　2位：西陣織225，　　3位：陶器（清水焼）218，
　4位：友禅164，　　5位：日本酒79，　　6位：工芸品25，
　7位：和紙11，　　7位：ヨーロッパ家具11，7位：ギルド11，
　8位以下は10人未満なので省略。（回答例：日本人形，畳，職人，鞄など）
②日常生活において日本の伝統工芸品を見たり，触ったりすることがあるか
　有る：56，無い：324，分からない：7（回答例：伝統工芸品か否か分からない）
③伝統製造産業は日本のどの地域に多いと思うか。県名で回答しなさい
　1位：京都府307，　　2位：岡山県22，　　3位：奈良県16，

---

[2] イメージは，心の中にある蓄積された知識から表出する。よって，対象に何の知識もない場合はイメージすることはできない。

4位：青森県 14,　　 5位：兵庫県 11,　　 6位：石川県 3,
　7位：新潟県 2,　　 7位：福岡県 2,　　 7位：三重県 2,　無回答 8,
④あなたは日本の伝統工芸品を身のまわりにおきたいと思うか
　はい：156,　いいえ：82,　分からない：149,
⑤日本伝統製造業と聞くと，何をイメージするか
　1位：日本酒の製造 101,
　2位：焼き物（備前焼，九谷焼，信楽焼など）85,
　3位：漆器（輪島塗，鎌倉彫など）78,
　4位：和紙 54,
　5位：仏壇・仏具など 21,
　6位以下は 10 人未満なので省略。なお，6位以下には筆，日本人形（博多人形，雛人形など），団扇，扇子，すだれ，下駄，帯，かんざしなどがあがっていた。

　関西圏に立地する大学に在籍している者たちの回答のため，上位には関西圏の県名が並んでいると考えられる。2位の岡山県は備前焼を，3位の奈良県は仏具を想定していると考えられる。日本伝統製造業と聞いて何かを想起する県に，福井県という回答は得られなかった。また「具体的に日本伝統製造業を説明しなさい」という記述式の質問に対する回答は，わずか 26 人（約 6.7％）の回答であった。回答の中には日本伝統製造業の説明ではなく，民芸品の説明になっている者もいた。あるいは，日本伝統製造業という問いにも関わらず，製造業に対する感想も含まれており，大学生たちにとっては，日本の伝統産業や伝統工芸品は身近な産業でも品物でもないということが推察できる。
　ちなみに上記質問で1位となった京都府の京都市では，伝統産業の用件を「京都市伝統産業活性化推進条例」（2005 年 10 月制定）において次のように定義をしている。
　「・伝統的な技術及び技法を用いていること。・日本の伝統的な文化及び生活

様式に密接に結び付いたものであること。・京都市内で企画がされ，かつ，その主要な工程が行われていること」である[3]。

　大学生たちの回答例を見ていると，日本伝統製造業と伝統工芸品は同じようなイメージでとらえられていると言えよう。しかし，日本伝統製造業がなくなっても良いと思っている大学生は少ない。何らかの形で，継承すべきであると考えている。

　大学生の中には，おみやげ品の扇子や団扇と伝統工芸品の区別がついていない者もいる。伝統工芸品をはじめ，日本伝統製造業が提案する品物は手作りの品物も多い。インターネットなどの情報網や流通網が整備されているとはいえ，それらの品物が大学生たちの目にふれる機会が少ないのである。目にふれる機会が少ないからこそ，それらの品物が本物か偽物かが分からなくなってきているのである。贋作を見る目を養うためには，本物の品物をたくさん見ることが大切である。

　今回の調査の結果，日本伝統製造業が提案する品物を身の回りに置きたいと思う大学生たちが全体の40.3％も存在しているのである。この数字がそのまま市場に反映されたとしたら，今よりもずっと多くの製品が購入されていくと考えられる。よって，製品への理解を深める活動として，伝統工芸品などを大学生たちの目にふれさせる機会を増やす工夫が必要なのである。

2　福井県の伝統工芸品

2.1　福井県の伝統工芸の紹介

2.1.1　インターネットでの紹介例

　福井県の伝統工芸品をインターネット上では，どのような形で紹介しているのかということを以下に例示する。

---

[3]　伝統産業の用件に関する定義は，京都市産業観光局商工部伝統産業課，京都市印刷物第183115号から抜粋した。

福井県ホームページの掲載記事を掲載順に並べた。掲載記事の内容はホームページから抜粋し、簡潔に筆者がまとめた。

①越前打刃物（えちぜんうちはもの）：起源は「南北朝時代（1337年）」に「京都の刀作りの職人が、刀剣製作にふさわしい土地を求めて越前市に来た」とされている。「農民のために鎌を製作したことが起源」であり、主製品は「包丁や鎌」である。（越前市）

②越前漆器：「起源は「6世紀」頃、継体天皇（けいたいてんのう）が冠の塗り替かえを河和田（今の鯖江市）の漆塗りの職人に命じられた。漆塗りの職人が、黒塗りの食器を献上したところ、その光沢の見事さに深く感心され、その後も製作を勧めた」ことが起源とされている。（鯖江市）

③越前焼：「日本六大古釜（こよう）の一つで、平安末期から焼かれている」。（越前市）

④越前和紙：「約1500年前、大滝（旧今立町）の岡本川に姫が現れて紙すきの技を伝えた」とされている。

⑤若狭塗り：「約400年前に小浜藩の漆塗り職人が、中国の漆器作りにヒントを得て、海底の様子を図案化して始め」、これに改良工夫を重ねて「菊塵塗」（きくじんぬり）や「磯草塗」（いそくさぬり）があみだされた。17世紀中頃には、卵の殻や金箔や銀箔で装飾する現在に伝わる技法が完成した。当時の藩主がこれを若狭塗りと名づけ、足軽の内職として保護し生産を勧めたと記述されている。（小浜市）

⑥若狭めのう細工：「江戸時代中期に、玉屋喜兵衛がめのうの原石を焼いて美しい色を出す技法を開発した。彫刻の技法は明治時代に中川清助によって始められた」。（小浜市）

　様々な福井県地域の伝統工芸が起源や由来、あるいは神話に近い話しなどを含めてホームページでは、簡単に紹介されているのである。

2.1.2　紙面での紹介例

　日本の伝統産業については次のように定義されている（日本伝統産業研究所

編,1976:10)。「歴史的に伝承され形成されてきた特定の産業をさす」とある。また「同時に特定の地域を形成しているものであるから地場産業とも言えよう」と説明されている。特定地域とは「その地域にしかない原料や資源が存在すること」とされている。

　この定義が記載されたのは 1976 年である。すでにその頃から伝統産業の継続が困難なことが指摘されている。『日本の伝統産業』(工芸編)には都道府県別品目数と品目別年生産額などが記載され,全国の伝統産業の様子と品目が明記されている。福井県については「越前墨ながし」「若狭めのう細工」「越前和紙」「越前打刃物」「若狭漆器」「越前漆器」のそれぞれの沿革および特色,年額産,生産者団体が紹介されている。例えば「越前和紙」の沿革および特色については以下のように記載されている。ここでは一部のみを引用する。「江戸時代に越前の奉書,鳥子類は,その個有の風格から全国の和紙の中でも高名を博していた。特に五箇村(現今立郡)以外にも製紙地があり,敦賀,府中(武生)丹生郡大虫村で鳥子を生産していたが五箇村の和紙は質量ともにすぐれていた」(日本伝統産業研究所編,1976:194)。

　生産額と生産者をまとめると以下のようになる(日本伝統産業研究所編,1976:194-195)。

品目	生産額	生産者
越前墨ながし	不詳	広場治佐衛門
若狭めのう細工	500万円	若狭めのう工業共同組合
越前和紙	67億5000万円	福井県紙工業協同組合
越前打刃物	10億円内外	企業数約86社　越前打刃物工業組合
若狭漆器	12億円	若狭漆器協同組合
越前漆器	約70億円	越前漆器協同組合

　また,2005 年に発刊された『日本のすがた 2005』にも前述した「越前和紙」「越前漆器」が紹介されている(矢野恒太郎記念会編,2005:136-137)[4]。ここでも,

---

4)　同書は,小学生高学年から中学生を対象とした資料集である。データに基づいた図表が多い社会科に用いる教材である。

後継者がいないことや生活の変化に伴って，伝統工芸品を使用する機会が少なくなっていることが指摘されている。1976年と2005年の2冊の本の指摘は同じである。2005年から約7年たった現在でも問題点が大きく改善されたわけではない。

さて，次節では，福井県の山田兄弟製紙株式会社を取り上げる。大学生を対象としたアンケート調査の結果からも理解できるとおり，多くの大学生たちが伝統工芸品として和紙を想起したからである。

2.2 越前和紙のケース（山田兄弟製紙株式会社）

この節では「越前和紙」を生産している山田兄弟製紙株式会社（福井県越前市不老町）を紹介する。

2.2.1 情報戦略

山田兄弟製紙株式会社のホームページを紹介する。ホームページは企業からの情報提供である。会社概要は次のように紹介されている。主要取引先は東京：大日本商事，山田商会，福井紙業，宇野紙店，名古屋：辻和，滋賀：コクヨ工業滋賀，大阪：江越，加藤，と掲載されている。資本金は1500万円である。社員数は15名，売上高は2億，取引銀行は北陸銀行，福井銀行，武生信用金庫である。敷地・建物に関しては，本社工場敷地は8,250m^2，建物7,215m^{2}とある（山田兄弟製紙株式会社ホームページ，a）。

山田兄弟製紙株式会社のホームページのトップ画面には，和紙と大きく書かれた横に写真が並び，その下には「ヨシ紙について」「鵜殿ヨシ原」「商品紹介」「メディア紹介」「会社概要」「ブログ」「リンク」と横一列に並んでいる。さらにその下の左欄には「NEWS」「久兵衛　和紙文具　発売します」「地域ヨシ紙作ります」「設定事業」と縦に並んでいる。右欄には「TOPICS」「展示会出展情報」と縦に並んでいる（山田兄弟製紙株式会社ホームページ，b）。これらは検索が容易にできる工夫である。

「ヨシ紙について」をクリックすると，「ヨシ紙とは」というタイトルでヨシ

紙の説明が次のようになされている。「河川敷に生えるヨシをパルプに加工し、そのヨシパルプを30%から100%配合した非木材紙認定の紙です」と掲載されている。ヨシは水辺に生える植物で、葦のことである。葦を「あし」と呼ぶと「悪し」に通じると嫌がられ「よし（善し）」と読んだという説もある[5]。つまり、葦は水辺に生息する多年草植物なのである。山田兄弟製紙株式会社がつくるヨシ紙の産地は大阪府高槻市「鵜殿ヨシ原」という場所のヨシを使用していると明記している。「環境にやさしいヨシ紙」として、そのヨシを使用することの意義を次ぎのように説明している。「環境にやさしい」ということは、ヨシを使用することによって、紙の原材料である木材を伐採しなくても良いからである。木材の伐採は砂漠化をはじめ多くの問題を含む。さらに、「ヨシの環境性能」をクリックすると以下のような地球全体からみた環境を説明した図が提示される。ビジュアル化をすることによって、誰にでもヨシと環境との関係が理解しやすい工夫がなされている。ホームページに自社製品の紹介のみならず、原材料やそれらを使用する意義を述べている。ホームページは、製品に関する情報を発信する場ではあるが同時に「環境」問題への提言にもなっている。

　具体的に述べると、図12-1には「二酸化炭素の吸収」「河川の水質浄化と護岸」「生態系の保全」という3つのキーワードからそれぞれの説明がなされている。そのことによって顧客に対して、山田兄弟製紙株式会社の考え方や取組を理解してもらっているのである。ヨシという材料やその産地を明確にすることは、時流にそくしている。例えば、食品販売においては産地を明記しており特に珍しいことではない。しかし、それらを体系的に示す努力が重要な情報なのである。材料を明記すれば、顧客が手にとる製品の根元がどこにあるのかを示すことになる。現況では製品になってしまえば、元々の姿を知る消費者は少な

---

5)「よし（葦・蘆・葭）（アシの音が「悪（あ）し」に通じるのを忌んで「善し」にちなんで呼んだもの）「あし（葦）」に同じ」（新村出編, 1985: 2470）。また「あし（葦・蘆・葭）イネ科の多年草。各地の水辺に自生。世界で最も分布の広い植物。地中に扁平な長い根茎を走らせ大群生を作る。高さ約二メートル。茎に節を具え葉は笹の葉形。秋、多数の細かい帯紫色の小花から成る穂を出す。茎で簾（すだれ）を作る。よし」と説明がなされている（新村出編, 1985: 36）。

図 12-1　ヨシの環境性能の説明図
（出所）山田兄弟製紙株式会社ホームページ (c) より引用。2011 年 12 月 4 日参照。

い。あえて材料を示すことは，そこに材料と製品との関係に対する消費者の理解を深める糸口になる。また，消費者に関心を持ってもらうきっかけにもなる。消費者の関心という点において補足をすれば，山田兄弟製紙株式会社は自宅に隣接されている工場の見学も受け入れている。作業工程を開示することも，情報提供の一つである。工場は古い時代のなごりを残しており，黒光りするような古い機械もある。また，従業員が現在でも 1 枚 1 枚丁寧に和紙を分ける手作業を職人芸でされている工程もある。しかし，まさに伝統と革新であるように，ここから新しいブランドにつながる製品も誕生してくるのである。

2.2.2　商品戦略

前述したヨシを使用した製品として，封筒，名刺，印刷用紙などが紹介されている。ヨシ紙の規格については，ホームページには以下のとおり配合とサイズが記されている。

ヨシ紙が非木材であることを明記し，非木材グリーン協会認定商品であるこ

ヨシ紙の規格(ヨシパルプ 30%配合)		サイズ：菊判横目・A3 判・A4 判	
厚さ	米坪	包装枚数	用途	印刷適正

厚さ	米坪	包装枚数	用途	印刷適正
薄口	64.0 g/m²	100枚	本文、便箋	インクジェット レーザープリント オフセット印刷多色刷り
	81.4 g/m²	100枚	本文、便箋、チラシ	
中厚口	104.7 g/m²	100枚	本文、便箋、封筒	
	127.9 g/m²	100枚	カタログ、カレンダー	
厚口	157.0 g/m²	100枚	名刺、パンフレット	
特厚口	180.0 g/m²	100枚	はがき、名刺、賞状	

山田兄弟製紙のヨシ紙は非木材グリーン協会認定商品です

認定を得られる対象品の主な項目

SK-FY-1077

● 非木材パルプを重量比で10％以上使用した原紙及びその原紙を使用して作られる印刷物・紙製品。
● 非木材パルプを重量比で10％以上使用した紙製品及び加工品。
● 非木材繊維を重量比で10％以上使用した各種製品。

図 12-2　ヨシ紙の規格一覧と認定製品の紹介
(出所) 山田兄弟製紙株式会社ホームページ (c) より引用。2011 年 12 月 4 日参照。

とも紹介している[6]。

　さて，山田兄弟製紙の強みは「透かし加工」の技術である。証券会社の依頼によって株券などの透かしを請け負っていた長い歴史もある。透かし加工は，光の具合によって，図柄や文字が浮かび上がってくる高度な技術を要する。この技術は越前和紙ならではの技術でもある。同様に，漉き合わせという加工方法も高い技術が必要である。漉き合わせは色彩を豊かにする加工技術である。具体的には図柄や文字の一部の繊維を少なくしたものである。特徴は色の異な

---

6) 非木材グリーン協会は，NPO 法人非木材グリーン協会という。住所は〒103-0016　東京都中央区日本橋小網町 16-14　IN TOKYO ビル 3F，TEL. 03-5643-5628　FAX. 03-5643-5638。
　非木材の解説や非木材の製品紹介等をしている。非木材としてはケナフ，わら，マニラ麻，コットンリンターなどが挙げられる。製品としてはケナフが多く，高級な印刷用紙，紙コップ，壁紙，襖紙，名刺がある。わらではファンシーペーパー，マニラ麻はあぶらとり紙，コットンリンターはウエットティッシュなどが挙げられている。活動としてはイベント企画や情報誌の発行などを実施されている。

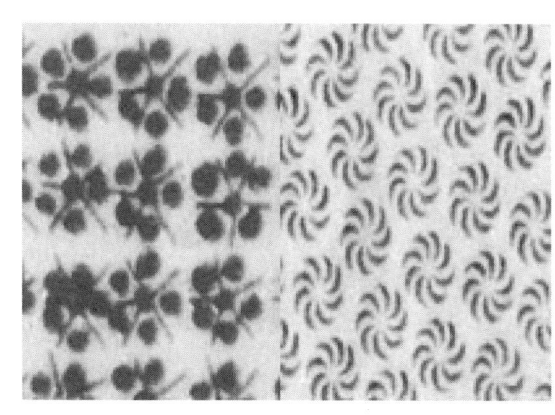

第 12 章　日本伝統製造業の 21 世紀飛躍戦略　307

左：梅ちらし（緑色）
右：花車大（紫色）

図 12-3　商品紹介：「梅ちらし」と「花車」
（出所）山田兄弟製紙株式会社ホームページ (d) より引用。2011 年 12 月 4 日参照。

る紙を裏側に漉き合わせることである。この裏側の加工によって，同じ図柄・文字でも様々な色の紙をつくることが可能になる。ホームページには「梅ちらし」等が写真入りで例示されている（図 12-3）。写真で見ると，色の鮮やかさが理解できる。

　雲華紙（うんかし）も，この会社の製品の一つである。襖の裏側などによく見かける緑色に白い模様が特徴である。これらは 98％古紙でできている。いわばエコ製品である。さて，漉き合わせ紙の使用例としては寿喜娘酒造有限会社（元治元年創業）：福井県越前市の酒のラベルがある。漉き合わせ紙は上記の色の模様紙である。寿喜娘酒造有限会社の商品の中には「紙を漉く娘」とネーミングされた酒もある。

2.2.3　ブランド戦略

　以下では，同社の自社ブランドの久兵衛について紹介をする。これは和紙本来の美しさを身近な製品として使用できるように，越前和紙の端紙で作成した文具である。これらは久兵衛というブランド名で販売されている。カテゴリーとしては，和紙文具である。具体的にはブロックメモ，一筆箋，便箋，スケッ

図 12-4　製品紹介：久兵衛のメモパット MIX
出所：山田兄弟製紙株式会社、ホームページ「夢物語」より引用。
2011 年 12 月 17 日参照。

チブック，スケッチ&フリーブックが挙げられる。これらの製品群にはミックスというさまざまな色の紙が散りばめられたものをはじめ，ナチュラル，ホワイトという 3 種類の色の区別がある。久兵衛はまさに山田兄弟製紙株式会社を代表するブランドである。例としてミックスを図 12-4 に示した。これは山田兄弟製紙株式会社の夢物語というブログから引用をした（久兵衛のメモパット MIX）。

　なお，ブランド (brand) とは，「同一カテゴリーに属する他の製品（財またはサービス）と明確に区別する特性，すなわち名前，表現，デザイン，シンボルその他の特性を持った製品。法律上ブランドの名前に相当する用語は，商標 (trademark) である」（日本マーケティング協会編，1985: 101）と定義されている。定義にあるように，ブランドは差別化された製品を消費者が想起できなくてはならない。製品の特徴が明確であるほど，消費者は容易に他製品と区別ができる。特徴の中には外観も入る。製品用途が分かりやすく，覚えやすいネーミング，そして消費者のニーズに合致するような性能をもっているような製品は，ブランド化が容易である。たとえ，前述したすべてを満たす製品ではなくとも，何

か消費者の心にひっかかりを持つような製品であれば，ブランド化は実現できるのである。

「越前和紙久兵衛」は産地（越前）と製品（和紙）とネーミング（久兵衛）が確立した世界である。いわば，広い世間の中で特定できるのである。

前節で述べたように大学生たちにとっては，日本伝統製造業や伝統工芸は遠い世界であるが，身近な文具として提供できれば，新しい顧客を獲得することが可能になる。そのためには，ブランド構築は重要な経営戦略になる。

「久兵衛」のネーミングは和のイメージを持ちながら，比較的覚えやすい名前である。また，漢字三文字は印象に残りやすい。一般的に製品名を考案する重要なことの一つにインパクトがある。インパクトを与えるためには，デザイン性に優れていることが重要になる。メモパットは見た目にはかなりボリュームがあり，ブロックのような形でもある。これは薄いメモ群よりもインパクトがある。また，インパクトの次に重要なことは記憶に残らなければならないことである。そのような側面からも和紙は製品としては分かりやすく，覚えやすい。久兵衛も和のテイストを含んだネーミングとなり，製品そのものとブランド名がマッチしている。違和感がなく記憶に残りやすい。

販売方法であるが，福井県内のみではなく，東京や神戸などの店頭に製品が並んでいる。また，インターネットでの販売も可能になっている。先の会社概要の中で紹介しているホームページから注文が可能である。和紙にはバリエーションがある。久兵衛シリーズには，先に紹介したように大小の文具品もありコレクション性が高い。ブランド構築の際には，コレクション性も考慮しなければならない。例えばルイ・ヴィトンの鞄は，実用面として機能的で素晴らしいが，コレクション性も高いと言われている。定番ラインと新製品とのバランスは絶妙である。久兵衛シリーズは高い技術力に支えられた品目群が，目の肥えた消費者に単なるメモや紙以上の価値を提供しているのである。このように，ブランドを支える技術は，「分かる消費者」に受け入れられ，彼らをファンにする。いわゆるリピーターである。文具は消耗品である。よって，カレンダーにしても毎年購入機会がある。メモやノートはもっと頻繁に購入されるであろ

う。久兵衛シリーズを使用することにロイヤリティを感じてくれる消費者は，やがて生活の中にも和のテイストを取り入れる時に久兵衛ブランドを有する山田兄弟製紙株式会社に関心を持つであろう。その場合，会社が有している襖や障子にも目をむけてくれる。この連鎖が，ブランドを有する会社の強みになっていくのである。

　山田兄弟製紙株式会社の挑戦は，本業の和紙製作をブランド化したこと，また時代に合致した「環境」を念頭に置いた製品づくりをしていることである。ブランド構築は従来からの戦略ではあるが，それを目に見える形にしたところに価値がある。そして，伝統的な商品を若い感性にアピールしているところが革新的な試みなのである。革新を目の前にある商品への工夫から生み出したところに強みがあると言えよう。

3　伝統産業からの新しい試み

3.1　多角化戦略

3.1.1　日本酒から化粧品へ

　大学生たちの想起する日本伝統製造業の中には日本酒という回答があった。ここでは日本酒の業界がどのような戦略をとっているのかを紹介する。先の章では本業の中でのブランド構築などを例示したので，ここでは多角化をキーワードにしたブラント構築について述べる。

　日本酒業界では化粧品への進出がめざましい。菊正宗，日本盛，白鶴酒造，月桂冠などが具体的に化粧品製造を試みたメーカーとして挙げられる。以下の記事は日本経済新聞2011年8月13日（土）朝刊31面に掲載されたもので，「菊正宗が化粧品参入　関西の酒造会社　事業強化相次ぐ」という見出しであった。

　　菊正宗は化粧品事業に参入する。9月5日に清酒や酒かすエキスを配合したスキンケアやボディーケアの化粧品を販売する。全国のドラッグストアや通信販売を通

して売り出し，初年度10万個の販売を見込む。主力の清酒事業は売上高が減少傾向で，新事業で新たな収益確保をめざす。関西では日本盛など酒造会社が化粧品事業の強化を打ち出している。

菊正宗の化粧品シリーズは「酒滴女子」。ボディクリーム（1575円）やスキンケアのアクアモイスチャージェル（2310円）など4種類を販売する。

関西の酒造会社では日本盛が「米ぬか美人シリーズ」など3シリーズで既に47商品を取り扱い，年間売上高は30億円強と全売上高の2割を占める。さらに商品数を増やし，数年で約50億円に増やす目標を掲げる。

白鶴酒造は酒かす由来や米由来のスキンケアやボディーケアなど計18の商品を販売。今後は新商品開発にさらに力を入れていく方針だ。

月桂冠は純米酒や米ぬかエキスなど保湿成分として使った化粧品「モイストムーン」を2004年に発売。通信販売のほか，伏見の酒造りを紹介する施設「大倉記念館」で販売している。

この記事を読めば，日本酒の業界が全体の方向性として，化粧品製造・販売へ進出する戦略をとったとも考えられる。これらは多角化戦略のひとつである。この戦略の目的の一つは，顧客層の拡大である。今まで日本酒とは縁がなかった層へのアピールである。拡大というよりもむしろ新規顧客の獲得のための広報とも言えよう。

化粧品販売を本業の日本酒販売へと直結させようとするものでもある。つまり，化粧品を通じて，本業の日本酒の良さを知ってほしいというねらいである。日本酒をつくるためには，米と水が基本である。米を使用すれば，酒づくりには不要な部分や余剰も出てくる。それらを活用した製品として，米粉を使用したクッキー，米ぬかを使用したおかき，酒粕を使用したカレーなどが例示できる。

さて，日本酒を好む人々は，その香りや味にこだわりがあるという。日本酒に対する好悪がはっきりしているのである。また，一度気に入れば同じ日本酒の銘柄を飲みつづけてくれるとも言われている。日本酒にはリピーターが多いのである。その傾向を考えると，日本酒を愛用している人々と化粧品の愛用者

との間に大きな隔たりはない。化粧品も香り，肌へのフィット感などの好悪が明確になる。そして気に入れば，同じ化粧品を長く使用する傾向がある。日本酒も化粧品も顧客の囲い込みが可能になるという点において傾向が似ている。

　従来は，化粧品は初めに使用したメーカーを使い続けると信じられていた。よって，化粧を初めてする第一歩の時のアピールが，その後の長いつきあいになると信じられていた。だからこそ，高校生などへのアピールを考えることが重要視されたのである。もちろん，生まれて初めて使用した化粧品は，インパクトがある。しかし，最近では，初めて使用した化粧品をその後も長く使用するという傾向が明確ではなくなってきた。

　最近は，ブログやツイッターが活発になってきた。化粧品の情報源はメーカーだけではなく，実際に使用した消費者からも発信されることが多くなってきた。ブログやツイッターからの臨場感あふれる豊かな情報を受信することによって，必ずしも最初に使用した化粧品にこだわるとは限らなくなってきたのである。自分の肌に合う化粧品を求めることが容易になってきたので，いくらでも他の化糖品に変える機会がある。また，流行などを取り入れて，その時に話題になっている化粧品を使用することも考えられる。

　さて，企業の名前を覚えてもらったり，親近感を抱いてもらったりするために，化粧品など，本業の日本酒とは異なる品々を考案して販売することは，より多くの消費者の目にふれる機会をつくることにもつながる。化粧品を通じて，日本酒への誘いになると考えれば，ある程度の年齢層をターゲットにする方が良いであろう。ターゲットを絞った対象に向けての販売促進が必要になる。

　日本酒メーカーの化粧品への進出は同じ傾向がある消費者心理へのアプローチであると考えられる。よって，日本酒と化粧品という製品の違いはあっても似た傾向を有する商品であるがゆえに，同じような戦略にのせていくことが考えられる。

3.1.2　日本酒から洗剤・医療機器へ

　3.1.1 では日本酒メーカーの多角化例を化粧品として紹介したが，ここでは

まったく異なる製品への挑戦を紹介する。

福井新聞 2011 年 8 月 23 日（火）朝刊に「大豆由来の安全洗浄剤　医療分野で実証　福井の酒屋開発」という以下の記事が掲載された。

「業務用酒販業の岡本吉之丞商店（本社福井市照手 4 丁目，岡本耕至社長）はこのほど，大豆由来の洗浄剤「カンタンナノ MD」を大阪市のメーカーと共同で開発した。洗浄効果が高い上，人体への安全性を徹底的に追求した製品で，医療関係者の実証実験でも高い安全性が確認された。医療機関や介護施設，乳幼児施設などへの販売をめざしている。（中略）発売したカンタンナノ MD は，主原料に大豆活性化不飽和脂肪酸を使用，ナノ化された分子の運動により，汚れのイオン結合を分解・はく離し，洗浄する仕組み。界面活性剤や次亜塩素酸ソーダ，安定化剤などを使わないほか，塩素が残留する精製水ではなく純水を使用するなど，人への安全性を追求した。「誤って飲んでも影響がないほど」（同社長）」という。」「通常 10〜100 倍に薄めて使用。2 リットル 3885 円，4 リットル 6300 円。」ということである。

洗剤は日常不可欠な商品である。また，直接肌にふれるので安全性も重要な要素になってくる。

岡本吉之丞商店では洗剤だけではなく，筋肉の動きを感知するセンサーの開発も手がけている。福井新聞の 2011 年 5 月 28 日（土）朝刊には「筋肉の動き音，光に」という見出しで，小型センター開発の記事が掲載されている。これは福井大学発のベンチャー企業「身のこなしラボラトリー」が開発をした。この製品は「マッスルアライブ」と名づけられている。「皮膚に張りづけて運動すれば筋力の大きさによって音色や光が変化する」と用法と効果が説明されている。実用性に関しては「既に市内のスポーツクラブに導入されており，今後，リハビリやディケア施設へも売り込む」予定である。価格は 1 万 9800 円と紹介されている。

日本酒という日本文化の伝統的な産業からの，医療製品への進出になるが，生活提案という大きな視点から見れば，この進出も一つの事例になる。本業とその他という分け方をするのであれば，「マッスルアライブ」はその他に入る

かもしれない。しかしながら，根底には消費者であるお客様の安全を願う心と，お客様が喜ぶために製品を提供するという共通の理念がある。また，飲酒の方法も昔とは異なっており，ライフスタイルも異なっている現在において，日本酒というモノだけの販売の時代ではない。そこに新しいサービスや価値を見出す提案も必要であろう。筋肉の測定については，すでに多くの医療品のメーカーが何らかの形でアプローチをしているのであろうが，日々，晩酌をするように，自分の身体を管理するための器具は，まさに「身近に」必要なモノなのである。

岡本吉之丞商店の挑戦は伝統を守りながら，目に見える形での革新部分を他分野に求めたことになる。

3.2　顧客との絆戦略
3.2.1　顧客教育

前節 2.2.3　ブランド戦略の中で「分かる消費者」ということを述べた。「分かる消費者」とはその製品の価値が理解できる消費者という意味である。では消費者は企業から正確な情報だけを与えれば，誰でも「分かる消費者」になりうるのであろうか。

日本伝統製造業に携わる企業の多くは歴史が長い。しばしば消費者の知識よりも深い知識を有していることが多い。骨董屋の店主が自分の収集品の来歴などをすべて語れるように，製品の歴史やエピソードを企業側が把握している。それに対して，顧客の方はよほどの興味がない限り，日本伝統製造業の有する製品への理解が企業よりも深いとは言い難い。そこで大切なことは，ホームページなどを通じて，消費者に正しい情報を与えると共に，教育していくことである。教育と言えば，大げさに聞こえるかもしれないが，共に理解を深め，成長していくことである。消費者はいつも同じ製品ばかりであれば，そのうちに飽きてくる。それが消費者のニーズなのである。より良い製品を提案しつづけることも企業の使命の一つである。またより良い製品を開発する元になるものの中に消費者のニーズが含まれる。それは消費者をよく知ることから始めるべきである。よく知るためには，消費者と会話をすることが重視される。

例えば老舗のハムメーカーには，ホームページにハムの顔を持つキャラクターが存在する。そのキャラクターが様々な情報を発信している。ある時は新製品を紹介する。ある時はハムのおいしい食べ方の提案をする。とぼけた感じのキャラクターは日々，様々な情報を発信してくれるのである。このキャラクターを通じて発する内容も吟味されているので，消費者にとっては頼りになる情報である。何よりもこまめに更新されるので，見ているだけでも楽しいのである。最近は企業のホームページが充実しているので，消費者は生産者である企業に直接，質問することも可能である。これがスムーズになれば，企業は消費者とのコミュニケーションが常時，とれることにもなる。また，企業についても製品についての無責任な噂や誤解が広がるこ伴い。消費者との会話のキャッチボールができていれば，無用な風評被害にはあわないのである。

3.2.2 顧客から仲間へ

共感するということは，一つの価値観を共有することである。生活様式が変化したことによって，伝統工芸品を使用する機会が減少したことが問題点として挙げられていた。しかし，生活の変化は今後も続いていく。新製品は時代に合わせていくらでも開発される。多くの場合の新製品は便利である。伝統工芸品には，便利であるという単純な利便性だけではない価値がある。それをいかに顧客が理解し，そこに共感するのかが将来に向けて必要な要素である。そのためには顧客からの目線での製品開発も必要になる。従来は売り手と受け手との関係が明快であった。現在は，売り手も受け手もそれぞれの立場をこえた仲間としての絆も構築できる。なぜならば，ブログ等で率直な意見交換も可能であるからだ。顧客が製品を使用して初めて気がつくこともある。それが，制作側があたり前だと思いこんでいる箇所についての新鮮な意見になることがある。

また，仲間になるということは，生活の多面的な部分に同じメーカーの品物を使うことでもある。例えば，日本酒メーカーが提案する化粧品もその一例になる。そのメーカーの製品であれば安心であるという信頼関係を結ぶことがで

きたならば，顧客は多くの生活場面の中で，そのメーカーの製品を選択することになるであろう。

仲間づくりは古い時代から指摘されてきたことである。それは古くからある課題であるが，現在の日本伝統製造業にとっては新しい課題でもある。

3.3 ブランド・アート戦略

日本伝統製造業が有する多くの品目がその地域を代表するいわばブランド品でもある。多くの大学生たちが「ブランド」と聞くと，海外有名ファッションブランドを想起する。それに対して，伝統工芸品をブランドであると想起しにくい面があった。しかし，他とは差別化ができる技術を有する製品が多いことから，当然のことながら，伝統工芸品はブランド品なのである。

伝統工芸品は他製品の差別化という意味ではブランドとして確立されているのであるから，それらの認知をうながす戦略が必要である。認知というとすぐに，広告を思い浮かべるかもしれないが，広告をすることが認知につながるとは限らない。むしろ，伝統的な強みを生かした方法で，それまでにはない革新的なアイデアを持ちこむことが必要である。

例えば，海洋堂は世の中に「食玩」を通じて価値のあるフィギュアを提案した。菓子が箱に入っているものは珍しくはない。菓子が入っている箱の中におまけとして玩具であるフィギュアを入れたものである。当然のことながらメインは菓子である。ところが，実際にはおまけであるフィギュアがブームとなった。このフィギュアは長年，海洋堂が培ってきた「原型師」と呼ばれる職人たちのまさに職人芸が土台として製作されたのであった[7]。「チョコエッグ」は動

---

7) 海洋堂は大阪の模型製作の草分けである。「原型師」と呼ばれる職人を抱え，精巧なフィギュアの原型を作成している。表現力，技術力，企画力が優れ他社とは差別化されている。海洋堂の本社は大阪府門真市である。設立は昭和39年4月，現在「日本のお土産伝統文化コレクション」というシリーズのフィギュアを製作販売している。これらは全6種類（五重塔，鳥居，文楽人形など）で単価は300円である。これらは10月21日から羽田空港にて限定販売を開始している。この会社は「食玩」で一躍有名になった。また，アーティストの村上隆氏とのコラボレーションでも有名になった会社である。

物のシリーズのフィギュアがおまけとして入っていた。これはシリーズ累計で1億2000万個も販売をしたのである。フィギュアは大量生産ではあったが、クオリティは高く、コレクション性にも富んでいた。また、徹底した分業で大量生産に対応していた。分業ではあっても、それぞれの担当が職人技を理解し、責任を持って作業したのである。この分業体制は、福井県の伝統産業にも通じている。現在でも、眼鏡を製品として世の中におくり出すまでの分業には、工程が多い。

海洋堂のフィギュアはアート性も高く、身近で安価なアートがあるという新しい価値観が世の中に生まれたのである。そして海洋堂は一躍、プロの職人集団として、世の中に認知され「ブランド」となったのである。つまり、品物のクオリティをそこなわず、新しい販路と新しい価値観で、ブームを巻き起こしブランドになったと言えよう。

身近な日本伝統製造業になるための品物を開発することは今後の課題である。山田兄弟製紙株式会社のように、本業に近いところでの新しい文具づくりも、いわば身近なところからのブランドづくりの一例である。

漆器にしても和紙にしても、実用性とアート性の両面を兼ね備えている。「アート」というと博物館や美術館でおさまっている壺や彫刻を想起するが、それだけがアートではない。日本伝統製造業が製造する品々は確かな技術にささえられているので、アート性の高い製品なのである。そこに時代に合致したいかなる付加価値を提案するのかが今後は必要である。

引用文献

NPO法人非木材グリーン協会ホームページ　http://www5.ocn.ne.jp/~himoku/（2011年12月5日参照）。

加護野忠男・石井淳蔵編（1992）『伝統と革新―酒類産業におけるビジネスシステムの変貌―』（酒文化研究所叢書）千倉書房。

新村出編（1985）『広辞苑』第3版，岩波書店。

日本伝統産業研究所編（1976）『日本の伝統産業（工芸編）』通産企画調査会。

日本マーケティング協会編（1995）『マーケティング・リサーチ用語辞典』同友館。

福井県ホームページ「福井県の伝統工芸品」http://www.pref.fukui.jp/kids/industry_kiji.php?eid=00009（2011 年 7 月 24 日参照）。

矢野恒太郎記念会編（2005）『表とグラフでみる日本のすがた 2005』（財）矢野恒太郎記念会。

山田兄弟製紙株式会社ホームページ (a)「山田兄弟製紙株式会社」http://yamada-keitei.com/kaisha.html（2011 年 12 月 4 日参照）。

山田兄弟製紙株式会社ホームページ (b)「会社概要」http://yamada-keitei.com/kaisha.html（2011 年 12 月 4 日参照）。

山田兄弟製紙株式会社ホームページ (c)「ヨシの環境性能」http://yamada-keitei.com/yoshi/yoshi_kankyou.html（2011 年 12 月 4 日参照）。

山田兄弟製紙株式会社ホームページ (d)「透かし・漉き合わせについて」http://yamada-keitei.com/shouhin/sukashi.html（2011 年 12 月 4 日参照）。

山田兄弟製紙株式会社ホームページ (e)「夢物語」http://ameblo.jp/yamada-keitei-com/（2011 年 12 月 17 日参照）。

終　章
地域経済活性化への提言

上總康行

本書を通じて，われわれは地域経済，とりわけ福井県経済に深く関わっている個別企業の成長戦略を中心に，その経営実践を詳細に分析してきた。その上で，かかる成長企業の成功要因を洗い出し，一般化することを試みてきた。福井県経済のみならず他の多くの地域経済の複合的成果をもって日本経済が成長していくためには，われわれは，本書で明らかにした成功要因を個別企業の事情を考慮しながら積極的に取り入れ，その結果，まずは個別企業の成長，さらには地域経済の底上げとその後の成長を期待するところである。

以下，われわれの研究成果および福井地域経済研究会で議論されたことを集約した，地域経済とりわけ福井県経済の発展に向けたわれわれの提言である。提言それ自体に対して多くの批判が噴出することは不可避であろう。もちろん批判は大いに結構である。しかし，批判の後には，一つでも二つでもわれわれの提言を実践していただきたいと思う。

1　下請け・賃加工からの脱却

アンケート調査結果，さらには，眼鏡枠のメッキ技術を生かした工業部品を生産するアイテック，総合繊維メーカーとなったセーレン，白地カーテンを製造販売するカズマ，農業用ビニールシートの技術を生かしたビニール製品を製

造販売する第一ビニールなどの経営実践を詳細に分析した結果，それらの成長企業は下請け・賃加工からの脱却・自立戦略を展開していた。福井県企業はかかる下請け・賃加工からの脱却・自立戦略を展開することが望ましい。もちろん個別企業にはいくつか困難な事情が存在するだろう。それを乗り越えていくのが「企業家精神」である。不可能を可能にする企業家精神なくして，ビジネスの成功はあり得ない。

2 マーケットと直接向き合う直接販売戦略

　上記の下請け・賃加工からの脱却・自立戦略を展開すれば，必然的に自らマーケットと直接向き合う直接販売戦略を展開せざるを得ない。その結果，ある製品分野ないし事業分野のフルバリューチェーンが完成する。セーレンの「総合繊維メーカー」，カズマの「一貫製造販売体制」，第一ビニールの「売上高1億円連続創出マーケティング戦略」，アイジーエー（IGA）の製品企画を中心としたマーケティング戦略などである。

3 コア技術を生かした工業部品の開発・製造とB to Bビジネスの展開

　福井県企業は，福井県産業労働部が作成した『実は福井の技』（初版，再版）で強調されているように，実に多彩な優れた技術や製品を有している。しかし，これまでの製品だけにこだわることなく，その製品特性や技術特性をよく吟味して，その「コア技術」を摘出して，それをとりあえずは既存製品の代替材料や代替部品として企業間取引（B to B）として展開することである。さらには，新しい製品や事業分野を担う基幹部品として，もっと言えば，福井県企業が生産・提供する工業部品なくして製品が完成しないような基幹部品を開発・販売することである。現時点で優れた技術を有していても，日本や世界には強力なライバル企業が多数存在する。「守り」ではなく「攻め」の技術開発と製品開発が必要である。

4　海外進出によるビジネスの展開

　日本企業は，1980年代後半以降，日本企業は急激に海外進出を展開してきた。当初は日本よりも賃金が極端に安い東南アジア諸国で製品を低い原価で「作る」という理由からであった。安価で良質な日本製品は，国内市場はもとより海外諸国の市場でも大量に販売することができた。しかし韓国や中国などの東南アジア諸国で生産された安価な海外製品が国内外の市場を席巻するに及んで，日本企業は，それまでの「作る」から「売る」へと海外戦略の転換を余儀なくされている。今後，東アジア，特に中国において低原価で製品を「作る」とともに「売る」という企業が増えるだろう。

　翻って福井県企業はかかる海外戦略の展開を対岸の火事として傍観している訳にはいかないだろう。事実，われわれの調査結果を待つまでもなく，海外進出を果たしている福井県企業は少なくない。しかし，その大半は低い原価で製品を「作る」という戦略であった。今後は，「作る」に「売る」を加えた両面戦略での海外展開を期待したい。

5　上場企業の倍増

　福井県企業の事業所数の推移（表序-2）によれば，10人未満の小事業所の減退が著しい。他方で100人〜299人の中堅企業では，事業所数も従業者数もわずかな減少に留まっており，製造品出荷額等は増加傾向にある。数字からは，福井県の「元気企業」はこれらの中堅企業であると思われる。カーテンのカズマや婦人服アパレルのIGAなどはこの典型である。もちろん300人以上の大企業に関しては，引き続き，福井県企業のリーダー格として福井県経済を牽引していただくことを期待する。その上で，われわれはこれらの中堅企業と大企業の中からより多くの上場企業が誕生することを強く期待する。われわれの提言は，今後10年間における上場企業の倍増である。

　2012年7月現在，福井県の上場企業は，ゲンキー，サカイオーベックス，セーレン，田中化学研究所，日華化学，三谷セキサン，エイチアンドエフ，ローヤル電機，PLANT，前田工繊，フクビ化学工業，三谷商事，福井銀行，KYCOMホー

ルディングス，福井コンピュータ，江守商事の16社である。

　上場を果たした福井県の企業は少数である。しかし，すでに上場基準を満たした福井県企業が多数存在する。上場企業となれば，当然のこととして，多数の株主や機関投資家に対する配慮が必要であるが，多額の資本調達が容易となり，社名，製品，ブランドなどの知名度が格段に向上する。上場企業となれば，高校や大学での求人活動が有利となり，広く全国各地から有能な人材を雇用することができる。さらに福井県外へ流出した優秀な大学生や社会人を再び福井県に呼び戻すこともできる。その結果，雇用の確保，成長戦略や海外展開などが容易となり，ついには福井県経済の活性化につながるだろう。

6　福井県立大学ビジネススクールの大改革による次世代経営者の育成

　クラシック音楽の演奏に関わって一般に言われていることであるが，すぐれた技量を持つ楽器の演奏者だけでは，聴衆を魅了する音楽は生まれない。そこには，優れたオーケストラの指揮者が不可欠である。多数の従業員を雇用する企業もまた同様である。個々の従業員がいくら素晴らしい技量を持っていたとしても，それだけでは企業の業績は上がらない。そこには，企業の指揮者としての経営者が不可欠である。経営者は，グローバルな視点で将来を見据えた経営戦略とそれを実現する経営計画や予算，さらには管理者に対する経営者教育とグローバルな最適配置，彼らの能力を最大限に引き出す日常的な現業管理など，指揮者としての行動が求められる。そのためには，次世代を担う経営者を自前で養成する必要がある。

　その際，福井県立大学に設置されたビジネススクールを活用することは最適解のひとつである。現時点では，お世辞にもそのような重要な任務を担えるだけのビジネススクールとは言い難い。もちろん優れた経営者教育を行うためには，多額の資金，多数の優れた教授陣，充実した教育施設を必要とする。こうした課題を克服しつつ，是非とも福井県立大学のビジネススクールの大改革を実現してもらいたい。

以上，われわれの提言である。このうち，1～5は福井県経済界に向けた提言である。さらに6は，福井県および福井県立大学に向けた提言である。

執筆者紹介 (執筆順)

上總康行 (KAZUSA Yasuyuki)：京都大学名誉教授，福井県立大学名誉教授，立命館アジア太平洋大学客員教授，経済学博士。
兵庫県生まれ。立命館大学大学院経営学研究科博士課程単位取得。
専門分野：管理会計学，会計史，比較管理会計論，ベンチャー企業論。
主著：『アメリカ管理会計史』(上下巻) 同文舘出版，1989 年。
　　　『管理会計論』新世社，1993 年。
　　　『会計情報システム論』(共著) 中央経済社，2000 年。
　　　『次世代管理会計の構想』(共著) 中央経済社，2006 年。
　　　『戦略的投資決定と管理会計』(デリル・ノースコット著) 監訳，中央経済社，2010 年。
　　　『アメーバ経営学―理論と実証―』(共著) KCMC，丸善，2010 年。

中沢孝夫 (NAKAZAWA Takao)：福井県立大学地域経済研究所所長・特任教授。
群馬県生まれ。立教大学法学部卒業。兵庫県立大学教授を経て，2008 年から福井県立大学経済学部教授。2012 年から現職。なお兼職として兵庫県立大学客員教授。放送大学客員教授。
専門分野：中小企業論，地域開発論。
主著：『グローバル化と中小企業』筑摩書房，2012 年。
　　　『就活のまえに』ちくまプリマー新書，2010 年。
　　　『すごい製造業』朝日新書，2008 年。
　　　『変わる書店街』岩波新書，2001 年。
　　　『中小企業新時代』岩波新書，1998 年。
　　　『グローバル化と日本のものづくり』(藤本隆宏と共著) 放送大学テキスト，2011 年。

大串葉子 (OGUSHI Yoko)：新潟大学経済学部准教授。
佐賀県生まれ。九州大学大学院経済学府博士後期課程修了。経済学博士 (九州大学)。
専門分野：経営情報論，IT 投資マネジメント。
主著：『IT 投資マネジメントの発展』(共著) 白桃書房，2007 年。
　　　『Japanese Management Accounting Today』(共著) World Scientific，2007 年。

執筆者紹介

佐藤孝一（SATO Koichi）：北海道大学病院地域健康社会研究部門特任教授。
　北海道生まれ。北海道大学大学院経済学研究科修士課程修了。
　専門分野：中小企業金融論，産学連携論，地域経済政策論，起業論。
　主著：『地域再生と大学』（共著）中央公論新社，2008年。
　　　　『北の起業学』（共著）共同文化社，2005年。

桐畑哲也（KIRIHATA Tetsuya）：甲南大学マネジメント創造学部准教授，経済学博士。
　京都府生まれ。京都大学大学院経済学研究科博士課程修了。
　専門分野：アントレプレナーシップ，アントレプレナーファイナンス。
　主著：『ナノテク革命を勝ち抜く』（編著）講談社，2005年。
　　　　『日本の大学発ベンチャー』（単著）京都大学学術出版会，2010年。

境　宏恵（SAKAI Hiroe）：福井県立大学経済学部准教授，経済学博士。
　富山県生まれ。京都大学大学院経済学研究科博士後期課程修了。
　専門分野：財務会計，経営財務。
　主著：「会計測定におけるキャッシュ・フロー情報の利用—FASB 1997年概念書公開草案の内容と論点—」（共著）『調査と研究』第15号，1998年。
　　　　「シンガポールにおける会計規制の歴史的変遷」（単著）『企業会計』第50巻第9号，1998年。

篠原巨司馬（SHINOHARA Kosuma）：福岡大学商学部講師。
　東京都生まれ。京都大学大学院経済学研究科博士後期課程学修認定後退学。
　専門分野：管理会計。
　主著：「総合繊維メーカー「セーレン」の戦略マネジメントシステム」『ふくい地域経済研究』第8号，2009年3月，pp.77-92。
　　　　「地域金融機関の中期経営計画とプロセス重視の業績評価制度」『メルコ管理会計研究』第3号，2010年3月，pp.55-64。

足立　洋（ADACHI Hiroshi）：九州産業大学商学部講師・元福井県立大学地域経済研究所客員研究員。
奈良県生まれ。京都大学大学院経済学研究科博士後期課程単位取得満期退学。
専門分野：管理会計論。
主著：「製造部門における利益責任の付与と原価改善システム―セーレンの事例検討を通じて」『企業会計』第63巻第3号，2011年3月，pp.88-95。
「製造部門における利益管理」『原価計算研究』第34巻第2号，2010年3月，pp.68-78。

木野龍太郎（KINO Ryutaro）：福井県立大学経済学部経営学科准教授，経営学博士（立命館大学，1999年）。
滋賀県生まれ。立命館大学大学院経営学研究科博士後期課程修了。
専門分野：生産管理論・工業経営論。
主著：『日産らしさ，ホンダらしさ―製品開発を担うプロダクト・マネジャーたち―』（共著）同友館，2004年。
「繊維産業における生産技術形成―企業間分業の視点から―」（西崎雅仁／竹内貞雄編著『技術経営の探求―地域産業の活性化と技術の再認識のために―』第5章，晃洋書房，2008年）。
「福井県の織布企業の持つ競争力に関する実証研究―アンケート調査の結果より―」（福井県立大学地域経済研究所編『ふくい地域経済研究』第11号，2010年）。

加賀美太記（KAGAMI Taiki）：京都大学大学院経済学研究科博士後期課程在籍。
山梨県生まれ。京都大学大学院経済学研究科修士課程修了。
専門分野：流通，マーケティング論。
主著：「技術優位にもとづく長期継続的なOEM供給に関する考察―キャノンにおけるLBPのOEM供給を事例として―」『流通』（日本流通学会）No.24, 2009年7月所収。
「地域中小企業における関係志向のマーケティング戦略と浸透過程―福井キャノン事務機株式会社を事例として―」『ふくい地域経済研究』（福井県立大学地域経済研究所）第12号，2011年3月所収。

辻　幸恵（TSUJI Yukie）：神戸国際大学経済学部教授，家政学博士。
　神戸市生まれ。神戸大学大学院経営学研究科商学専攻博士前期課程修了（修士・商学）。
　武庫川女子大学大学院家政学研究科被服学専攻博士後期課程修了（博士・家政学）。
　専門分野：マーケティング論，ブランド戦略論。
　主著：『ブランドと日本人』（単著）白桃書房，1998年。
　　　　『流行と日本人』（単著）白桃書房，2001年。
　　　　『京都とブランド』（単著）白桃書房，2008年。
　　　　『京都こだわり商空間』（単著）嵯峨野書院，2009年。

(東アジアと地域経済　2012)
経営革新から地域経済活性化へ　　　　　　　　Ⓒ Y. Kazusa and T. Nakazawa 2012

2012年9月28日　初版第一刷発行

編　集　　上總康行・中沢孝夫
発　行　　福井県立大学
　　　　　福井県吉田郡永平寺町松岡兼定島4-1-1
　　　　　　　　　（〒910-1195）
　　　　　電　話（0776）61-6000
　　　　　FAX（0776）61-6011

発　売　　京都大学学術出版会
　　　　　京都市左京区吉田近衛町69
　　　　　京都大学吉田南構内（〒606-8315）
　　　　　電　話（075）761-6182
　　　　　FAX（075）761-6190
　　　　　URL　http://www.kyoto-up.or.jp
　　　　　振　替　01000-8-64677

ISBN 978-4-87698-223-3　　　　　印刷・製本　㈱クイックス
Printed in Japan　　　　　　　　　定価はカバーに表示してあります

本書のコピー，スキャン，デジタル化等の無断複製は著作権法上での例外を
除き禁じられています。本書を代行業者等の第三者に依頼してスキャンやデ
ジタル化することは，たとえ個人や家庭内での利用でも著作権法違反です。